PEACE PILGRIM

Inspirierende Mitteilungen
einer Friedenspilgerin

Originalausgabe: „Peace Pilgrim"
© Ocean Tree Books, Santa Fe, New Mexico, USA

Deutsche Ausgabe 2014
© 2014 Yoga Vidya Verlag der Yoga Vidya GmbH
Übersetzung aus dem Englischen Heidi Sörgel und Dr. Ulrich Lauther
Mit freundlicher Genehmigung des Aquamarin Verlags

Herausgegeben vom Berufsverband der Yoga Vidya Lehrer e.V.
Yogaweg 7, 32805 Horn-Bad Meinberg, Deutschland

Weitere Exemplare sind zu beziehen über:
Yoga Vidya GmbH - Versand, Yogaweg 7,
32805 Horn-Bad Meinberg, Deutschland
Tel. 05234 872209, Fax 05234 872225,
shop@yoga-vidya.de, www.yoga-vidya.de/shop

Druck und Bindung: Druckwerkstatt Eva-Maria Kürzinger, Obernhof
Printed in Germany
ISBN 978-3-943376-05-0

Ich bin ein Pilger, ein Wanderer. Ich werde ein Wanderer bleiben bis die Menschheit den Weg des Friedens gelernt hat; ich werde gehen, bis mir Obdach gewährt wird, und ich werde fasten, bis man mir zu Essen gibt.

– Peace Pilgrim

INHALT

EINFÜHRUNG 9

ERWACHSEN WERDEN 15

DAS SPIRITUELLE ERWACHEN: 21
Meine Schritte zum inneren Frieden

    Vorbereitungen 23
    Reinigungen 28
    Loslassen 34
    Verwirklichung 38

DIE PILGERREISE 43

GEDANKEN ÜBER DIE PILGERRREISE 63

LEBEN IN EINFACHHEIT 73

DAS LÖSEN DER LEBENSPROBLEME 83

    Über die Gewohnheit, sich zu sorgen 88
    Über die Gewohnheit, sich zu ärgern 89
    Über die Gewohnheit, sich zu fürchten 91
    Über göttlichen Schutz 94
    Eine hilfreiche Meditation 97

DIE PRAXIS DES SPIRITUELLEN LEBENS 99

    Der Weg des Gebetes 100
    Über das Fasten 104
    Über das Heilen 106
    Die Macht der Gedanken 107

    Der Übergang, den man Tod nennt 109
    Über Religion 113
    Der Weg der Liebe 114

GEDANKEN ZUM NACHDENKEN 117

DER WEG DES FRIEDENS 121

    Geschichten über Gewaltlosigkeit 131
    Ein Bild der Hoffnung auf Frieden 133
    Weitere Gedanken über Frieden und Abrüstung 133
    Der Preis des Friedens 136

ERWEITERTE FORMEN DES PAZIFISMUS 139

KINDER UND DER WEG DES FRIEDENS 145

DIE VERÄNDERUNG UNSERER GESELLSCHAFT . 147

    Über Demokratie und Gesellschaft 148
    Gemeinschaftliche Friedensaktionen 151

DER WEG EINER PILGERIN 155

ANHANG

Kurze Zusammenfassung von Peace Pilgrim's Leben 165
Peace Pilgrim's Tabelle über ihr spirituelles Wachstum 167
Fragen und Antworten 169
Gedichte, Gebete und Lieder 203
Peace Pilgrim in der Presse 211
Briefe an Peace Pilgrim 223
Briefe über Peace Pilgrim 227

EINFÜHRUNG

PEACE PILGRIM hatte, als sie freudig durch das Land wanderte, einen Einfluß auf Menschen, den man nur schwer in Worte fassen kann. Sie öffnete auf ihrer achtundzwanzig Jahre währenden Pilgerreise für den Frieden Tausenden von Menschen die Augen und inspirierte sie. Jene, denen sie persönlich begegnete, haben ihre besonderen Erinnerungen – gemeinsame Gespräche, miteinander Lachen und Wandern; Pilgergeschichten am Mittagstisch oder während der Fahrt zu einem Vortrag; Winken beim Abschied, wenn sie eilig zu ihrem nächsten Bestimmungsort aufbrach.

Von 1953 bis 1981 war diese silberhaarige Frau, die mit Freuden ihrem Ruf folgte, eine Dienerin in dieser Welt. Während sie sich den Dörfern oder großen Städten näherte, brachte sie allen, die sie traf, eine Friedensbotschaft, die ganz einfach lautete: Wenn genug von uns inneren Frieden finden, dann werden unsere Institutionen friedlicher werden, und es wird keine Gelegenheit mehr zu einem Krieg geben.

Nach ihrem Tod 1981 versammelten sich einige ihrer Freunde aus dem ganzen Land in Santa Fe, New Mexico, um sich gemeinsam an sie zu erinnern und die Erlebnisse mit ihr auszutauschen. Eine kleine Gruppe blieb, um an dem Buch zu arbeiten, eine Idee, die uns unabhängig voneinander schon einige Zeit lang am Herzen lag. Wir haben in diesem Buch versucht, Peace Pilgrim's außergewöhnliche Lebensweise und Lehren in ihrer reinsten Form darzustellen – in ihren eigenen Worten. Sie wurden zusammengestellt aus ihrem kleinen Heftchen *Schritte zum Inneren Frieden,* ihren neunzehn Rundschreiben *Peace Pilgrim's Fortschritt,* privaten Unterhaltungen, Auszügen aus ihrem Briefwechsel und aus Ansprachen, die viele einzelne in all den Jahren aufgenommen haben. Andere wichtige Quellen waren die Tausende von Zeitungsartikeln und anderes gedrucktes Material in der Peace Pilgrim Sammlung der Swarthmore College Peace Library.

Obwohl es ihre eigenen Worte sind, ist dieses Buch keine von ihr geschriebene Autobiographie. Einiges wurde wortgetreu von Tonbändern transkribiert, so daß manche Passagen eher einen gesprochenen als einen geschriebenen Charakter haben. Wir wünschten, sie hätte ihr Buch selbst geschrieben. Die Leute fragten oft, ob sie ihre Geschichte aufschreiben würde, und mehr als einmal antwortete sie: „Ich habe so viel geschrieben, daß es ausreicht für ein Buch – es ist nur nicht in Buchform."

Es in Buchform zu bringen, ist unsere Aufgabe gewesen.

Obwohl sich ihre Grundbotschaft nie änderte, gibt eine Vielfalt von Details und Erfahrungen jeder ihrer Mitteilungen eine andere Farbe. Man kann zwar einige ihrer prinzipiellen Aussagen und Aphorismen wiederholt finden, aber sie stehen dann gewöhnlich in einem anderen Zusammenhang.

Die einfache doch tiefgründige Botschaft in Peace Pilgrim's Leben und Worten ist äußerst wichtig für die Suche der Menschheit nach Frieden. Sie hat uns neue Hoffnung für die Zukunft dieser Welt gegeben – die Hoffnung, daß genug Menschen inneren Frieden finden werden, um den Weltfrieden zu ermöglichen. Sie hat uns das Beispiel eines Menschen vorgelebt, der aus innerem Frieden handelte und mit unendlicher Energie erfüllt war, einer Energie, die mit dem Alter eher zu- als abnahm.

Robert Steele schrieb in der indischen Zeitschrift Gandhi Marg: „Peace Pilgrim spricht mit erstaunlicher Glaubwürdigkeit und Zuversicht; sie erinnert an einen Wortführer Gottes aus biblischen Zeiten. Jedoch klingen ihre Äußerungen nicht wie die eines Fanatikers oder Dogmatikers; vielmehr klingen sie wie die eines vom Grunde seines Herzens aufrichtigen und ergebenen Menschen, der zu einer weisen und unaussprechlichen Erkenntnis geführt wurde ..."

Von Küste zu Küste einfach als Peace Pilgrim bekannt, war es ihr Wunsch, „die Botschaft und nicht den Boten" hervorzuheben. Nie erwähnte sie Einzelheiten aus ihrem Leben, das sie als unwichtig betrachtete, wie ihren ursprünglichen Namen, ihr Alter und ihren Geburtsort. Da dieses Buch von ihrer Pilgerreise in ihren eigenen Worten handelt, haben wir beschlossen, diese Einzelheiten nicht aufzunehmen; man kann sie anderswo finden.

„Ich möchte, daß die Menschen nur in Zusammenhang mit Frieden an mich denken", sagte sie. Jenen von uns, die sie gut kannten und viele Jahre lang immer wieder sahen, wird sie stets als die heitere, warmherzige Peace Pilgrim in Erinnerung bleiben – voll von Humor, Lebenskraft und Lebensfreude.

Geboren auf einer kleinen Farm im Osten der USA, am Anfang dieses Jahrhunderts, wuchs sie in bescheidener Umgebung auf und erwarb allmählich, wie so viele Menschen, Geld und materielle Dinge. Als sie erkannte, wie bedeutungslos dieses egozentrische Leben geworden war, und ihr weltliche Güter eher eine Last als ein Segen waren, lief sie eine ganze Nacht lang durch die Wälder, bis sie „vollkommene Bereitschaft, mein Leben ohne Vorbehalte Gott und dem Dienst am Nächsten zu widmen", fühlte.

Allmählich und methodisch nahm sie ein Leben in freiwilliger Einfachheit auf. Sie begann, was dann eine fünfzehn Jahre lange Periode der Vorbereitung werden sollte, ohne daß sie damals wußte, auf was sie sich vorbereitete. Sie arbeitete ehrenamtlich für Friedensgruppen und auch mit Menschen, die physische und psychische Probleme hatten.

Während dieser „Zeit der Vorbereitung" und inmitten vieler spiritueller Höhen und Tiefen fand sie inneren Frieden – und ihren Ruf.

Ihre Pilgerreise für den Frieden begann am Morgen des 1. Januar 1953. Sie gelobte, „ein Wanderer zu bleiben, bis die Menschheit den Weg zum Frieden gelernt hat." Peace Pilgrim wanderte allein, ohne Geld und ohne Unterstützung durch eine Organisation. Sie wanderte „als wandelndes Gebet" und als eine Gelegenheit, andere zum Beten und zur Arbeit für den Frieden anzuregen. Sie trug ein Hemd und eine Hose in marineblau und eine kurze Tunika, die am unteren Rand ganz mit Taschen besetzt war, in denen sie ihren einzigen weltlichen Besitz trug: einen Kamm, eine zusammensteckbare Zahnbürste, einen Kugelschreiber, Kopien ihrer Botschaft und ihre laufende Korrespondenz.

Nachdem sie bis 1964 vierzigtausend Kilometer gelaufen war, hörte sie auf, die Kilometer zu zählen und verlegte sich mehr auf das Sprechen, obwohl sie jeden Tag weiterwanderte. Durch die zunehmende Anzahl von Vortragsterminen konnte sie nicht umhin, öfter einmal im Auto mitzufahren.

Peace Pilgrim sprach mit Tausenden von Menschen in der McCarthy Ära, während des Korea Kriegs, während des Vietnam Kriegs und danach. Sie begegnete Menschen in den Straßen der Städte, auf staubigen Landstraßen, in Ghettos, Vorstädten, Wüstengebieten und in Fernfahrerraststätten. Sie wurde von allen nationalen Radio- und Fernsehgesellschaften interviewt, sowie von vielen hundert lokalen Sendestationen quer durch das ganze Land. Zeitungsjournalisten in zahllosen Klein- und Großstädten schrieben über sie. Sie machte sie ausfindig, falls diese sie nicht zuerst fanden, damit die Menschen ihre Botschaft hören konnten. Sie sprach an Universitäten in Vorlesungen über Psychologie, politische Wissenschaften, Philosophie und Soziologie, sie sprach auf Versammlungen in höheren Schulen, vor Bürgerinitiativen und von den Kanzeln verschiedenster Kirchen.

Mit den Jahren vergrößerte sich durch ihre ansteckende Lebensfreude voller Witz und einfacher Weisheit ihre Anziehungskraft, und das Publikum reagierte immer häufiger mit herzlichem und spontanem Lachen und nachdenklichen Fragen.

In all diesen Jahren, während viele von uns immer ängstlicher wurden und sich kaum noch auf die Straße wagten, wanderte sie durch 'gefährliche' Stadtteile und schlief in Straßengräben, an Stränden und in Busbahnhöfen, sofern ihr niemand ein Bett anbot. Mit den Jahren wurden Fremde zu Freunden, die sie in ihr Zuhause einluden und ihre Vorträge organisierten, oft ein Jahr oder mehr im voraus.

Peace Pilgrim glaubte, daß wir in eine Zeit der Krise der Menschheitsgeschichte eingetreten seien, „wandelnd auf einem Grat zwischen einem atomaren Vernichtungskrieg und einem goldenen Zeitalter des Friedens". Sie betrachtete es als ihre Aufgabe, die Menschen aus ihrer Apathie zu reißen und zum Nachdenken und zu aktiver Arbeit für den Frieden zu bewegen. Immer wieder ermutigte sie die Leute, die wirkliche Quelle des Friedens in sich selbst zu suchen und den Weg des Friedens in ihren Beziehungen mit anderen Menschen zu praktizieren.

Als Peace Pilgrim starb, durchquerte sie das Land gerade zum siebten Mal. Sie war durch alle fünfzig Staaten gewandert und hatte auch die zehn Provinzen von Kanada und Teile von Mexiko besucht. 1976 flog sie ein Mann nach Alaska und Hawaii, damit seine Kinder sie kennenlernen konnten, und damit sie dort wandern und in Kirchen und zu den Medien sprechen konnte. 1979 und 1980 flog sie noch einmal dorthin und nahm eine kleine Gruppe von Leuten mit, die mehr über ihre Lebensweise lernen wollten. Sie hatte Pläne für einen erneuten Besuch von Alaska und Hawaii und trug sich mit dem Gedanken, auch andere einzuladen, sie in den kommenden Jahren auf ihren inspirierenden Reisen durch einige Staaten zu begleiten.

Der „glorreiche Übergang in ein freieres Leben", wie sie es gerne bezeichnete, fand am siebten Juli 1981 in der Nähe von Knox, Indiana, statt. Sie starb an Ort und Stelle bei einem Frontalzusammenstoß, als man sie gerade im Auto zu einem Vortrag fuhr. Ihre vielen Freunde im ganzen Land waren sprachlos. Irgendwie hatten wir nie daran gedacht, daß Peace Pilgrim so bald von diesem Erdenleben abberufen würde. Ein Freund schrieb: „Ich bin sicher, daß die Abruptheit des Überganges, ohne vorhergehende Unterbrechung ihrer Aktivitäten, so war, wie sie es sich gewünscht hätte."

Im letzten Zeitungsinterview äußerte sie, ihre Gesundheit sei ausgezeichnet. Ihr Zeitplan ging über die gegenwärtige Pilgertour hinaus, und sie hatte Termine zu Vorträgen bis ins Jahr 1984. Ted Hayes von Radio WKVI in Knox bemerkte in einem Interview, das er mit ihr am 6. Juli aufgenommen hatte, „Sie scheinen eine sehr glückliche Frau zu sein." Sie antwortete: „Mit Sicherheit bin ich ein glücklicher Mensch. Wie könnte jemand Gott kennen und nicht voller Freude sein?"

Botschaften von Freunden, die von ihrem Ableben erfahren, werden weiterhin von dem kleinen Postamt Cologne, New Jersey, entgegengenommen, von wo aus man ihre Post immer weiterleitete. Die Briefe sind ergreifend: „Meine liebe Peace, ich habe soeben von Deinem Tod in dieser Welt erfahren ... falls das nicht stimmt, schreibe bitte zurück." Ein anderer schrieb, „Ich weiß, Du bist eins mit Gott ... ich werde Dich im Universum wiedersehen ..."

Ein Redakteur, der sie in den 60er Jahren interviewt hatte und ihr ein guter Freund wurde, schrieb, „...immer wieder bete ich in meinem Herzen; es sind Gebete der Dankbarkeit für ihre Lehren und ihren Einfluß auf mein Leben. Gebete, die ihr alles Gute auf ihrer Reise wünschen ..."

Ein Freund in Massachusetts schrieb: „Es war – gelinde ausgedrückt – ein großer Schock und ein schwerer Verlust für unseren kleinen Planeten! Mein Herz ist im Moment voller Trauer, denn wie viele tausend andere Menschen liebte ich Peace so tief! Aber gleichzeitig spüre ich, wie sie unter uns immer gegenwärtig sein wird, durch ihre wunderbaren Lehren und das Leben, das sie uns vorlebte ..."

Viele schrieben und drückten ihre Hoffnung aus, daß ein Buch zusammengestellt würde, damit ihre besondere Botschaft von Frieden und Liebe weiterverbreitet würde. Andere sagten, sie wollten einen Artikel oder längere Arbeiten über sie schreiben. Wir hoffen, daß dieses Buch eine wertvolle Quelle für diese und für zukünftige Schreiber sein wird und eine Anregung und Ermutigung für jene, die nie das Glück hatten, sie zu treffen.

Einer, der es in ihrem Geiste ausdrückte, schrieb: „Die Saat des Friedens wurde gut ausgestreut. Nun ist es die Pflicht all jener, die durch sie in ihrem Innersten berührt wurden, mit der Ernte zu beginnen."

Wir hoffen, daß ihre Worte und ihr Geist weiterhin die Menschen anregen werden. Wir verbinden uns mit euch in einem Kreis der Liebe, zusammen mit all den anderen, die sie kannten und durch sie berührt wurden ...

Frei von der Erde, so frei wie der Wind
nun reist Du, wo die Sterne sind

– Fünf Freunde von Peace
Santa Fe, New Mexico
31. März 1982

ERWACHSEN WERDEN

Ich bin unter sehr günstigen Bedingungen aufgewachsen, obwohl viele von euch das nicht so sehen mögen. Ich wurde arm geboren, auf einer kleinen Farm am Rande einer kleinen Stadt, und ich bin dankbar dafür. Ich war glücklich in meiner Kindheit. Ich hatte einen Wald zum spielen und einen Bach zum schwimmen und genügend Raum, mich zu entfalten. Ich wünschte, jedes Kind hätte genügend Raum, sich zu entfalten, denn ich glaube, Kinder sind ein wenig wie Pflanzen. Wenn sie zu eng beieinander aufwachsen, so werden sie dünn und kränklich und können ihr bestmögliches Wachstum nicht erreichen. Wir brauchen Raum, um wachsen zu können.

Wir beginnen uns auf unsere zukünftigen Aufgaben vorzubereiten, und gewöhnlich haben wir keine Ahnung, auf was wir uns vorbereiten. So hatte ich als Kind keine Ahnung, auf was ich mich vorbereitete; und doch habe ich mich natürlich in vielerlei Hinsicht vorbereitet. Ich bereitete mich auf die Pilgerreise vor, als ich mir zur Regel machte, „das Wichtigste immer zuerst", und auf diese Weise begann, Prioritäten in meinem Leben zu setzen. Das führte zu einem sehr geordneten Leben und lehrte mich Disziplin – eine sehr wertvolle Lektion, ohne die ich eine Pilgerreise nie hätte durchführen können. Ich brachte sie mit in mein Leben als Erwachsener.

Ich erhielt als Kind keinen formellen Religionsunterricht. (Es sollte dadurch weniger sein, was ich später aus meinem Gehirn streichen mußte!) Meinen ersten Blick in eine Kirche tat ich mit zwölf Jahren, und zwar beobachtete ich durch das Portal einer katholischen Kirche, wie Kirchendiener die Kathedrale putzten. Als ich sechzehn war, betrat ich zum ersten Mal eine Kirche, um an einer Hochzeit teilzunehmen. Als ich in der Schule die Oberstufe besuchte, begann ich mit meiner Suche nach Gott. Aber all meine Anstrengungen waren nach außen gerichtet. Ich ging umher und fragte: „Was ist Gott? Was ist Gott?" Ich war äußerst wißbegierig und stellte viele Fragen an viele Menschen, aber nie erhielt ich Antwort! Doch ich wollte nicht aufgeben. Mit dem Verstand konnte ich Gott draußen nicht finden, so versuchte ich einen anderen Weg. Ich machte einen langen Spaziergang mit meinem Hund und dachte sehr tiefgründig über diese Frage nach. Dann ging ich zu Bett und überschlief das ganze. Am Morgen erhielt ich die Antwort aus meinem Inneren, durch eine leise feine Stimme.

Nun war meine Schulmädchenantwort sehr einfach: Wir Menschen werfen alle Dinge dieses Universums, die jenseits unseres Begriffsvermögens liegen, in einen Topf, und das alles zusammen nennen einige von uns dann Gott. Das führte mich auf eine Suche. Als erstes sah ich mir einen Baum an. Ich sagte mir, dies ist ein Beispiel: Auch wenn alle Menschen zusammenhelfen würden, so könnten sie doch nicht so einen Baum schaffen, und wenn sie dann doch so etwas Ähnliches zuwege brächten, so könnte er nicht wachsen. Es gibt also eine schöpferische Kraft jenseits von uns. Dann schaute ich in der Nacht zu meinen geliebten Sternen empor und fand dort ein zweites Beispiel. Es gibt eine Kraft, die die Planeten in ihrer Bahn hält.

Ich beobachtete all die Veränderungen, die sich im Universum abspielen. Damals versuchten sie gerade, einen Leuchtturm zu retten, der in Gefahr war, ins Meer gespült zu werden. Schließlich versetzten sie ihn landeinwärts und sagten, sie hätten ihn gerettet. Aber ich beobachtete all diese Veränderungen und stellte fest: das ist ein weiteres Beispiel. Es gibt etwas, das eine ständige Veränderung im Universum bewirkt.

Als ich die Bestätigung aus meinem Inneren erhielt, wußte ich ohne die geringsten Zweifel, daß ich mein höchstes Licht berührt hatte.

Auf der Ebene des Verstandes stieß ich oft auf Gott als Wahrheit, und auf der Ebene der Gefühle begegnete ich ihm als Liebe. Ich begegnete ihm als Güte. Ich begegnete ihm als Freundlichkeit. Ich erkannte, daß Gott eine schöpferische, eine alles in Bewegung setzende Kraft ist, ein überaus intelligenter, allgegenwärtiger und alles durchdringender Geist – der alles im Universum miteinander verbindet und allen Dingen Leben gibt. Das brachte mir Gott nahe. Ich konnte nicht sein, wo Gott nicht ist. *Du bist in Gott, und Gott ist in Dir.*

Als ich in der Oberstufe war, arbeitete ich in einem Kaufhaus. Ich liebte diese Arbeit, vor allem das Herrichten der Ladentische, so daß sie hübsch aussahen. Ich durfte sogar die Schaufenster gestalten, weil ich das gerne tat. Nun, ich war eben billiger als ein Dekorateur!

Ich hatte zwei Kassen auf meinem Ladentisch. Eines Tages hatte ich kein Wechselgeld in der einen Kasse, so ging ich natürlich hinüber zur anderen und drückte „kein Verkauf" und nahm das Wechselgeld heraus. Dann sah ich, daß ich einen Kardinalfehler begangen hatte. Ich hörte sie flüstern: „Sie hat 'kein Verkauf' gedrückt!" Der Aufseher kam herüber und sagte: „Komm mit." Er führte mich in eine Ecke an einen Ladentisch, der hergerichtet werden mußte. Da ließ er mich zurück. Dann kam er wieder und fragte: „Warum hast du das getan?" Ich antwortete: „Ich weiß immer noch nicht, was ich getan habe. Ich habe nur Wechselgeld aus der Kasse genommen – ich habe kein Geld gestohlen." Er sagte: „Du wurdest angewiesen, nie 'kein Verkauf' zu drücken." Ich antwortete, „Ich wurde überhaupt nicht angewiesen."

Dann ging er zur der Aufseherin, die mich hätte einweisen sollen. Sie bestätigte meine Aussage, und ich wurde wieder eingesetzt. Aber seitdem haßte sie mich wegen dieses Vorfalls. Ich wußte, irgendetwas mußte getan werden. Als ich an ihrem Schreibtisch vorüber ging, fielen mir die verwelkten Blumen dort auf. Am nächsten Morgen brachte ich ihr einen wunderschönen Blumenstrauß aus meinem Garten. Ich sagte: „Mir sind die verwelkten Blumen dort aufgefallen, ich weiß, Sie lieben Blumen, hier sind ein paar aus meinem Garten." Sie konnte ihnen nicht widerstehen. Am Ende der Woche gingen wir Arm in Arm aus dem Laden!

Ich bin sicher, daß ich für die Pilgerreise vorbereitet wurde, als ich in Geschichte die Goldene Regel, „Was Du willst, das man Dir tu, das füge anderen zu", las – die auf so unterschiedliche Weise ausgedrückt werden kann, aber in jeder Kultur in irgendeiner Weise zu finden ist. Mein Innerstes bestätigte sie mir. Sie beeinflußte mein ganzes Leben. Tatsächlich gab es gewisse Ableitungen von der Goldenen Regel, die ich sogar in die Pilgerreise einbrachte. Als ich die Oberschule besuchte, hatte ich einen kleinen Spruch: *„Wenn du dir Freunde machen willst, mußt Du freundlich sein."* Bei genauerer Betrachtung ist dies eine Ableitung von der Goldenen Regel. Es ist die Erkenntnis, daß die Menschen gemäß den Einflüssen, denen sie ausgesetzt sind, handeln. Ich habe die Regel auf mein heutiges Leben übertragen mit dem Spruch: *„Wenn du Frieden schaffen willst, mußt Du friedvoll sein."*

Nachdem ich die Schule beendet hatte, bot sich mir eine Möglichkeit, die Goldene Regel in die Praxis umzusetzen. Ich bekam eine Arbeit, um die sich eine meiner Freundinnen bemüht hatte, und ich wurde in eine Position im Gesellschaftsverein gewählt, die sie ebenfalls gerne eingenommen hätte. Sie glaubte, mich zu hassen. Sie sagte alle möglichen gemeinen Dinge über mich. Ich wußte, das war eine sehr ungesunde Situation. So holte ich die Goldene Regel hervor – ich dachte und sagte alle möglichen guten Dinge, die ich aufrichtig über sie sagen konnte. Ich versuchte, ihr bei jeder Gelegenheit gefällig zu sein. Das Schicksal wollte es, daß ich ihr einen außerordentlichen Gefallen tun konnte. Kurz, als sie ein Jahr später heiratete, war ich ihre Brautjungfer. Hier sieht man, wie wirksam ein bißchen spirituelle Praxis sein kann.

Ich weiß, daß es eine Vorbereitung auf die Pilgerreise war, als ich gewisse Entscheidungen traf. Ich war in der Mittelstufe, als mir z.B. Zigaretten angeboten wurden, die ich ablehnte, während meine Freunde rauchten. In der Oberstufe bot man mir jegliche Art von Alkohol an, den ich ablehnte, während meine Freunde tranken. Dann, kurz nachdem ich mein Studium beendet hatte, wurde ich auf die Probe gestellt, weil alle meine Freunde zu dieser Zeit rauchten und tranken. Damals war der Druck zu Konformität dermaßen groß, daß sie im Grunde auf mich herabsahen, weil ich mich nicht an diesen Dingen beteiligte. Als wir dann bei jemandem im Wohnzimmer versammelt waren, sagte ich zu ihnen. „Seht her, das Leben besteht aus einer Aneinanderreihung von Entscheidungen, und niemand kann euch aufhalten, eure Entscheidungen zu treffen. Aber auch ich habe ein Recht darauf, meine Entscheidungen zu treffen. Und ich habe mich für die Freiheit entschieden."

Mit der Zeit machte ich noch zwei sehr wichtige Entdeckungen. Als erstes fand ich heraus, daß es sehr leicht war, Geld zu verdienen. Man hatte mich glauben gemacht, Geld und Besitz würden mir ein Leben voller Glück und Zufriedenheit garantieren. So ging ich diesen Weg. Als zweites erkannte ich, daß Geld zu verdienen und es gedankenlos wieder auszugeben vollkommen sinnlos war. Ich wußte, das war nicht meine Bestimmung, aber zu dieser Zeit war mir noch nicht klar, was denn dann meine Bestimmung war.

Tatsächlich war es die Erkenntnis, daß Geld und Dinge mich nicht glücklich machen konnten, die mich dazu führte, meine Vorbereitungen für die Pilgerreise zu treffen. Vielleicht fragst Du dich, wie in aller Welt ich mich in Geld und materielle Dinge verstricken konnte. Aber es ist nun einmal so, daß uns zwei Widersprüche gelehrt werden, die uns ganz durcheinanderbringen.

Zum Glück war es nur *einer* dieser Widersprüche, der mich verwirrte; die meisten Menschen haben mit zweien zu kämpfen.

Einerseits belehrte man mich, nett und liebenswürdig zu sein und niemals jemanden zu verletzen, was sicher richtig ist. Andererseits lehrte man mich, man müsse Befehlen gehorchen, und es sei ehrenvoll, Menschen im Krieg zu verstümmeln und zu töten. Man bekommt sogar eine Medaille dafür. Dieser Widerspruch bereitete mir aber keine Schwierigkeiten. Ich habe nie geglaubt, daß zu irgendeiner Zeit unter irgendwelchen Umständen das Verletzen von Menschen richtig sein könne. Aber der andere Widerspruch machte mir eine Weile zu schaffen.

Man lehrte mich, freigebig und selbstlos zu sein, und gleichzeitig machte man mich glauben, wenn ich Erfolg haben wolle, so müsse ich mehr ergattern, als mir in dieser Welt zusteht. Diese widersprüchlichen Philosophien, die ich in der Kindheit mitbekommen hatte, verwirrten mich für eine Weile. Aber schließlich habe ich diese falschen Lehren wirklich mit den Wurzeln ausgerissen.

DAS SPIRITUELLE ERWACHEN:
Meine Schritte zum inneren Frieden

Als ich mich in der Welt umblickte und soviel Armut sah, wurde mir zunehmend unbehaglicher, weil ich so viel besaß, während meine Brüder und Schwestern Hunger litten. Ich mußte endlich einen anderen Weg finden. Der Wendepunkt kam, als ich – verzweifelt und aus einer sehr ernsthaften Suche nach einer sinnvollen Lebensweise – eine ganze Nacht lang durch die Wälder lief. Ich kam zu einer mondbeschienenen Waldwiese und betete.

Ich fühlte vollkommene Bereitschaft, ohne irgendwelche Vorbehalte mein Leben zu geben, mein Leben dem Dienen zu widmen. „Bitte, laß mich Dein Werkzeug sein!" betete ich zu Gott. Und unendlicher Friede überkam mich.

Glaube mir, das ist ein Punkt, an dem es kein Zurück mehr gibt. Danach kannst du nie mehr zu einem ganz egozentrischen Leben zurückkehren.

So fing meine zweite Lebensphase an. Ich begann so zu leben, daß ich mich auf das Geben statt auf das Nehmen konzentrierte, und ich betrat eine neue und wunderbare Welt. Mein Leben fing an, sinnvoll zu werden. Mir wurde die große Gnade einer ausgezeichneten Gesundheit zuteil. Ich hatte seitdem nie mehr Schmerzen, weder eine Erkältung noch Kopfschmerzen (die meisten Krankheiten haben psychische Ursachen). Von dieser Zeit an wußte ich, daß mein Lebenswerk die Arbeit für den Frieden sein würde, daß es *alle erdenklichen Bereiche des Friedens* umfassen würde: Frieden zwischen Völkern, Frieden zwischen Gruppen, Frieden zwischen Individuen und den sehr, sehr wichtigen inneren Frieden. Jedoch besteht ein sehr großer Unterschied zwischen der *Bereitschaft*, sein Leben zu geben und dem tatsächlichen *Geben*, und für mich lagen fünfzehn Jahre an Vorbereitung und innerer Suche dazwischen.

Ich war noch nicht weit auf dem spirituellen Pfad fortgeschritten, als ich das kennenlernte, was die Psychologen als das Ich und das Bewußtsein bezeichnen. Ich nenne es das niedrige und das höhere Selbst oder die selbst-zentrierte und die Gott-zentrierte Natur. Es ist, als hätten wir zwei Persönlichkeiten oder zwei Naturen oder zwei Willen mit zwei gegensätzlichen Standpunkten.

Das niedrige Selbst sieht die Dinge nur vom Standpunkt des körperlichen Wohlbefindens aus – das höhere Selbst berücksichtigt das psychische oder spirituelle Wohlbefinden. Dein niedriges Selbst sieht dich als das Zentrum des Universums – dein höheres Selbst sieht dich als eine Zelle im Körper der Menschheit. Wenn dein niedriges Selbst dich regiert, so bist du selbstsüchtig und materialistisch, aber wenn du den Eingebungen deines höheren Selbst folgst, wirst du die Dinge realistisch sehen und in dir und anderen Harmonie finden.

Körper, Gedanken und Gefühle sind Instrumente, die sowohl für die selbst-zentrierte als auch für die auf Gott ausgerichtete Natur arbeiten können. Die selbst-zentrierte Natur bedient sich dieser Instrumente, wobei sie sie nie ganz steuern kann, so daß hier ein Zustand des ständigen Kampfes herrscht. Sie können nur von der auf Gott ausgerichteten Natur ganz beherrscht werden.

Wenn die auf Gott ausgerichtete Natur die Oberhand gewinnt, so hast du inneren Frieden gefunden. Bis diese Zeit gekommen ist, kann man durch Disziplin teilweise Beherrschung erreichen. Es kann eine von außen auferlegte und früh ausgeübte Disziplin sein, die zu einem Teil des Unterbewußtseins der auf Gott ausgerichteten Natur wurde. Es kann auch eine vom eigenen Willen auferlegte Disziplin sein – Selbstdisziplin. Wenn du z. B. etwas tust, von dem du weißt, du sollst es nicht tun, und du willst es eigentlich auch gar nicht tun, dann mangelt es dir sicherlich an Disziplin. Ich rate dir zu spirituellem Wachstum und – bis zu seiner Ausreifung – Selbstdisziplin.

Während der Periode des spirituellen Wachstums kann der innere Konflikt mehr oder weniger stürmisch verlaufen. Meiner hielt sich mehr in der Mitte. Die egozentrische Natur ist ein schrecklicher Feind, der grimmig kämpft, um seine Identität zu wahren. In ihrer Verteidigung geht sie sehr geschickt vor, und man sollte sie nicht unterschätzen. Sie kennt die schwächsten Stellen deiner Abwehr und unternimmt den Angriff, wenn man am wenigsten darauf vorbereitet ist. Sei in der Zeit zwischen den Angriffen demütig, und vertraue dich niemandem als der führenden Eingebung deines höheren Selbst an.

Religiöse Führer haben dem höheren Selbst viele schöne Namen gegeben. Einige nennen es inneres Licht oder innewohnender Christus. Als Jesus sagte, „das Königreich Gottes ist in Euch", hat er sich offensichtlich auf das höhere Selbst bezogen. An anderer Stelle heißt es, *Christus in euch, eure Hoffnung auf Herrlichkeit, der innewohnende Christus.* Jesus wurde der Christus genannt, weil sein Leben durch diese höhere Macht regiert wurde.

Wenn ich über die Schritte zum inneren Frieden spreche, so tue ich das in einem bestimmten Rahmen, aber ich will die Anzahl dieser Schritte nicht willkürlich festlegen. Sie können erweitert oder eingeschränkt werden. Es ist dies lediglich eine Art, über diese Dinge zu sprechen, aber wichtig dabei ist: die Schritte zum inneren Frieden werden nicht in einer bestimmten Reihenfolge durchlaufen. Der erste Schritt für den einen mag der letzte für den anderen sein. So mache als ersten Schritt den, der für dich gerade am einfachsten scheint, und sobald du einige Schritte tust, wird es dir leichter fallen, noch ein wenig weiter zu gehen. Auf diesem Gebiet können wir uns austauschen. Keiner von uns muß sich aufgerufen fühlen, eine Pilgerreise zu unternehmen, und ich versuche auch nicht, euch dazu anzuregen, aber wir können Gedanken austauschen, wenn es um die Suche nach Harmonie in unserem eigenen Leben geht. Ich vermute, wenn ihr mich jetzt von einigen Schritten zum inneren Frieden reden hört, so werdet ihr sie als Schritte erkennen, die auch ihr gegangen seid.

VORBEREITUNGEN

Ich möchte hier einige Vorbereitungen nennen, die für mich erforderlich waren. Die erste Vorbereitung ist eine *richtige Einstellung zum Leben.* Das heißt – fliehe nicht mehr vor der Wirklichkeit! Höre auf, oberflächlich zu leben und dich mit Nichtigkeiten zu befassen. Es gibt Millionen solcher Menschen, und sie finden nie etwas wirklich der Mühe wert. Sei gewillt, dem Leben frontal gegenüberzutreten, verlasse die Oberfläche des Lebens und gehe in die Tiefe, wo Wahrheit und Wirklichkeit zu finden sind. Und das wollen wir jetzt hier tun.

Da ist zum Beispiel die Aufgabe, eine sinnvolle Einstellung zu den Problemen, die dir das Leben vorsetzen mag, zu finden. Wenn du nur das ganze Bild sehen könntest, wenn du nur die ganze Geschichte kennen würdest, dann wärest du in der Lage zu sehen, daß du niemals auf ein Problem triffst, das nicht einem Zweck in deinem Leben dient, das nicht zu deinem inneren Wachstum beitragen kann. Wenn du das erkennst, so wirst du Probleme als verborgene Gelegenheiten wahrnehmen. Wenn du dich Problemen nicht stellst, wirst du nur so dahintreiben im Leben und kein inneres Wachstum erreichen. Erst durch das Lösen von Problemen im Einklang mit dem höchsten Licht, das wir haben, können wir dieses innere Wachstum erreichen. Probleme der Gemeinschaft müssen von uns gemeinsam gelöst werden, und keiner findet inneren Frieden, der es versäumt, seinen Teil zur Lösung von Problemen der Gemeinschaft, wie weltweite Abrüstung und Weltfrieden, beizutragen. Deshalb laßt uns immer gemeinsam über diese Probleme nachdenken, gemeinsam darüber sprechen und gemeinschaftlich auf ihre Lösung hinarbeiten.

Bei der zweiten Vorbereitung handelt es sich darum, *unser Leben mit den Gesetzen, die dieses Universum regieren, in Einklang zu bringen.* Geschaffen sind nicht nur die Welt und die Geschöpfe, sondern auch die Gesetze, die sie regieren. Sie betreffen sowohl den physischen als auch den psychischen Bereich und bestimmen das menschliche Verhalten. In dem Maß, wie wir dies zu verstehen lernen und unser Leben mit diesen Gesetzen in Einklang bringen, wird unser Leben harmonisch sein. Wenn wir diese Gesetze mißachten, bereiten wir uns Schwierigkeiten durch unseren Ungehorsam. Wir selbst sind unsere schlimmsten Feinde. Wenn wir durch Unwissenheit aus dieser Harmonie fallen, leiden wir etwas; wenn wir es aber besser wissen und doch noch nicht in Harmonie leben, dann leiden wir sehr stark. Leiden bringt uns zum Gehorsam.

Ich habe erkannt, daß es einige wohlbekannte aber wenig verstandene und kaum praktizierte Gesetze gibt, nach denen wir leben müssen, wenn wir inneren und äußeren Frieden finden wollen. Hierzu gehört, daß das Böse nur durch Gutes überwunden werden kann, daß der Zweck niemals die Mittel heiligt und daß jene, die lieblos handeln, sich selbst verletzen.

Diese Gesetze sind für alle menschlichen Wesen die gleichen und müssen befolgt werden, bevor sich Harmonie durchsetzen kann.

So nahm ich ein sehr interessantes Projekt in Angriff, nämlich alle die guten Dinge, an die ich glaubte, zu leben. Ich verwirrte mich nicht dadurch, daß ich versuchte, sie alle auf einmal zu bewältigen, sondern vielmehr, wenn ich eine Gewohnheit hatte, von der ich wußte, daß ich sie nicht haben sollte, legte ich sie ab. Das war immer ein schnelles Ablegen. Das ist der leichte Weg. Sich allmählich zu ändern, dauert lange und ist sehr schwer. Wenn ich etwas versäumte, von dem ich wußte, es mußte getan werden, so nahm ich das in Angriff. Es dauerte eine ganze Weile, bis das Leben den Glauben einholte, aber natürlich geht es, und wenn ich heute etwas glaube, so lebe ich es. Andernfalls wäre es vollkommen bedeutungslos. Je mehr ich im Einklang mit dem *höchsten Licht,* das ich besaß, lebte, desto *mehr Licht* wurde mir gegeben, und desto offener wurde ich für mehr Licht, wenn ich das lebte, das mir schon zuteil geworden war.

Es gibt noch eine dritte Vorbereitung. Sie hat mit etwas zu tun, das einzigartig ist für jedes menschliche Leben, denn jeder von uns nimmt einen bestimmten Platz im Weltgefüge ein, und es gibt keine zwei Menschen, die genau die gleiche Rolle in Gottes Plan spielen. Es gibt eine Führung, die aus dem Inneren kommt, für jeden, der bereit ist zu hören. Durch diese Führung wird sich jeder zu einer bestimmten Rolle im Gesamtzusammenhang hingezogen fühlen.

Gottes Gesetze können von innen her erfahren werden, aber sie können auch von außen her gelernt werden, da alle großen religiösen Lehrer darüber gesprochen haben. Gottes *Führung* aber kann nur von innen her erfahren werden.

Wir müssen für Gottes Führung offenbleiben. Gottes Führung läßt uns nie die göttlichen Gesetze brechen, und wenn solch eine negative Verführung über uns kommt, so können wir sicher sein, daß sie nicht von Gott ist. Es ist unsere Aufgabe, unser Leben unerschütterlich in Harmonie mit den göttlichen Gesetzen zu halten, die für uns alle gleich sind. Nur insoweit wir in Einklang mit den göttlichen Gesetzen leben, sind wir für das Gute zugänglich.

Wenn ihr in diese Welt kommt, so sind euch eure Aufgaben im göttlichen Plan schon gestellt. Sie müssen nur erkannt und gelebt werden. Wenn du noch nicht weißt, wohin du gehörst, so schlage ich vor, du versuchst, in aufmerksamer Stille zu suchen. Ich wanderte gewöhnlich durch die Schönheiten der Natur, einfach aufmerksam und still, und dann kamen mir wunderbare Einsichten.

Ihr beginnt euren Teil im Weltgefüge auszufüllen, wenn ihr all die guten Dinge tut, zu denen ihr euch motiviert fühlt, auch wenn es anfangs nur sehr kleine gute Dinge sind. Gebt diesen Vorrang gegenüber all den Oberflächlichkeiten, die gewöhnlich das menschliche Leben vollstopfen.

Jeden Morgen dachte ich an Gott und überlegte mir, wie ich an diesem Tag Gottes Kindern dienen könnte. Ich betrachtete jede Situation, in die ich geriet, um herauszufinden, ob es etwas gab, das ich beitragen konnte, um zu dienen. Ich tat jeden Tag soviel Gutes wie ich konnte, ohne zu vergessen, wie wichtig ein nettes Wort oder ein freundliches Lächeln sein können. Ich betete, wenn mir etwas zu schwierig erschien, als daß ich es hätte bewältigen können – und richtige Gebete führen zu richtigem Handeln.

Ich war von einer so überschäumenden Begeisterung erfüllt, anderen zu helfen, daß man mir vorwerfen konnte, durch meinen Einsatz für die Probleme anderer, diese in ihrer spirituellen Entwicklung zu behindern, die durch das Lösen von Problemen ja erst vorankommt. Bald erkannte ich, daß ich gute Werke 'übriglassen' mußte, die andere tun konnten und durch die andere gesegnet werden konnten.

Anfangs half ich den Menschen auf ganz einfache Weise, mit Botengängen, Gartenarbeit und Vorlesen. Ich verbrachte einige Zeit in Wohnungen bei älteren Menschen und bei solchen, die sich von einer Krankheit erholten und half ihnen bei der Überwindung ihrer verschiedenen Leiden. Ich arbeitete mit Problemkindern, mit psychisch gestörten und mit körperlich und geistig Behinderten. Meine Motive waren lauter, und oft hatte meine Arbeit positive Auswirkungen. Ich benutzte, was ich spirituelle Therapie nenne: Ich fand heraus, was die Menschen, mit denen ich arbeitete, an guten Dingen tun wollten und half ihnen, sie zu tun. Es gab einige, die sich zu sehr an mich klammerten, so daß ich mich bemühen mußte, diese Bindung zu lösen.

Mein Mangel an Sachkenntnis wurde durch die Liebe, die ich anderen entgegenbrachte, mehr als ausgeglichen. Wenn Liebe euer Leben erfüllt, verschwinden alle Grenzen. Die Medizin, die diese kranke Welt so nötig hat, ist Liebe.

Ich arbeitete auch hin und wieder ehrenamtlich für das Hilfskomitee amerikanischer Freunde*, die Internationale Frauenliga für Frieden und Freiheit** und den Versöhnungsbund*** – über einen Zeitraum von mindestens zehn Jahren.

Es gibt Leute, die wissen, aber nicht handeln. Das ist sehr traurig. In diesem materialistischen Zeitalter haben wir einen so verkehrten Maßstab, um Erfolg zu messen. Wir messen ihn in Dollar und materiellen Dingen. Aber Glück und innerer Friede haben damit nichts zu tun. Wenn du weißt und nicht handelst, so bist du wirklich eine sehr unglückliche Person.

Es gibt noch eine vierte Vorbereitung. Das ist die Vereinfachung des Lebens, um inneres und äußeres – psychisches und materielles – Wohlbefinden in deinem Leben in Einklang zu bringen. Das wurde mir sehr leicht gemacht. Gleich nachdem ich mein Leben dem Dienen gewidmet hatte, fühlte ich, daß ich nicht länger *mehr* annehmen konnte als ich brauchte, während andere in der Welt *weniger* haben als sie brauchen. Das brachte mich dazu, mein Leben auf das wirklich *Notwendige* zu beschränken. Ich dachte, es wäre schwer. Ich dachte, es würde eine harte Zeit mitsichbringen, aber ich irrte mich. Statt Mühsal fand ich ein wundervolles Gefühl des Friedens und der Freude, und die Überzeugung, daß unnötiger Besitz nur unnötige Last ist.

*) American Friends Service Committee
**) Women's International League for Peace and Freedom
***) Fellowship of Reconciliation

Während dieser Zeit konnte ich mit zehn Dollar in der Woche auskommen, und zwar teilte ich meine Ausgaben in zwei Kategorien ein. Ich gab $ 6.50 für Essen und sonstige Kleinigkeiten aus und $ 3.50 für Unterkunft.

Nun will ich damit nicht sagen, daß die Bedürfnisse alle gleich sind. Deine Bedürfnisse mögen viel größer sein als meine. Wenn du z. B. eine Familie hast, so brauchst du die Geborgenheit eines Zuhauses für deine Kinder. Aber ich glaube, daß alles, was über den Bedarf hinausgeht – und Bedarf schließt manchmal auch Dinge jenseits des physischen Bedarfs ein – daß alles, was darüber hinausgeht, zur Last werden kann. Wenn du es erst hast, mußt du dich auch darum kümmern!

Es liegt eine große Freiheit in der Einfachheit des Lebens, und nachdem ich anfing, das zu erkennen, fand ich den Einklang in meinem Leben zwischen innerem und äußerem Wohlbefinden. Hierzu ist viel zu sagen, nicht nur was das individuelle Leben angeht, sondern auch das Leben einer Gesellschaft. Denn weil wir als Welt uns in solchem Maße von diesem Einklang entfernt haben, uns so extrem auf die materielle Ebene ausgerichtet haben, sind wir fähig, bei einer Entdeckung wie der der Kernenergie, sie in eine Bombe umzusetzen und sie zum Töten von Menschen einzusetzen! Der Grund liegt darin, daß unser inneres Wohlbefinden so weit hinter unserem äußeren Wohlbefinden zurückgeblieben ist. Die notwendige Suche liegt in Zukunft im *inneren,* spirituellen Bereich, damit wir diese beiden Seiten ins Gleichgewicht bringen können, damit wir das äußere Wohlbefinden, das wir erreicht haben, auch gut zu nutzen lernen.

REINIGUNGEN

Dann entdecke ich, daß verschiedene Arten der Reinigung von mir verlangt wurden. Die erste ist ganz einfach: Es ist die *Reinigung des Körpers.* Sie hatte mit meinen körperlichen Lebensgewohnheiten zu tun. Ich aß damals all diese üblichen Nahrungsmittel. Mir schaudert, wenn ich daran denke, was ich alles in diesen Tempel des Geistes hineingestopft habe.

Als ich sehr jung war, habe ich mich um meinen körperlichen Tempel überhaupt nicht gekümmert; das kam erst später. Es vergingen noch fünf Jahre, nachdem ich vollkommene Bereitschaft gespürt hatte, mein Leben zu geben, bis ich begann, mich um meinen körperlichen Tempel zu kümmern – *fünf Jahre!* Nun esse ich vor allem Obst, Nüsse, Gemüse, ganze Körner (vorzugsweise aus biodynamischem Anbau) und vielleicht etwas Milch und Käse. Davon lebe und laufe ich.

Es gab eine Zeit, in der ich diese Koffein-Angewohnheit hatte. Ich stand am Morgen auf, und das erste, was ich tat, war, eine Tasse Kaffee zu trinken. Eines Morgens. als ich gerade meine Tasse Kaffee getrunken hatte, setzte ich mich auf, schaute die Kaffeetasse an und sagte, „*Davon* bist Du abhängig, um morgens in Gang zu kommen! Ich will kein Sklave des Koffeins mehr sein. Das muß jetzt sofort aufhören!" Und das tat es. Ich habe keinen Kaffee mehr angerührt. Einige Tage lang fehlte er mir, aber ich bin stärker als eine Tasse Kaffee!

Ich erkannte langsam, daß ich meine Lebensregel mißachtete, die besagt: *Niemand soll etwas für mich tun, das ich selbst für mich nicht tun möchte.* Nun, ich würde kein Lebewesen töten – nicht einmal ein Hühnchen oder einen Fisch – und deshalb hörte ich sofort auf, Fleisch zu essen.

Ich habe nun seit vielen Jahren kein Fleisch mehr gegessen – weder Fleisch noch Fisch noch Geflügel. Inzwischen habe ich erfahren, daß der Genuß von Fleisch schädlich für die Gesundheit ist, aber damals habe ich nur meine Liebe zu den Mitmenschen auf alle Lebewesen ausgedehnt und somit aufgehört, sie zu verletzen und sie zu essen.

Damals wußte ich nicht, daß das Essen von Fleisch schädlich für den Geist war. Ich wußte nur, daß ich es nicht länger tun konnte, weil es einer meiner Lebensregeln widersprach. Etwas später erfuhr ich dann von einem Arzt, daß der Genuß von Fleisch giftige Rückstände im Körper zurückläßt, was mich ebenfalls zum Vegetarier hätte werden lassen. Ich meine, daß man vorbeugen muß, da der Körper der Tempel des Geistes ist.

Dann erfuhr ich von einem Gymnasiallehrer, der über dieses

Thema ein Buch geschrieben hat, daß man zur Züchtung von Schlachttieren ein Vielfaches von dem Land braucht, das zur Anpflanzung von Früchten oder Gemüse oder Getreide nötig wäre. Da ich will, daß so viel wie möglich von Gottes Kindern zu essen haben, würde auch das mich zum Vegetarier machen.

Die Schwierigkeit liegt darin, daß wir noch nicht gelernt haben, *uns gegenseitig* nicht mehr zu töten. Das ist unsere gegenwärtige Lektion – zu lernen, uns gegenseitig nicht zu töten, Teilen zu lernen und das Töten des Menschen durch den Menschen zu beenden. Das Nicht-Töten jeglichen Lebewesens liegt noch in etwas entfernterer Zukunft, obwohl die unter uns, die es besser wissen, gemäß ihrem höchsten Licht leben müssen.

Als ich erkannte, daß weißes Mehl und weißer Zucker schlecht für die Gesundheit sind, aß ich sie nicht mehr. Als ich erkannte, daß scharf gewürzte Speisen schädlich sind, verzichtete ich darauf. Als ich erkannte, daß aufbereitete Lebensmittel Substanzen enthalten, die ungesund für den Körper sind, aß ich sie nicht mehr. Sogar das Wasser aus der Leitung ist meist ein chemischer Cocktail. Ich empfehle abgefülltes oder destilliertes Wasser.

Ich weiß genug, um meinen Körper richtig zu ernähren und habe eine ausgezeichnete Gesundheit. Ich genieße mein Essen, aber ich esse, um zu leben. Ich lebe nicht, um zu essen, wie manche Leute, und ich weiß, wann ich zu essen aufhören muß. Ich bin kein Sklave des Essens.

Ein Mensch kann auch nach einem ausgiebigen Mahl noch hungrig sein, wenn er das Falsche gegessen hat. Tatsächlich kann man auch dann an Unterernährung leiden, wenn man sich ständig mit falschem Essen überißt.

Du kannst eine gesunde Diät beginnen, indem du dich nur an gutes, gesundes Essen hältst. Iß langsam und kaue das Essen gut, wie ich es mache. Dann mache das Essen zu einer sehr nebensächlichen Sache in deinem Leben, indem du dein Leben so sehr mit sinnvollen Dingen ausfüllst, daß du kaum noch Zeit findest, über das Essen nachzudenken.

In meinen Ess- und Schlafgewohnheiten ist mein Kontakt zur Natur so nah wie möglich. Jeden Tag habe ich soviel als nur möglich frische Luft und Sonnenschein und Kontakt zur Natur. Ich möchte viel im Freien leben und Teil der Landschaft sein. Ruhe und Körperübungen sind wichtig. Ich bin nicht jemand, der keinen Schlaf braucht. Wenn möglich, gehe ich in der Abenddämmerung zu Bett und schlafe acht Stunden. Das Laufen ist meine Gymnastik, dazu schwinge ich noch meine Arme, was die Gymnastik vervollständigt.

Man möchte denken, daß die Reinigung des Körpers das erste Gebiet ist, auf dem der Mensch gewillt ist zu arbeiten, aber ich habe die Erfahrung gemacht, daß es oft das letzte ist – weil dies ja bedeuten könnte, einige unserer schlechten Angewohnheiten abzulegen, und es gibt nichts, an das wir uns beharrlicher klammern.

Dann gibt es eine zweite Reinigung: *die Reinigung der Gedanken*. Wenn du erkennen könntest, wie mächtig deine Gedanken sind, würdest du keinen negativen Gedanken mehr denken. Die Gedanken können eine große Kraft für das Gute sein, wenn sie positiv ausgerichtet sind, und sie können – und tun es auch – dich körperlich krankmachen, wenn sie negativ sind. Ich esse kein „junkfood"*, und ich denke keine „junk"-Gedanken! Laß dir sagen, „junk"-Gedanken können dich sogar noch schneller kaputtmachen als „junk"-Nahrung. Vor „junk"- Gedanken mußt du dich in acht nehmen.

Laß mich dir eine Geschichte erzählen, von einem Mann, der sehr stark von negativen Gedanken beeinflußt war. Als ich ihn kennenlernte, war er fünfundsechzig Jahre alt und zeigte Symptome einer sogenannten chronischen körperlichen Krankheit. Als ich mich mit ihm unterhielt, fiel mir eine gewisse Bitterkeit in seinem Leben auf. Jedoch konnte ich nicht gleich sagen, was es war, denn ich sah, daß er gut mit seiner Frau, seinen erwachsenen Kindern und den Leuten in seiner Gemeinschaft zurecht kam. Aber die Bitterkeit war trotzdem da. Ich fand heraus, daß er Bitterkeit gegen seinen lange verstorbenen Vater hegte, weil dieser seinen Bruder hatte ausbilden lassen und ihn nicht. Er war ein sehr verstandgesteuerter Mensch, und so sprach ich ausführlich mit ihm darüber. Als er, der

*) Nahrung ohne wertvolle Bestandteile

älteste Sohn, eine Ausbildung bekommen sollte, hatte sein Vater einfach nicht genügend Geld dafür. Zu jener Zeit war die Familie sehr arm. Nach ihm kamen drei Schwestern, und ich glaube, sie erhielten ebenfalls keine Ausbildung. Sein Bruder war das jüngste Kind, und zu dieser Zeit besaß sein Vater mehr Geld und konnte ihm eine Ausbildung bezahlen. Es war nicht so, daß er seinem Bruder die Ausbildung mißgönnte, er meinte nur, er hätte auch eine bekommen sollen. Als er mit dem Verstand einsah, daß sein Vater sein Bestes für beide Söhne getan hatte, konnte er die Bitterkeit aus seinem Herzen vertreiben. Diese sogenannte chronische Krankheit wurde immer schwächer; bald besserte sich sein Zustand, bis er schließlich ganz gesund wurde.

Wenn du auch nur die kleinste Bitterkeit gegen jemanden hegst oder irgendwelche unfreundlichen Gedanken, welcher Art auch immer, mußt du sie sofort loswerden. Sie verletzen nur dich selbst. Es reicht nicht, nur das Richtige zu tun und zu sagen – du mußt auch das Richtige *denken,* bevor dein Leben harmonisch werden kann.

Während der Zeit der Vorbereitung identifizierte ich mich nicht ganz mit meinem eigentlichen Ich, das ich gerade erst kennenlernte. Ich war sehr nachsichtig gegenüber anderen, das war kein Problem, aber mir selbst gegenüber war ich sehr unnachsichtig. Wenn ich etwas nicht hundertprozentig richtig machte, so sagte ich zu mir: „Du solltest es besser wissen." Eines Tages, als ich meine Haare vor dem Spiegel kämmte, schaute ich mich an und sagte: „Du eingebildetes Ding! Warum glaubst du, klüger sein zu müssen, wo Du doch jedem anderen gegenüber nachsichtig bist, wenn er es nicht besser weiß. Du bist um kein Haar besser als sie."

Du mußt lernen, dir selbst genauso leicht zu vergeben, wie du anderen vergibst. Dann konzentriere dich auf den nächsten Schritt und verwende all die Energie, mit der du dich bisher selbst verurteilt hast, darauf, dich zu bessern. Danach bin ich wirklich weitergekommen, denn es gibt nur einen Menschen, den du ändern kannst, und das bist du selbst. Wenn du dich selbst geändert hast, dann kannst du vielleicht bei anderen den Wunsch wecken, sich zu ändern.

Es dauerte eine ganze Weile, bis das Leben den Glauben einholte, aber schließlich war es soweit. Als es soweit war, begann eine Entwicklung ohne Ende. Je mehr ich nach meinen höchsten Einsichten lebte, desto mehr wurde mir gegeben.

Die dritte Reinigung ist die *Reinigung der Begierden*. Was ist es, das du begehrst? Sind es oberflächliche Dinge, wie Vergnügungen, sind es neue Kleider oder ein neues Haushaltsgerät oder ein Auto? Da du hier bist, um mit den Gesetzen, die das menschliche Verhalten bestimmen, und mit deiner Rolle im Weltengefüge in Einklang zu kommen, sollten deine Wünsche sich auf dieses Ziel ausrichten. Es ist sehr wichtig, daß du deine Wünsche auf ein Ziel *ausrichtest*, so daß du nur noch das verlangst, was Gott dir bestimmt hat. Du kannst zu dem Punkt kommen, wo du nur noch einen Wunsch hast: Deine Rolle im Weltgefüge zu kennen und auszuüben. Wenn du darüber nachdenkst, gibt es irgend etwas anderes das man wirklich begehren müßte?

Es gibt noch eine weitere Reinigung, und das ist die *Reinigung der Motive*. Was sind deine Motive für eine Handlung? Wenn es reine Gier oder Selbstsucht oder der Wunsch nach Selbstverherrlichung ist, so würde ich sagen: *tue es nicht*. Tue nichts, das durch solche Motive veranlaßt ist. Aber so leicht ist das nicht, denn wir handeln meist aus sehr unterschiedlichen Motiven. Noch nie habe ich einen Menschen gesehen, der nur schlechte Motive hatte. Vielleicht gibt es so jemanden. Ich bin ihm noch nicht begegnet. Ich begegne nur Menschen mit gemischten Motiven, gute und schlechte Motive durcheinander. Einmal traf ich z. B. einen Geschäftsmann, und er gestand mir, daß seine Motive nicht die höchsten seien, doch auch da waren gute Motive dabei – das Sorgen für seine Familie, etwas Gutes für seine Gemeinschaft zu tun. Gemischte Motive!

Ich spreche zu Gruppen, die die fortschrittlichsten spirituellen Lehren studieren, und diese Leute fragen sich, warum in ihrem Leben nichts geschieht. Ihr Motiv ist, inneren Frieden für sich selbst zu gewinnen – was natürlich ein eigennütziges Motiv ist. Mit diesem Motiv wirst du ihn nicht finden. Wenn du inneren Frieden finden willst, muß dein Motiv nach außen gerichtet sein. Das Dienen, natürlich, *Dienen*. Geben, nicht Nehmen. Deine Motive müssen gut sein, wenn dein Tun positive Wirkungen haben soll. Das Geheimnis des Lebens liegt im Dienen.

Ich kannte einen Mann, der ein guter Architekt war. Es war offensichtlich die richtige Arbeit für ihn, aber er tat sie mit falschen Motiven. Sein Motiv war, möglichst viel Geld zu machen und sich von den Müllers und Meiers abzuheben. Er arbeitete, bis er krank wurde, und es war kurz danach, als ich ihn traf. Ich brachte ihn dazu, kleine Dienste zu verrichten. Ich sprach zu ihm über die Freude des Dienens und wußte, daß er, nachdem er das einmal erfahren hatte, nie mehr in ein rein egozentrisches Leben würde zurückkehren können. Wir korrespondierten ein wenig nach diesem Vorfall. Ein paar Jahre später erkannte ich ihn kaum wieder, als ich bei ihm einkehrte. Er war ein vollkommen veränderter Mensch! Aber er war immer noch Architekt. Er zeichnete gerade an einem Plan und erklärte mir dazu: „Siehst Du, ich gestalte das auf diese Weise, damit es ihre finanziellen Möglichkeiten nicht übersteigt, und dann werde ich das so auf ihr Fleckchen Erde setzen, damit es schön aussieht ... " Sein Motiv war, den Menschen, für die er Pläne zeichnete, zu dienen. Er war eine strahlende und verwandelte Person. Seine Frau erzählte mir, daß sein Geschäft größer geworden sei, da nun Leute von weit her kämen, um sich von ihm ihr Haus entwerfen zu lassen.

Ich habe einige Leute getroffen, die ihren Beruf wechseln mußten, um ihr Leben zu ändern, aber ich habe viel mehr Leute getroffen, die nur ihre Motive zu ändern brauchten, um ihr Leben zu ändern.

LOSLASSEN

Der letzte Teil befaßt sich mit dem Loslassen. Wenn du einmal die wichtigste Art des Loslassens erreicht hast, so hast du inneren Frieden gefunden, denn das ist das *Loslassen des Eigenwillens*.

Du kannst daran arbeiten, dein niedriges Selbst zu unterwerfen, indem du alle schlechten Dinge, zu denen du dich motiviert fühlen magst, unterläßt – nicht indem du sie unterdrückst, sondern indem du sie transformierst, so daß dein höheres Selbst dein Leben übernehmen kann. Wenn du dich motiviert fühlst, etwas Ungutes zu tun oder zu sagen, dann kannst du immer an etwas Gutes denken. Du wendest dich bewußt um und setzt die *gleiche Energie* stattdessen dazu ein, etwas Gutes zu tun oder zu sagen. Es funktioniert!

Das Zweite ist das *Aufgeben des Gefühls der Eigenständigkeit.* Zunächst fühlen wir uns sehr abgesondert und beurteilen alles in Beziehung auf uns, als ob wir das Zentrum des Universums wären. Selbst wenn wir es verstandesmäßig besser wissen, beurteilen wir die Dinge immer noch auf diese Weise. In Wirklichkeit sind wir natürlich alle Zellen im Körper der Menschheit. Wir sind nicht getrennt von unseren Mitmenschen. Es ist alles eine Einheit. Nur von diesem höheren Standpunkt aus kannst du wissen, was es heißt, deinen Nächsten wie dich selbst zu lieben. Von diesem höheren Standpunkt aus gibt es nur noch einen realistischen Weg, der zum Ziel führt – für das Wohl aller zu arbeiten. Solange du für dein selbstsüchtiges kleines Ich arbeitest, bist du nur eine Zelle gegen all die anderen Zellen, und du bist fern der Harmonie. Aber sobald du anfängst, für das Wohl aller zu arbeiten, findest du dich im Einklang mit all deinen Mitmenschen. Siehst du, das ist der leichte, harmonische Weg zu leben.

Dann gibt es noch eine dritte Art von Loslassen, und das ist *das Loslassen aller Bindungen.* Niemand ist wirklich frei, solange er immer noch an materiellen Dingen hängt, an Örtlichkeiten oder an Menschen. Materielle Güter müssen richtig bewertet werden. Sie sind da zum Gebrauch. Es ist ganz richtig, sie zu benützen, dafür sind sie da. Aber wenn sie ihre Nützlichkeit erschöpft haben, sei bereit, sie loszulassen, und gib sie vielleicht jemandem, der sie wirklich braucht. Alles, was du nicht loslassen kannst, wenn es seinen Nutzen verloren hat, besitzt dich, und in diesem materialistischen Zeitalter werden ganz schön viele von uns' von ihrem Besitz besessen. Wir sind nicht frei.

Ich habe mich als befreit betrachtet, lange bevor das zur Mode wurde. Zuerst befreite ich mich von Gewohnheiten, die eine entkräftende Wirkung haben. Dann legte ich meine streitsüchtigen, aggressiven Gedanken ab. Ich befreie mich auch von allem unnötigen Besitz. Das, glaube ich, ist wirkliches Freiwerden.

Es gibt noch eine andere Art von Besitzstreben. *Du besitzt keinen anderen Menschen,* ganz gleich, wie nahe dieser andere dir steht. Kein Mann besitzt seine Frau. Keine Frau besitzt ihren Mann. Keine Eltern besitzen ihre Kinder. Wenn wir glauben, Menschen zu besitzen, so neigen wir dazu, deren Leben in die Hand zu nehmen, und daraus entwickelt sich eine äußerst unharmonische Situation. Erst wenn wir einsehen, daß wir sie nicht besitzen, daß sie im Einklang mit ihren eigenen inneren Motivationen leben müssen, hören wir auf mit dem Versuch, ihr Leben für sie zu führen. Dann entdecken wir, daß wir mit ihnen in Harmonie leben können. Alles, was du festhalten willst, wird dich festhalten - und wenn du Freiheit willst, mußt du Freiheit gewähren.

Verbindungen, die man in diesem Leben eingeht, müssen nicht unbedingt das ganze Leben lang dauern. Ständig müssen wir uns von irgendetwas trennen, und solange das *in Liebe* geschieht, vermeidet man nicht nur spirituelles Unrecht, sondern es mag die spirituelle Entwicklung sogar fördern.

Wir müssen für den Platz, wo wir verweilen, dankbar sein und ihn genießen können – und dennoch ohne Bedauern weitergehen, wenn wir anderswohin gerufen werden. In unserer spirituellen Entwicklung wird oft von uns verlangt, uns loszureißen und viele Kapitel in unserem Leben abzuschließen, bis wir nicht länger an materielle Güter gebunden sind und alle Menschen lieben können, ohne uns an sie zu klammern.

Nun zum letzten Punkt: *Das Aufgeben aller negativen Gefühle.* Ich will nur ein negatives Gefühl nennen, das die liebenswürdigsten Menschen immer noch nicht aufgeben können, und dieses negative Gefühl ist die *Sorge*. Damit meine ich nun nicht *Interesse*, das dich motiviert, alles Notwendige in einer Situation zu tun. Mit Sorge meine ich ein nutzloses hin- und herwenden von Dingen, die wir nicht ändern können.

Eine letzte Bemerkung über negative Gefühle, die mir einmal sehr geholfen hat und die auch anderen geholfen hat: nichts, was von außen kommt – kein Ding und kein Mensch, der von außen an mich herantritt – kann mich innerlich, seelisch verletzen. Ich erkannte, daß ich seelisch nur von meinen eigenen falschen Aktionen verletzt werden konnte, über die ich die Kontrolle habe; durch meine eigenen falschen Reaktionen – sie sind kompliziert, aber ich habe auch sie unter Kontrolle – oder durch mein eigenes Nicht-Handeln in gewissen Situationen, wie der gegenwärtige Weltlage, die Handlungen von mir verlangt. Wie frei fühlte ich mich, als ich all das erkannt hatte! Ich hörte sofort auf, mir selbst Schmerz zuzufügen. Nun könnte mir einer das Schlimmste antun, und ich würde tiefes Mitgefühl für diese aus der Harmonie geratene Person empfinden, für diesen psychisch kranken Menschen, der fähig ist, Schlechtes zu vollbringen. Ich würde mich sicherlich nicht selbst verletzen durch falsche Reaktionen wie Bitterkeit oder Ärger. Du hast volle Kontrolle darüber, ob du dich seelisch verletzen läßt oder nicht, und jederzeit kannst du aufhören, dich selbst zu verletzen.

Das waren meine Schritte zum inneren Frieden, die ich mit euch besprechen wollte. Daran ist nichts Neues. Es ist die universelle Wahrheit. Ich habe über diese Dinge nur in meiner eigenen Alltagssprache geredet, in Begriffen meiner persönlichen Erfahrung damit. Die Gesetze, die dieses Universum regieren, bringen Gutes, sobald wir ihnen gehorchen, und alles, was im Widerspruch zu diesen Gesetzen steht, ist nur von kurzer Dauer. Es trägt in sich selbst den Keim der eigenen Zerstörung. Das Gute in jedem menschlichen Leben macht es uns jederzeit möglich, diesen Gesetzen zu gehorchen. Wir haben hierin unseren freien Willen, und es liegt deshalb an uns, wie bald wir gehorchen und so Harmonie sowohl in uns selbst als auch innerhalb unserer Welt finden.

Während dieser spirituellen Wachstumsperiode wollte ich wissen, was Gott für mich bestimmt hatte und danach handeln. Spirituelles Wachstum ist nicht so einfach zu erwerben, aber es ist sicher die Anstrengung wert. Es braucht Zeit, wie jedes Wachstum. Man sollte sich an kleinen Erfolgen freuen und nicht ungeduldig werden, da Ungeduld das Wachstum hemmt.

Der Weg des allmählichen Loslassens von Dingen, die spirituellem Fortschritt im Wege stehen, ist schwer, denn die Belohnung erfolgt erst dann, wenn man vollständig losgelassen hat. Der Weg des schnellen Loslassens ist einfach, denn der Segen folgt unmittelbar. Wenn Gott dein Leben erfüllt, fließen Gottes Gaben über und segnen alle, die du berührst.

Für mich war es ein Entkommen aus einer künstlichen Scheinwelt in den Reichtum der Wirklichkeit. Der Welt mag es scheinen, als hätte ich viel aufgegeben. Was ich aufgegeben habe, sind belastender Besitz, sinnloses Vergeuden von Zeit, die Beschäftigung mit etwas, das ich nicht tun sollte und das Unterlassen dessen, das ich tun sollte. Mir schien es aber, als hätte ich viel gewonnen – sogar die unbezahlbaren Schätze Gesundheit und Glück.

VERWIRKLICHUNG INNEREN FRIEDENS

Es gab Höhen und Tiefen, viele Höhen und Tiefen, in dieser spirituellen Wachstumsperiode. Dann kam inmitten des Kampfes ein wundervolles Gipfelerlebnis – die erste Ahnung, wie das Leben in innerem Frieden aussah.

Es geschah an einem frühen Morgen, als ich in der Natur wanderte. Ich fühlte mich plötzlich emporgehoben, höher als je zuvor. Ich erinnere mich, daß ich *Zeit-, Raum- und Schwerelosigkeit* erfuhr. Ich schien mich nicht auf der Erde zu bewegen. Es waren keine Menschen oder Tiere um mich. Aber jede Blume, jeder Strauch, jeder Baum schien von einem Heiligenschein umgeben. Licht strahlte von jedem Ding aus, und Goldfunken schwebten wie feiner Nieselregen durch die Luft. Diese Erfahrung wird manchmal Erleuchtung genannt.

Das Wichtigste dabei waren nicht die Erscheinungen: das Wichtigste war die Erkenntnis von der Einheit aller Schöpfung, nicht nur aller menschlichen Wesen – ich wußte schon vorher, daß alle menschlichen Wesen eins sind. Aber nun erfuhr ich die Einheit mit der übrigen Schöpfung; den Kreaturen, die die Erde bevölkern, und den Pflanzen, die auf ihr wachsen, der Luft, dem Wasser, der Erde selbst; und das Wunderbarste von allem: *eine Einheit mit dem, das alles durchdringt, alles verbindet und allem Leben gibt.* Eine Einheit mit dem, das viele Gott nennen würden.

Seitdem habe ich mich nie mehr abgetrennt gefühlt. Ich konnte wieder und wieder zu diesem wundervollen Gipfel zurückkehren, dann für immer längere Zeit dort bleiben und nur noch gelegentlich herausgleiten.

Die Eingebung der Pilgerreise kam zu jener Zeit. Ich saß hoch auf einem Hügel über den Dörfern Neuenglands. Am Tag vorher war ich aus der Harmonie geglitten, und am Abend hatte ich mich an Gott gewandt: „Ich glaube, wenn ich immer in Harmonie leben könnte, so wäre ich von größerem Nutzen – denn, jedesmal wenn ich aus der Harmonie gleite, vermindert das meine Nützlichkeit."

Als ich in der Morgendämmerung aufwachte, befand ich mich wieder auf dem spirituellen Gipfel mit einem wunderbaren Gefühl. Ich wußte, daß ich nie mehr in das Tal hinabsteigen mußte, ich wußte, der Kampf war für mich vorbei, es war mir schließlich gelungen, mein Leben zu geben und inneren Frieden zu finden. Wie gesagt, dies ist ein Punkt, von dem es kein Zurück mehr gibt. Man kann dann nie mehr in den Kampf zurückkehren. Der Kampf ist vorbei, weil du das Richtige tun *willst* und nicht mehr dazu gedrängt werden mußt.

Eine Weile ging ich allein spazieren, allein mit Gott. Während ich umherwanderte, kam mir ein Gedanke: Ich fühlte einen starken inneren Drang zu einer Pilgerreise – zu dieser besonderen Art und Weise, Zeugnis für den Frieden abzulegen.

Ich sah mich in Gedanken marschieren und das Gewand meiner Mission tragen ... Ich sah eine Landkarte der Vereinigten Staaten, worauf die großen Städte markiert waren – und es war, als hätte jemand mit einem Buntstift eine Zickzacklinie eingezeichnet, von Küste zu Küste und von Grenze zu Grenze, von Los Angeles bis New York. Ich wußte, was ich tun sollte. Und dies war eine Vision von der Route meiner Pilgerreise im ersten Jahr – 1953!

Ich betrat eine neue und wunderbare Welt. Mein Leben war gesegnet durch eine sinnvolle Aufgabe.

Jedoch war damit die Entwicklung nicht zu Ende. Große Veränderungen haben in dieser dritten Phase meines Lebens stattgefunden. Es ist, als sei das Hauptmotiv des Puzzlespiels meines Lebens vollständig, klar und unveränderlich. Aber rundherum fügen sich andere Teilchen an. Es gibt immer eine Kante, an der das Puzzle erweitert wird, aber die Entwicklung ist harmonisch. Es ist ein Gefühl, ständig von all den guten Dingen wie Liebe, Frieden und Freude umgeben zu sein, wie von einer Schutzhülle; und da ist eine Unerschütterlichkeit, die dir durch jede Situation hilft, die du durchzustehen hast.

Die Welt mag auf dich sehen und glauben, du stündest vor großen Problemen, aber es gibt immer diese inneren Energiequellen, die dich die Probleme mit Leichtigkeit überwinden lassen. Nichts scheint schwer zu sein. Da ist eine Ruhe, eine Heiterkeit und Zeit für alles – du mußt um nichts mehr ringen oder dich abmühen. Das ist ein wichtiger Punkt, den ich erfahren habe: Wenn dein Leben mit deiner Rolle im Weltgefüge harmoniert, und wenn du die Gesetze, die dieses Universum regieren, befolgst, dann ist dein Leben voll und es ist gut, aber niemals mehr überfüllt. Wenn es zu voll ist, dann tust du mehr als gut für dich ist, mehr als du tun sollst im großen Plan der Dinge.

Nun besteht dein Leben nicht mehr im Nehmen sondern im Geben. Sobald du dich auf das Geben konzentrierst, entdeckst du: genau wie du nichts empfangen kannst, ohne zu geben, kannst du auch nichts geben, ohne zu empfangen – nicht einmal die wundervollsten Dinge wie Gesundheit, Glück und innerer Friede. Du hast ein Gefühl von endloser Energie, die sich niemals erschöpft. Sie scheint so grenzenlos wie die Luft zu sein. Du scheinst geradezu mit der Quelle der Energie des Universums verbunden zu sein.

Jetzt hast du dein Leben unter Kontrolle. Deine höhere Natur, die von Gott gesteuert wird, steuert Körper, Gedanken und Gefühle. (Das Ego ist nie wirklich unter Kontrolle. Das Ego wird gesteuert durch den Wunsch nach Komfort und Bequemlichkeit für den Körper, durch Forderungen des Geistes und durch Gefühlsausbrüche.)

Ich kann zu meinem Körper sagen: „Lege dich hier auf den Zementboden und schlaf ein", und er gehorcht. Ich kann zu meinem Geist sagen: „Schalte alles andere ab und konzentriere dich auf diese vor dir liegende Aufgabe", und er gehorcht. Ich kann zu meinen Gefühlen sagen: „Seid ruhig, auch angesichts dieser schrecklichen Situation", und sie sind ruhig. Ein großer Philosoph sagte einmal: *Derjenige, der scheinbar aus dem Rhythmus gekommen ist, folgt vielleicht einer anderen Trommel.* Nun folgst auch du einer anderen Trommel – der höheren Natur anstelle der niederen.

Wenn du spirituell erwachsen bist, dann erkennst du, daß jeder Mensch gleich wichtig ist, jeder eine Aufgabe in dieser Welt hat und jeder die gleichen Möglichkeiten besitzt. Wir befinden uns auf vielen verschiedenen Stufen unserer Entwicklung; das kommt daher, daß wir über einen freien Willen verfügen. Es steht dir frei, ob du seelisch und gefühlsmäßig erwachsen werden willst. Viele wollen es nicht. Es steht dir frei, mit der spirituellen Entwicklung zu beginnen. Der Anfang dafür ist der Punkt, an dem du vollkommene Bereitschaft spürst, ohne die geringsten Vorbehalte, das egozentrische Leben hinter dir zu lassen. Viele entscheiden sich dagegen. Aber es waren meine Entscheidung für dieses spirituelle Wachstum und der innere Friede, den ich dabei fand, die mich für meine heutige Pilgerreise vorbereiteten.

Wenn du mit den Augen der göttlichen Natur schaust, so siehst du das Wesen in der Manifestation, den Schöpfer in der Schöpfung, und es ist eine wundervolle, wundervolle Welt!

1952 erkannte ich, daß es für eine Pilgerin jetzt an der Zeit sei, loszumarschieren. In Korea tobte der Krieg, und die McCarthy Ära war auf ihrem Höhepunkt. Es war die Zeit, in der Kongreßausschüsse Menschen für schuldig befanden, solange sie nicht ihre Unschuld beweisen konnten. Es herrschte große Angst in jener Zeit, und am sichersten war es, unbeteiligt zu bleiben. Ja, es war ganz sicher eine Zeit, in der ein Pilger sich aufmachen sollte, da es die Aufgabe eines Pilgers ist, die Menschen aus ihrer Apathie zu reißen und zum Denken zu bringen.

Mit dem letzten bißchen Geld, das ich noch besaß, kaufte ich mir nicht nur Papier und Matrizen für meine erste Botschaft, sondern auch Material für meine erste Tunika. Ich machte zwar den Entwurf, aber genäht hat sie eine Frau in Kalifornien, und beschriftet hat sie ein Mann, der von Beruf Schildermaler war. Meine erste Reaktion, als ich sie zum ersten Mal anzog, war ein von Herzen kommendes „genau so", und sie gefiel mir sofort.

Dieser Text war auf einem kleinen Flugblatt abgedruckt, von dem sie immer einige Kopien in ihrer Tunika trug, um sich vorzustellen:

Einige einleitende Worte über Peace Pilgrim

Vielleicht seht ihr sie durch eure Stadt wandern oder auf der Landstraße – eine silberhaarige Frau, gekleidet in marineblaue Hosen und Hemd, mit einer kurzen Tunika, die am unteren Ende ganz mit Taschen besetzt ist, worin sie ihren einzigen weltlichen Besitz trägt. Auf der Vorderseite der Tunika leuchtet in weißen Buchstaben „PEACE PILGRIM" und auf der Rückseite steht: 25000 Meilen zu Fuß für den Frieden". Sie ist die 25000 Meilen gelaufen. Aber sie setzt ihren Marsch fort, denn sie hat ein Gelübde abgelegt: „Ich werde ein Wanderer bleiben, bis die Menschheit den Weg des Friedens gelernt hat. Ich werde gehen, bis mir Obdach gewährt wird, und ich werde fasten bis man mir zu Essen gibt." Sie geht ohne einen Pfennig Geld in ihren Taschen, und sie gehört keiner Organisation an. Ihr Marsch ist ein Gebet und eine Gelegenheit, andere anzuregen, mit ihr zu beten und für den Frieden zu arbeiten. Sie spricht zu einzelnen Menschen, wenn sie die Straße entlang geht, zu Versammlungen, wie z.B. kirchlichen Gruppen oder zu Schulklassen, sie verkündet ihre Botschaft durch Zeitungen, Zeitschriften, im Rundfunk und im Fernsehen, wo sie von interessanten und bedeutenden Erlebnissen berichtet und über inneren und äußeren Frieden diskutiert. Sie glaubt, wir haben gelernt, daß der Krieg kein Weg zum Frieden ist – daß Sicherheit nicht in Ansammlungen von Bomben liegt. Sie zeigt auf, daß dies eine Krisenperiode in der Geschichte der Menschheit ist, und daß wir, die wir heute in der Welt leben, zwischen einem Atomkrieg der totalen Vernichtung und einem goldenen Zeitalter des Friedens wählen müssen. Obwohl sie nicht nach Ergebnissen fragt, bescheinigen Tausende von Zuschriften, daß ihre Reise nicht umsonst war, sagen Tausende von Briefen aus: „Seit ich mit Ihnen gesprochen habe, habe ich den Entschluß gefaßt, daß auch ich etwas für den Frieden tun muß."

DIE PILGERREISE

Ein Pilger ist ein Wanderer mit einer bestimmten Absicht. Eine Pilgerreise kann zu einem bestimmten Ort führen – das ist die bekannteste Art – sie kann aber auch für eine bestimmte Sache unternommen werden. Dies ist bei mir der Frieden, deshalb bin ich eine Friedenspilgerin.

Meine Pilgerreise bezieht sich auf alle Aspekte des Friedens: den Frieden unter Nationen, Frieden unter Gruppen, Frieden mit unserer Umwelt, Frieden zwischen einzelnen Personen und den sehr, sehr wichtigen inneren Frieden – worüber ich am meisten spreche, weil damit aller Friede beginnt.

Die Situation in unserer näheren Umgebung ist nur ein Spiegelbild der Gesamtsituation. Bei genauerer Betrachtung können wir nur dann ein Leben in einer friedvolleren Welt finden, wenn wir selbst friedvollere Menschen werden.

Im Mittelalter zogen die Pilger aus, so wie die Jünger ausgesandt wurden – ohne Geld, ohne Essen, ohne entsprechende Kleidung – und ich bin mir dieser Tradition bewußt. Ich habe kein Geld. Ich nehme kein Geld auf meiner Pilgerreise an. Ich gehöre keiner Organisation an, und keine Organisation unterstützt mich. Ich besitze nur das, was ich am Körper habe und bei mir trage. Es gibt nichts, was mich binden könnte. Ich bin frei wie ein Vogel in der Luft.

Ich gehe, bis mir Obdach gewährt wird, ich faste, bis mir zu essen gegeben wird. Ich bitte nicht darum – es wird mir auch so gegeben. Sind Menschen nicht gut! Ein Funken des Guten ist in jedem Menschen, wie tief er auch vergraben sein mag, er ist da. Er wartet darauf, unser Leben siegreich zu erobern. Ich nenne es die auf Gott konzentrierte Natur oder die göttliche Natur. Jesus nannte es das Königreich Gottes in uns.

Ein Pilger wandert betend; und es ist für ihn eine Gelegenheit, mit vielen Leuten in Kontakt zu kommen und sie vielleicht anzuregen, auf ihre Art und Weise etwas für den Frieden zu tun. Aus diesem Grund trage ich meine kurze Tunika, auf der vorne *PEACE*

PILGRIM und hinten *40000 km zu Fuß für den Frieden* steht. Das verschafft mir Kontakte auf die freundlichste Art und Weise ..., und ich bin gerne freundlich.

Man hat eine viel bessere Ausgangsposition für ein Gespräch, wenn die Menschen auf einen zukommen, als wenn man selber auf die Menschen zugehen muß. Diejenigen, die sich angezogen fühlen, sind entweder wirklich an einer bestimmten Entwicklungsstufe des Friedens interessiert, oder sie haben einfach nur eine gesunde, lebendige Neugierde. Beiden zu begegnen lohnt sich, denn dann habe ich Gelegenheit, sie an meiner Friedensbotschaft teilhaben zu lassen, die in einem Satz lautet:

Das ist der Weg zum Frieden – überwinde Böses mit Gutem, Falschheit mit Wahrheit und Haß mit Liebe.

Die Goldene Regel besagt dasselbe. Es ist nichts Neues an dieser Botschaft, bis auf die Art der Ausübung. Aber ich halte sie für unsere Lektion von heute, und so wird sie zur Botschaft der Pilgerreise für den Frieden. Sage nun bitte nicht leichtfertig, daß das nur religiöse Konzepte seien, die man nicht wirklich praktizieren könne. Es sind Gesetze, die die menschlichen Beziehungen beherrschen und die so streng gültig sind wie das Gesetz der Schwerkraft. Wenn wir diese Gesetze auf irgendeinem Weg unseres Lebens mißachten, so resultiert daraus Chaos. Durch Gehorsam gegenüber diesen Gesetzen wird unsere Welt in eine Periode des Friedens und der Lebensfülle jenseits unserer kühnsten Träume eintreten.

Das Schlüsselwort unserer Zeit heißt *Praxis*. Wir haben die nötigen Einsichten, wir müssen sie nur praktizieren.

Die Energie, mit der ich wandere, ist nicht die Energie der Jugend, es ist eine höhere Energie. Es ist die unendliche Energie des inneren Friedens, die sich niemals erschöpft! Wenn du zum Kanal wirst, durch den Gott handelt, dann gibt es keine Grenzen mehr, denn Gott handelt *durch dich:* Du bist nur das Instrument – und was Gott tut, das ist grenzenlos. Wenn du für Gott arbeitest, so fühlst du dich nicht überanstrengt. Du bist ruhig, heiter und nicht in Eile.

Meine Pilgerreise ist kein Kreuzzug, ein Begriff, der Gewalt einschließt. Ich versuche nicht, den Leuten etwas aufzudrängen. Eine

Pilgerreise ist eine sanfte Reise des Gebetes und des Beispiels. Mein Pilgern ist in erster Linie ein Gebet für den Frieden. Wenn du dein ganzes Leben dem Gebet weihst, so intensivierst du das Gebet über alle Maßen.

Wenn ich diese Pilgerreise unternehme, so sehe ich mich dabei nicht als Individuum, sondern eher als eine Verkörperung der Weltseele, die nach Frieden ruft. Die Menschheit geht mit ängstlichen, torkelnden Schritten auf einem schmalen Grat zwischen einem abgrundtiefen Chaos und einem neuen Erwachen, wobei große Kräfte zum Chaos hin ziehen. Aber es gibt Hoffnung. Ich sehe Hoffnung in der unermüdlichen Arbeit einiger weniger hingebungsvoller Seelen. Ich sehe Hoffnung in dem aufrichtigen Wunsch nach Frieden in den Herzen der Menschheit, obwohl sie blind auf den Frieden zutappt, ohne den Weg zu kennen.

Meine Pilgerreise ist eine Gelegenheit, mit meinen Mitmenschen über den Weg zum Frieden zu sprechen. Sie ist auch eine Buße für alles, was ich durch mein Tun oder Unterlassen zu der tragischen Situation in unserer heutigen Welt beigetragen haben mag. Es ist ein Gebet, daß diese des Krieges überdrüssige Welt irgendwie den Weg zum Frieden finden möge, bevor ein Holocaust über sie kommt.

Meine Aufgabe ist es, den Frieden fördern zu helfen, indem ich anderen helfe, *inneren Frieden* zu finden. Wenn ich ihn finden kann, so kannst du ihn auch finden. Frieden ist eine Idee, deren Zeit jetzt gekommen ist.

Ich trat meine Pilgerreise am ersten Januar 1953 an. Es ist gewissermaßen mein spiritueller Geburtstag. Es war eine Periode, in der ich mit allem eins wurde. Ich war nicht länger mehr ein Samen, vergraben in der Erde, sondern ich fühlte mich wie eine Blume, die sich mühelos der Sonne entgegenstreckt. An jenem Tag wurde ich ein Wanderer, der von der Güte anderer abhängig ist. Es sollte die Reise einer traditionellen Pilgerin werden: zu Fuß und in Vertrauen auf Gott. Alle Ansprüche auf einen Namen, eine persönliche Geschichte, Besitz und alle Bindungen ließ ich hinter mir.

Es sollte eine herrliche Reise werden.

Der Ausgangspunkt der Pilgerreise war die „Tournament of Roses Parade"* in Pasadena, Kalifornien. Ich ging den Festzug entlang, sprach zu den Leuten und gab ihnen meine Friedensbotschaft, und mir fiel auf, daß die Feiertagsstimmung das aufrichtige Interesse am Frieden nicht verringerte. Auf halbem Weg legte mir ein Polizist die Hand auf die Schulter, und ich dachte, er wolle mich von der Parade wegschicken. Stattdessen sagte er: „Was wir brauchen, sind Tausende solcher Menschen wie Dich."

Was mir gleich zu Beginn in der Gegend von Los Angeles passierte, war fast übernatürlich. Alle Kommunikationskanäle wurden mir und meiner kleinen Friedensbotschaft geöffnet. Stundenlang wurde ich von Journalisten interviewt und fotografiert. Die Geschichte meiner Pilgerreise und sogar mein Bild erschienen in Presse und Rundfunk. Ich machte zwei Life-Sendungen und verbrachte Stunden mit Radio- und Fernsehaufnahmen.

Zeitungen entlang der ganzen Wegstrecke von Los Angeles bis San Diego waren interessiert. In San Diego war ich in einer Fernseh- und in vier Radiosendungen. Der Vorsitzende des Kirchenrats in San Diego hieß meine Botschaft und meine drei Petitionen gut, und sie wurden weit in den Kirchen verbreitet.

Wenn ich nicht auf der Straße war, so hielt ich Vorträge und sammelte Unterschriften für die drei Friedenspetitionen, die ich bei mir trug. Die erste war ein kurzer Aufruf für sofortigen Frieden in Korea. Sie lautete: *„Macht dem Töten in Korea ein Ende! Dann behandelt diese Konfliktsituation nach dem einzigen Prinzip, das sie lösen kann – überwindet Böses mit Gutem, Falschheit mit Wahrheit und Haß mit Liebe."*

Die zweite Petition richtete sich an den Präsidenten und führende Leute im Kongreß und war ein Gesuch um die Einrichtung eines Friedensministeriums. Sie lautete: *„Das ist der Weg zum Frieden, Böses mit Gutem zu überwinden, Falschheit mit Wahrheit und Haß mit Liebe. Wir fordern die Gründung eines Friedensministeriums, mit einem Minister für Frieden, der diese Prinzipien akzeptiert – und an das alle Konflikte in und außerhalb des Landes verwiesen werden."*

---

*) eine Art Wettkampf, der jedes Jahr am 1. Januar dort stattfindet.

Die dritte Petition war ein Aufruf an die Vereinten Nationen und die Staatsoberhäupter dieser Welt für weltweite Abrüstung und Wiederaufbau: *„Wenn ihr den Weg des Friedens finden wollt, so überwindet Böses mit Gutem, Falschheit mit Wahrheit und Haß mit Liebe. Wir rufen euch dazu auf, uns alle von der erdrückenden Last der Waffen zu befreien, von Haß und Angst, so daß wir die Hungernden speisen und die zerstörten Städte wieder aufbauen können und eine Lebensfülle erfahren, wie sie nur in einer unbewaffneten und mit Nahrung versorgten Welt möglich ist."*

Ich sammelte Unterschriften von einzelnen, Friedensgruppen, Kirchen und Organisationen, die ich entlang meiner Pilgerroute traf und bewahrte die Listen in einer dafür vorgesehenen Mappe auf. Zum Abschluß meines ersten Marsches durch das Land legte ich sie den Repräsentanten sowohl des Weißen Hauses als auch der Vereinten Nationen vor; und ich war dankbar, daß meine erste Petition, „Macht dem Töten in Korea ein Ende ..." zumindest teilweise angenommen war, bevor das erste Jahr vorbei war.

In Tijuna, Mexiko, gleich hinter der Grenze bei San Diego, wurde ich vom Bürgermeister empfangen. Er gab mir eine Botschaft für den Bürgermeister von New York mit. Ich brachte auch eine Botschaft von den Indianern in Kalifornien zu den Indianern in Arizona.

Als ich damals im ersten Jahr durch San Diego kam, sollte ich zum ersten Mal öffentlich sprechen. Eine Lehrerin einer höheren Schule sprach mich auf der Straße an und fragte, ob ich zu ihrer Klasse sprechen wolle. Ich sagte ihr in aller Offenheit, daß ich als Friedenspilgerin noch nie zu einer Gruppe gesprochen hätte. Sie versicherte mir, daß das nichts ausmache und bat mich nur, die Fragen der Schüler zu beantworten. Ich willigte ein. Wenn man etwas Wichtiges zu sagen hat, dann kann man es auch sagen. Warum in aller Welt sollte man sonst überhaupt sprechen wollen?

Ich habe keine Probleme, vor einer Gruppe zu sprechen. Wenn man sich Gottes Willen ganz hingegeben hat, erscheint der Weg einfach und voll Freude. Nur wenn man sich noch nicht ganz hingegeben hat, scheint der Weg schwierig. Wenn ich spreche, durchströmt mich Energie, so wie Elektrizität durch ein Kabel fließt.

Anfangs wurden meine Vorträge oft ganz spontan arrangiert. Als ich an einer Schule vorbeiging, kam der Direktor heraus und sagte: „Meine Schüler beobachten Sie vom Fenster aus. Wenn Sie hereinkommen und zu Ihnen sprechen wollen, so versammeln wir sie in der Turnhalle." Und das tat ich.

Am Mittag kam ein Mann von einem der Bürgervereine auf mich zu und sagte: „Unser Redner hat uns im Stich gelassen. Könnten Sie stattdessen an unserer Mittagstafel sprechen?" Und natürlich tat ich das.

Am selben Nachmittag hielt mich ein Collegeprofessor auf seinem Weg zu seiner Klasse an und fragte: „Dürfte ich Sie mit zu meinen Schülern nehmen?" So sprach ich vor seiner Klasse.

Am Abend schließlich hielten mich ein Pfarrer und seine Frau, die auf dem Weg zu einem Gemeindeessen waren, an und sagten: „Würden Sie vielleicht mit uns essen und zu uns sprechen?" Und ich ging mit ihnen. Sie gaben mir auch ein Bett für die Nacht. Das alles geschah an einem Tag, an dem ich, ohne vorher irgend etwas verabredet zu haben, die Straße entlangging.

Jetzt ist meine Zeit ausgefüllt mit Vorträgen in Colleges, höheren Schulen, Kirchen usw. – aber immer bin ich dabei glücklich. Mein Motto „*Das Wichtigste zuerst*" machte es mir möglich, mich um meine Vorträge zu kümmern, meine Post rechtzeitig zu erledigen und auch noch zu laufen.

Einmal, in Cincinatti, hielt ich sieben Predigten in sieben verschiedenen Gemeinden an einem Tag. An diesem Sonntag habe ich den örtlichen Predigern einen freien Tag verschafft!

Auf Versammlungen, die für mich veranstaltet werden, sind keine Kollekten erlaubt. Ich nehme für meine Arbeit nie auch nur einen Pfennig an. Alles Geld, das mir per Post zukommt, wird für die Veröffentlichung meiner Schriften verwendet, die jedem Interessenten kostenlos zugesandt werden.

Wahrheit ist ein unbezahlbares Juwel. Man kann die Wahrheit nicht kaufen – alles, was man tun kann, ist, nach spiritueller Wahrheit zu streben, und wenn man bereit ist, bekommt man sie umsonst. Auch sollte spirituelle Wahrheit nicht verkauft werden, da sonst der Verkäufer spirituellen Schaden leidet. Man verliert jeglichen spirituellen Kontakt, sobald man ihn kommerzialisiert. Wer im Besitz spiritueller Wahrheit ist, würde sie nicht verpacken und verkaufen. Wenn sie also jemand verkauft, so besitzt er sie in Wirklichkeit gar nicht.

Als ich meine Pilgerreise begann, dachte ich, sie würde einige Beschwerlichkeiten mitsichbringen. Aber ich war entschlossen, nur meine fundamentalen Bedürfnisse zu decken, d.h. *ich wollte nicht mehr haben als ich brauche, während so viele Menschen weniger haben als sie brauchen.* Buße ist die Bereitschaft, Beschwerlichkeiten auf sich zu nehmen, um ein gutes Ziel zu erreichen. Ich war bereit. Doch als sich dann Schwierigkeiten einstellten, fühlte ich mich über sie erhoben. Anstelle von Beschwerlichkeiten fand ich ein wundervolles Gefühl des Friedens und der Freude und die Überzeugung, daß ich Gottes Willen folgte. Statt mit Beschwerlichkeiten wurde ich mit Segen überschüttet.

Ich erinnere mich, daß meine erste Lektion auf der Pilgerreise die Lektion über das Nehmen war. Viele Jahre lang gehörte ich zu den Gebenden, und ich mußte lernen, genauso dankbar im Nehmen zu sein, wie ich es im Geben war, damit meine Mitmenschen die Freude und den Segen des Gebens erfahren. Ein Leben im Geben ist so wunderbar. Für mich ist es die einzige Art zu leben, denn wenn du gibst, so empfängst du spirituellen Segen.

Zu Beginn meiner Pilgerreise hatte ich ernsthafte Prüfungen zu bestehen. Das Leben ist eine Folge von Prüfungen; aber wenn man seine Prüfungen bestanden hat, so blickt man darauf zurück als auf wertvolle Erfahrungen. Ich bin froh um diese Erfahrungen.

Wenn man eine liebende und positive Einstellung gegenüber seinen Mitmenschen hat, so wird man sie nicht fürchten. *„Die vollkommene Liebe treibt die Furcht aus."*[*]

Eine Prüfung hatte ich mitten in der Nacht inmitten der kalifornischen Wüste zu bestehen. Es herrschte kein Verkehr mehr und kilometerweit war kein einziges Haus zu sehen. Am Straßenrand erblickte ich ein parkendes Auto. Der Fahrer rief mir zu: „Kommen Sie, steigen Sie ein und wärmen Sie sich auf." Ich sagte: „Ich fahre

---

[*]) 1. Joh. 4, 18

nicht im Auto." Er sagte: „Ich fahre nirgendwo hin. Ich parke hier nur." Ich stieg ein. Ich sah den Mann an. Er war ein großer stämmiger Mann; die meisten Leute würden ihn roh aussehend nennen. Nachdem wir eine Weile gesprochen hatten, sagte er: „Wollen Sie ein wenig schlafen?" Ich erwiderte: „Oh ja, gerne!" Ich rollte mich zusammen und schlief ein. Als ich erwachte, sah ich, daß der Mann über irgend etwas sehr verwundert war, und als wir uns eine Zeitlang unterhalten hatten, gestand er mir, daß er mit mir gewiß nichts Gutes vorgehabt hatte, als er mich in das Auto bat, und er fügte hinzu: „Als Sie sich so vertrauensvoll zum Schlafen zusammengerollt hatten, konnte ich Ihnen einfach nichts antun!"

Ich dankte ihm für die Unterkunft und machte mich auf den Weg. Als ich zurückschaute, sah ich, wie er zum Himmel aufsah, und ich hoffte, er habe in dieser Nacht Gott gefunden.

Keiner geht so sicher wie der, der demütig und arglos geht, mit viel Liebe und großem Vertrauen. Denn solch ein Mensch stößt vor bis zu dem Guten im anderen (und in jedem steckt ein guter Kern), und es kann ihm deshalb kein Leid geschehen. Das gilt für einzelne, es gilt für Gruppen, und es würde zwischen Nationen gelten, wenn diese genug Mut hätten, es auszuprobieren.

Eines Tages schlug mich ein verhaltensgestörter Junge, den ich zu einer Wanderung mitgenommen hatte. Er wollte Wandern gehen, hatte aber Angst, er könnte sich ein Bein brechen und dann liegengelassen werden. Alle hatten Angst, ihn mitzunehmen. Er war ein großer, breiter Kerl und sah aus wie ein Fußballspieler*, und er war als zeitweise gewalttätig bekannt. Einmal hatte er seine Mutter so arg geschlagen, daß sie einige Wochen im Krankenhaus bleiben mußte. Alle hatten Angst vor ihm, also bot ich an, ihn mitzunehmen.

Während wir zum ersten Berggipfel aufstiegen, verlief alles noch wunderbar. Dann zog ein Gewitter herauf. Er empfand große Angst, weil das Donnern sehr nahe war. Plötzlich wandte er sich von den Blitzen ab, kam auf mich zu und schlug mich. Ich rannte nicht weg, obwohl ich die Möglichkeit gehabt hätte – er hatte einen

---

*) american football

schweren Rucksack auf seinem Rücken. Aber sogar während er mich schlug, konnte ich nur tiefstes Mitleid für ihn empfinden. Wie schrecklich ist es, psychisch so krank zu sein, daß man eine wehrlose alte Frau schlagen kann! Ich begegnete seinem Haß mit Liebe, sogar während er mich schlug. Die Folge davon war, daß das Schlagen aufhörte.

Er sagte: „Du hast nicht zurückgeschlagen! Mutter schlägt immer zurück." Die verzögerte Reaktion, wegen seiner Verhaltensstörung, hat das Gute in ihm erreicht. Oh, es ist da – wie tief es auch vergraben ist – und er erfuhr Reue und völlige Selbstverurteilung.

Was sind ein paar blaue Flecken auf meinem Körper im Vergleich zur Umwandlung eines Menschenlebens? Um es kurz zu sagen, er war nie wieder gewalttätig. Er ist jetzt ein nützlicher Mensch in dieser Welt.

Bei einer anderen Gelegenheit mußte ich ein zartes acht Jahre altes Mädchen gegen einen großen Mann, der sie schlagen wollte, verteidigen. Das Mädchen hatte schreckliche Angst. Es war meine schwerste Prüfung. Ich hielt mich auf einer Ranch auf, und die Familie war in die Stadt gefahren. Das kleine Mädchen wollte nicht mitfahren, und da ich hier war, baten sie mich, auf das Kind aufzupassen. Ich schrieb gerade einen Brief am Fenster, als ich ein Auto ankommen sah. Ein Mann stieg aus. Das Mädchen sah ihn und rannte weg, er folgte ihr und trieb sie in die Scheune. Ich lief sofort in die Scheune. Das Mädchen kauerte voller Angst in der Ecke. Er ging langsam und bedächtig auf sie zu.

Du kennst die Macht der Gedanken. Ständig gestaltet man seine Umwelt durch Gedanken, und was immer man fürchtet, das zieht man an. Ich wußte, in welcher Gefahr sie war, weil sie so große Angst hatte. (Ich fürchte mich vor nichts und erwarte Gutes – so kommt Gutes!)

Ich brachte meinen Körper sofort zwischen den Mann und das Mädchen. Ich stand einfach da und schaute auf diesen armen, psychisch kranken Menschen mit liebevollem Mitleid. Er kam näher, dann blieb er stehen! Er schaute mich eine ganze Weile an. Dann drehte er sich um und ging weg, und das Mädchen war in Sicherheit. Es wurde kein einziges Wort gewechselt.

Nun, was wäre die Alternative gewesen? Gesetzt den Fall, ich wäre so dumm gewesen, das Gesetz der Liebe zu vergessen und hätte zurückgeschlagen und mich auf das Dschungelgesetz von Töten und Getötetwerden verlassen. Zweifellos wäre ich geschlagen worden – vielleicht sogar zu Tode, und das kleine Mädchen vielleicht auch! Unterschätze nie die Macht der Liebe Gottes – sie verwandelt. Sie erreicht den Funken des Guten im anderen, und er ist entwaffnet.

In jener Zeit, als ich meine Pilgerreise begann, wanderte ich aus zweierlei Gründen. Einerseits wollte ich mit Menschen in Kontakt kommen, und das gilt auch heute noch. Andererseits war es eine Gebetsübung, um mich ständig auf mein Gebet für den Frieden konzentriert zu halten. Nach einigen Jahren machte ich eine Entdeckung. Ich fand heraus, daß ich diese Übung nicht länger brauchte. Ich bete jetzt ohne Unterlaß. Mein persönliches Gebet lautet: *Mach mich zu einem Instrument, durch das nur die Wahrheit sprechen kann.*

Während meiner Pilgerreise durch Arizona wurde ich von einem Polizisten in Zivil festgenommen, als ich gerade auf dem Postamt in Benson Briefe aufgab. Nach einer kurzen Fahrt in einem Streifenwagen wurde ich als Landstreicher registriert. Wenn man nur im Vertrauen auf Gott wandert, so macht man sich formell der Landstreicherei schuldig. Ja, ich wurde einige Male festgenommen, weil ich kein Geld hatte, aber sie lassen mich immer sofort frei, sobald sie verstehen.

Es besteht ein großer Unterschied zwischen einem Gefängnis und einem Arrest. Ein Gefängnis ist eine größere Institution, in der ein gewisser Standard eingehalten wird. Ein Arrest ist kleiner und hält sich an keinen Standard. Dies war ein Arrest.

Man schob mich in einen großen Raum, der zu den Zellen führte, in die sie die Frauen hineinsteckten, vier in eine Zelle für eine Nacht. Als ich hineinging, sagte ich zu mir: „Peace Pilgrim, du hast Dein Leben dem Dienen gewidmet – da, schau dir dein wunderbares neues Arbeitsfeld an!"

Als ich hereinkam, sagte eines der Mädchen: „Donnerwetter,

du bist ja ulkig, du bist die einzige, die lächelnd hereinkam. Die meisten kommen weinend oder fluchend herein."

Ich sagte zu ihnen: „Stellt euch vor, ihr hättet einen Tag frei – würdet ihr an diesem Tag nicht irgend etwas Sinnvolles anfangen?" Sie sagten: „Ja, was sollen wir tun?" So brachte ich sie dazu, Lieder zu singen, die ihnen Mut machten. Ich zeigte ihnen eine einfache Übung, die einen ganz frisch macht. Dann sprach ich zu ihnen von den Schritten zum inneren Frieden. Ich sagte ihnen, daß sie doch in einer Gemeinschaft lebten, und was in Gemeinschaften draußen möglich sei, das könne genauso in ihrer Gemeinschaft getan werden. Sie waren interessiert und hatten viele Fragen. Oh, es war ein herrlicher Tag.

Am Ende des Tages wechselte die Aufsicht. Die Mädchen mochten die nun diensthabende Frau nicht. Sie sagten, sie wäre eine schreckliche Person, und wir sollten nicht einmal mit ihr sprechen. Aber ich wußte, daß in jedem etwas Gutes steckt, und so sprach ich natürlich mit ihr. Ich erfuhr, daß diese Frau mit ihrer Arbeit ihre Kinder ernährte. Sie meinte, arbeiten zu müssen, fühlte sich aber oft nicht wohl; deshalb war sie zeitweise etwas mißgelaunt. Für alles gibt es einen Grund.

Ich bat die Aufsicht, nur das Gute in den Insassinnen zu sehen, und ich bat die Mädchen, sich nur das Gute in der ungeliebten Aufsicht vor Augen zu halten.

Später sagte ich zu der Aufsicht: „Ich sehe, Sie haben ein volles Haus, und ich kann ganz bequem hier auf der Holzbank schlafen." Stattdessen ließ sie mir ein Feldbett mit sauberer Bettwäsche bringen, und ich konnte warm duschen, mit einem sauberen Handtuch und allen Bequemlichkeiten eines Heimes.

Am Morgen verabschiedete ich mich von meinen Freundinnen und wurde von einem Justizangestellten ein paar Häuserblocks weiter zum Gericht geführt. Ich trug keine Handschellen, und er hielt mich auch nicht fest. Aber er trug einen großen Revolver an der Seite, und so ich schaute ihn an und sagte: „Falls ich weglaufen sollte, würden Sie dann auf mich schießen?" „Oh, nein", sagte er grinsend, „ich schieße nie auf etwas, das ich fangen kann!"

Vor dem Gericht an diesem Morgen plädierte ich für nicht schuldig, und mein Fall wurde sofort niedergeschlagen. In meinen Habseligkeiten, die man mir über Nacht weggenommen hatte, war ein Brief, der viel zu meiner Entlassung beigetragen hatte. Er lautete: *„Der Besitzer dieses Schriftstücks weist sich als eine Friedenspilgerin aus, die von Küste zu Küste wandert, um die Aufmerksamkeit unserer Bürger auf ihren Wunsch nach Frieden in der Welt zu lenken. Wir kennen sie nicht persönlich, da sie in unserem Staat nur auf Durchreise ist, aber da es zweifellos eine lange, anstrengende Wanderschaft für sie sein wird, wünschen wir ihr eine sichere Reise."* Es war ein offizielles Schreiben, unterzeichnet vom Gouverneur des Staates, Howard Pyle.

Als ich entlassen wurde, bemerkte einer der Gerichtsbeamten: „Der Tag hinter Gittern scheint Ihnen überhaupt nicht geschadet zu haben". Ich entgegnete: „Ihr könnt meinen Körper einsperren, aber nicht den Geist." Es ist nur der Körper, den man hinter Gitterstäbe stecken kann. Ich fühlte mich niemals eingesperrt, und *auch du* wirst dich nie eingesperrt fühlen – falls du dich nicht selbst einsperrst.

Man brachte mich zu dem Ort, wo man mich am Tag vorher aufgelesen hatte. Es war eine wunderbare Erfahrung.

Jede Erfahrung ist das, was man aus ihr macht, und sie dient einem bestimmten Zweck. Sie kann anregen, sie kann erziehen oder eine Gelegenheit bieten, in irgendeiner Form zu dienen.

Die meisten meiner Vorträge sind jetzt lange im voraus geplant, aber immer noch werde ich manchmal ganz unerwartet um einen Vortrag gebeten. In Minneapolis wurde ich von einem Journalisten auf einer Versammlung eines Bürgervereins, der auf eine Ansprache des Gouverneurs von Minnesota wartete, interviewt. Er konnte nicht kommen, so bat man mich, stattdessen zu sprechen. Natürlich nahm ich an!

Weil wir gerade von Gouverneuren reden – als ich eines Tages durch die große Eingangstür eines Regierungsgebäudes trat, grüßte mich ein netter freundlicher Herr, schüttelte mir die Hand und fragte, ob er mir helfen könne. Ich sagte ihm, daß ich das Büro des Gouverneurs suche, und sofort brachte er mich dahin. „Kann ich sonst noch etwas für Sie tun?" fragte er. „Ich dachte, mir würde vielleicht die Ehre zuteil, die Hand des Gouverneurs zu schütteln", sagte ich. „Sie *haben* die Hand des Gouverneurs geschüttelt", erwiderte der nette freundliche Herr – der Gouverneur selbst.

Es war im ersten Jahr meiner Pilgerreise, und ich befand mich irgendwo auf der Landstraße zwischen El Paso und Dallas, als ich wegen Landstreicherei aufgelesen wurde. Ich hatte noch nie gehört, daß das FBI jemanden wegen Landstreicherei verfolgt, aber mir ist das passiert. Ein Mann in einem schwarzen Auto hielt an und zeigte mir seine Kennmarke. Er befahl nicht einmal, daß ich mit ihm käme, er fragte nur: „Wollen sie mit mir kommen?"

Ich sagte: „Aber ja. Ich bin gespannt darauf, mich mit Ihnen zu unterhalten." Ich stieg ein, aber erst kratzte ich ein großes 'X' auf die Straße an der Stelle, wo er mich aufgelesen hatte. Während dieser Zeit zählte ich die Kilometer. Wenn ich die Straße verließ, machte ich ein großes 'X', um dann an diese Stelle zurückzukehren und meinen Weg wieder aufzunehmen.

Er brachte mich zu einem Gefängnis und sagte: „Tragt sie wegen Landstreicherei ein", und ich wurde der Routinebehandlung unterzogen. Zuerst werden Fingerabdrücke abgenommen. Es faszinierte mich, da man mir noch nie vorher Fingerabdrücke abgenommen hatte – und auch danach nicht mehr! Dann nahm er ein chemisches Mittel und wischte damit ganz einfach all die schwarze Tinte wieder von meinen Fingern. Während ich mich noch fragte, wie lange es wohl dauern würde, das abzuwaschen, war es schon weg.

Ich sprach mit ihm wie zu jedem anderen, dem ich begegnete, und es geschah etwas Interessantes: Offenbar war er es gewohnt, daß die Leute ihn sehr abweisend behandelten. Als ich ihm wie einem Menschen begegnete, hielt er mir eine Vorlesung über Fingerabdrücke und zeigte mir die Diagramme. Es war sehr interessant. Ich wußte zuvor wirklich nicht viel über Fingerabdrücke. Die Leute standen in einer Schlange an, aber das wußte ich nicht, bis ich aus dem Zimmer kam und die lange Schlange sah.

Dann brachte man mich zum Fotografieren und hängte eine Kette mit einer Nummer um meinen Hals. Als ich von vorne und von der Seite fotografiert wurde, erinnerte mich das an all die Fahndungsbilder, die in Postämtern ausgehängt sind. Ich dachte daran, wie wüst die Personen darauf aussehen und sagte mir: „Ich will anders sein." Ich lächelte so freundlich ich nur konnte. Es gibt nun ein lächelndes Gesicht irgendwo im Verbrecheralbum!

Dann wurde ich verhört. Sie setzten mich tatsächlich unter ein grelles Licht – es soll einen psychologischen Effekt haben. Aber zu dieser Zeit war ich schon im Fernsehen gewesen, und ich sagte mir: „Glauben die wirklich, daß das ein grelles Licht ist? Sie sollten die Beleuchtung in einem Fernsehstudio sehen." Damals war die Fernsehbeleuchtung nicht nur grell sondern auch heiß.

Zuerst fragten sie mich, ob ich ihre Fragen beantworten wolle, und ich sagte: „Sicher will ich eure Fragen beantworten. Allerdings nicht deshalb, weil ihr Justizbeamte seid, sondern weil ihr Mitmenschen seid, und ich beantworte alle Fragen meiner Mitmenschen. Was immer ihr offiziell darstellen mögt, ihr seid in erster Linie Menschen. Wenn wir uns von Mensch zu Mensch unterhalten, kommen wir viel schneller voran."

So ging die Sache auch aus!

Sie begannen mit einer sehr verwirrenden Technik. Einer feuerte eine Frage auf mich. Bevor ich antworten konnte, feuerte der nächste eine Frage auf mich. Ich mußte immer wieder sagen: „Wenn Sie mich bitte für einen Moment entschuldigen wollen, ich muß zuerst die Frage des anderen Herrn beantworten." Dann kamen sie schließlich zu sinnvollen Fragen, wie ich sie von Schülern der Oberstufe kannte. Wie ich mich nun für das Thema erwärmte!

Dann kamen sie auf physische Gewalt, den Vorsatz zu verletzen, zu sprechen. Sie sagten: „Würden Sie unter irgendwelchen Bedingungen physische Gewalt anwenden oder billigen?" Ich entgegnete: „Nein, das steht im Widerspruch zu Gottes Gesetzen. Ich habe lieber Gott an meiner Seite als irgendeine Macht dieser Erde." Ich erzählte ihnen die Geschichte von dem verhaltensgestörten Jungen, der mich auf unserer gemeinsamen Wanderung geschlagen hatte.

Dann sagten sie: „Stellen Sie sich vor, sie müßten einen geliebten Menschen verteidigen." Ich sagte: „Oh nein, ich glaube nicht, daß ich einen geliebten Menschen durch Ungehorsam gegenüber Gottes Gesetzen verteidigen könnte." Ich erzählte ihnen von dem acht Jahre alten Mädchen, das in meiner Obhut war, und das Erlebnis, das wir mit dem psychisch kranken Mann hatten, der ihr etwas antun wollte.

Dann kamen sie auf sehr philosophische Themen und meinten: „Wenn Sie wählen könnten zwischen Töten und getötet werden, was würden Sie wählen?" Ich antwortete: „Ich glaube nicht, daß ich je so eine Wahl treffen muß – nicht solange mein Leben in Harmonie mit Gottes Willen bleibt –, es sei denn, es wäre meine Bestimmung, ein Märtyrer zu sein. Aber das ist eine sehr hohe, eine sehr seltene Bestimmung. Ich glaube nicht, daß das meine Bestimmung ist – aber die Welt lernt durch ihre Märtyrer sich weiterzuentwickeln. Wenn ich wählen müßte, so würde ich lieber getötet werden als töten."

Sie sagten: „Können Sie für so eine Haltung eine logische Erklärung geben?" Da saß ich nun und versuchte die Position der egozentrischen und die der auf Gott konzentrierten Natur zu erklären, so daß sie es verstehen konnten! Ich sagte ihnen, daß nach meinem Weltbild ich nicht der Körper sei. Ich trüge den Körper lediglich. *Ich bin das den Körper aktivierende Element* – das ist die Wirklichkeit. Wenn ich getötet werde, so zerstört das lediglich das Gewand aus Erde und Staub, den Körper. Aber wenn ich töte, so wird die Wirklichkeit, die Seele, verletzt!

Sie registrierten mich als jemanden mit einer religiösen Basis für seine Pilgerreise. Aber man stelle sich vor, ich hätte gesagt: „Sie haben doch wohl schon von Selbstverteidigung gehört – warum fragen Sie? Sogar das Gesetz erkennt Selbstverteidigung an." Das wäre wohl als legal betrachtet worden – aber nicht als religiös.

Einmal war ich in einer Situation, in der ich tatsächlich mit den Naturkräften zu kämpfen meinte. Es geschah, als ich durch einen Staubsturm wanderte, der zeitweilig so stark tobte, daß ich kaum noch stehen konnte, und dann war er wieder so dicht, daß ich kaum noch sehen und mich nur noch am Straßenrand orientieren konnte. Ein Polizist hielt bei mir an, warf die Autotür auf und schrie: „Steigen Sie ein, Frau, bevor Sie umkommen." Ich erzählte ihm, daß ich auf einer Pilgerreise sei und keine Fahrt im Auto annähme (damals jedenfalls nicht). Ich sagte ihm auch, daß Gott mein Schutz sei, und ich deshalb nichts zu fürchten hätte. In diesem Moment legte sich der Wind, der Staub senkte sich und die Sonne brach aus den Wolken hervor. Ich setzte meinen Weg fort. Aber das Schönste war, daß ich mich spirituell über alle Beschwerlichkeiten erhoben fühlte.

Verborgen in jeder neuen Situation, der wir begegnen, ist eine spirituelle Lektion, die wir lernen müssen, und spiritueller Segen, wenn wir diese Lektion lernen. Es ist gut, geprüft zu werden. Wir wachsen und lernen, indem wir Prüfungen bestehen. Ich sehe alle meine Prüfungen als gute Erfahrungen an. Bevor ich geprüft wurde, glaubte ich, daß ich mich liebend oder angstfrei verhalten würde. *Nach* der Prüfung wußte ich es! Jede Prüfung stellte sich als erhebende Erfahrung heraus. Es ist nicht wichtig, daß das Ergebnis unseren Wünschen entspricht.

Ich erinnere mich an einen Fall, als es in der Lokalzeitung hieß, daß ich in einem Gottesdienst sprechen würde. Darin war mein Bild von vorne und von der Seite mit meiner beschrifteten Tunika abgebildet. Ein Mann, der dieser Kirche angehörte, war schlichtweg entsetzt, als er erfuhr, daß dieses Wesen mit einer beschrifteten Tunika in seiner Kirche sprechen sollte. Er rief den Pfarrer deswegen an, und er rief seine Freunde deswegen an. Jemand berichtete mir von diesem Mann. Es tat mir so leid, daß ich einen Mann, den ich nicht einmal kannte, irgendwie verletzt hatte. So rief ich ihn an!

„Hier spricht Peace Pilgrim", sagte ich. Ich hörte, wie er nach Luft schnappte. Später erzählte er mir, daß er gedacht hatte, ich rief an, um ihn herunterzuputzen. Ich sagte: „Ich rufe an, um mich bei Ihnen zu entschuldigen, da ich Sie offensichtlich mit irgend etwas verletzt haben muß, denn ohne mich überhaupt zu kennen, sind Sie besorgt um meinen Auftritt in der Kirche. Deshalb meine ich, mich bei Ihnen entschuldigen zu müssen, und deshalb rufe ich an!"

Kannst du dir vorstellen, daß dieser Mann in Tränen ausbrach, bevor unser Gespräch vorbei war? Nun sind wir Freunde – er korrespondierte später mit mir. Ja, das Gesetz der Liebe funktioniert!

Ein anderer Mann sagte einmal zu mir: „Ich bin überrascht, was für eine Art Mensch Sie sind. Nachdem ich Ihre ernste Botschaft über den Weg des Friedens gelesen hatte, erwartete ich, daß Sie eine sehr ernste Person sind, stattdessen finde ich sie hier übersprudelnd vor Freude." Ich entgegnete: „Wer könnte Gott kennen und nicht voller Freude sein?"

Wenn du ein langes Gesicht machst und beleidigt bist, wenn du nicht Freude und Freundlichkeit ausstrahlst, wenn du nicht überquillst vor Liebe und Güte gegenüber allen Menschen und allen Lebewesen und aller Schöpfung, dann ist eines sicher: Du kennst Gott nicht!

Das Leben ist wie ein Spiegel. Wenn man hineinlacht, so lacht es zurück. Ich setze einfach ein breites Lächeln auf, und dann lächelt jedermann zurück.

Wenn man die Menschen genügend liebt, so werden sie diese Liebe erwidern. Wenn ich Menschen verletze, so gebe ich mir selbst die Schuld, denn ich weiß, wäre mein Verhalten richtig gewesen, so hätte ich sie nicht verletzt, auch dann nicht, wenn wir verschiedene Ansichten gehabt hätten. *Bevor die Zunge sprechen darf, muß sie den Stachel des Verletzens verloren haben.*

Ich will dir von einem Fall erzählen, als meine Liebe mehr als nur Worte erforderte. Ich versuchte, einer Frau zu helfen, die so ernsthaft krank war, daß sie nicht mehr Autofahren konnte. Sie wollte zu ihrer älteren Schwester, um dort einige Wochen im Bett zu bleiben. Ich bot ihr an, sie hinzufahren. Zu jener Zeit hatte ich immer noch meinen Führerschein. Unterwegs sagte sie: „Peace, ich wünschte, Du könntest einige Zeit bei mir bleiben – meine ältere Schwester ist so dominierend. Ich habe richtig Angst, mit ihr allein zu sein." Ich sagte: „Gut, ich habe ein paar Tage Zeit. Ich werde eine kleine Weile bei dir bleiben."

Als wir in den Hof ihrer Schwester einbogen, sagte sie: „Peace, ich weiß wirklich nicht, wie meine Schwester Dich aufnehmen wird."

Sie hatte ganz recht mit ihrer älteren Schwester. Als diese einen Blick auf mich mit meiner beschrifteten Tunika geworfen hatte, wies sie mich aus dem Haus. Aber es war schon spät in der Nacht, und sie hatte solche Angst vor der Dunkelheit, daß sie sagte: „Nicht heute Nacht, Sie können heute Nacht auf dem Sofa schlafen, aber gleich morgen früh müssen Sie das Haus verlassen!"

Dann schickte sie ihre Schwester eilig zu Bett, irgendwo weit weg im Obergeschoß. Nun, das war schlimmer als ich es mir vorgestellt hatte. Sicherlich wollte ich meine Freundin nicht in dieser Situation zurücklassen, aber was konnte ich tun? Ich schaute mich um, ob es irgend etwas gäbe, wodurch ich mit der älteren Schwester ins Gespräch kommen könnte. Ich schaute in die Küche, da war ein Berg schmutzigen Geschirrs, und es gab keine Geschirrspülmaschine. So spülte ich das ganze Geschirr. Dann räumte ich die Küche auf, legte mich hin und schlief einige Stunden.

Am Morgen hatte die ältere Schwester Tränen in den Augen und bat mich zu bleiben. Sie sagte: „Sie müssen verstehen, ich war so müde letzte Nacht, ich wußte nicht, was ich sagte." Wir verbrachten eine wundervolle Zeit zusammen, bevor ich Abschied nahm. Du siehst, es war eine Gelegenheit, meine kleine Botschaft in die Praxis umzusetzen, sie zu üben. Übung ist gut; Übung macht den Meister, heißt es.

Auf meinen Reisen rief mich einmal ein Kneipenbesitzer in sein Lokal, um mir etwas zu essen zu geben, und während ich aß, fragte er: „Wie fühlen Sie sich an einem Ort wie diesem?"

„Ich weiß, daß alle Menschen Gottes Kinder sind", antwortete ich. „Auch wenn sie sich nicht danach benehmen, so glaube ich doch, daß sie es könnten, und ich liebe sie für das, was sie sein könnten."

Als ich aufstand, um zu gehen, bemerkte ich einen Mann mit einem Glas in der Hand, der auch im Aufbruch war. Als mein Blick ihn traf, lächelte er zaghaft, und ich lächelte ihn an. „Sie haben mir zugelächelt", sagte er verwundert, „ich hätte gedacht, Sie würden nicht einmal mit mir sprechen, aber Sie haben mir zugelächelt." Ich lächelte noch einmal. „Ich bin nicht hier, um meine Mitmenschen zu richten", sagte ich zu ihm, „ich bin hier, um zu lieben und zu dienen." Plötzlich kniete er zu meinen Füßen und sagte: „Bisher haben mich alle verurteilt, deshalb habe ich mich verteidigt. Sie haben mich nicht verurteilt, so verurteile ich mich selbst. Ich bin ein übler, wertloser Sünder! Ich habe mein Geld für Schnaps vergeudet. Ich habe meine Familie schlecht behandelt. Es ist immer schlimmer mit mir geworden!" Ich legte meine Hand auf seine

Schulter. „Du bist Gottes Kind", sagte ich, „und dementsprechend könntest Du handeln."

Mit Abscheu schaute er auf das Glas in seiner Hand, dann schleuderte er es gegen die Bar, so daß das Glas zerbrach. Seine Augen trafen die meinen. „Ich schwöre Ihnen, ich will das Zeug nie mehr anfassen", rief er aus. „Nie mehr!" In seinen Augen war ein neuer Glanz, als er festen Schrittes zur Tür hinausging.

Ich kenne sogar den glücklichen Ausgang dieser Geschichte. Ungefähr eineinhalb Jahre später hörte ich von einer Frau aus dieser Stadt, daß der Mann, soweit man weiß, sein Versprechen eingehalten hat. Er hat niemals mehr Alkohol angerührt. Er hat jetzt eine gute Arbeit. Er kommt gut mit seiner Familie aus und hat sich einer Kirche angeschlossen.

Wann immer man anderen mit Urteilen begegnet, werden sie sich verteidigen. Wenn man ihnen freundlich und nett gegenübertreten kann, ohne sie zu verurteilen, so sind sie eher bereit, sich selbst zu erkennen und sich umzuwandeln.

Auf meiner Pilgerreise hielten viele Autos an, und viele boten mir an, mich mitzunehmen. Einige meinten, pilgern und reisen per Anhalter wären dasselbe. Ich sagte ihnen, daß ich Gott nicht betrüge – wenn man die Kilometer auf einer Pilgerreise zählt, so betrügt man nicht.

Ich erinnere mich, wie ich eines Tages eine Landstraße entlang ging und ein sehr schönes Auto anhielt. Der Mann sagte zu mir: „Wie schön, daß Sie ihrem Ruf folgen!" Ich antwortete: „Ich glaube fest, daß jeder das tun sollte, was er oder sie für richtig hält." Er erzählte mir dann, zu was er sich motiviert fühlte, und es war eine gute Sache, die getan werden mußte. Ich begeisterte mich richtig dafür und nahm es als selbstverständlich, daß er es machen würde. Ich sagte: „Das ist wunderbar! Wie kommen Sie voran?" Er antwortete: „Oh, ich habe das nicht wirklich gemacht. Diese Art von Arbeit zahlt sich nicht aus." Ich werde nie vergessen, wie verzweifelt unglücklich dieser Mann war. In diesem materialistischen Zeitalter haben wir solch ein falsches Kriterium, um Erfolg zu messen. Wir messen ihn in Dollar und materiellen Dingen. Aber Glück und innerer Friede haben damit nichts zu tun. Wenn man weiß und nicht handelt, so ist man wirklich ein sehr unglücklicher Mensch.

Ein anderes Erlebnis hatte ich auf der Straße, als ein feines Auto anhielt, in dem ein gutangezogenes Paar saß und mich ansprach. Ich fing an zu erklären, was ich tat. Plötzlich – zu meiner Verwunderung – brach der Mann in Tränen aus. Er sagte: „Ich habe nichts für den Frieden getan, und Sie müssen so viel tun!"

Wieder ein anderes Mal hielt ein Mann an, um sich mit mir zu unterhalten. Er schaute mich an, nicht unfreundlich, aber außerordentlich überrascht und neugierig, als hätte er gerade einen lebendigen Dinosaurier erblickt. „Was um Himmels willen veranlaßt Sie, in dieser heutigen Zeit mit all den wunderbaren Möglichkeiten, die die Welt uns anbietet, auszuziehen und eine Pilgerreise für den Frieden zu unternehmen?"

„In dieser heutigen Zeit", antwortete ich, „in der die Menschheit am Rande eines nuklearen Vernichtungskrieges entlangtorkelt, ist es überhaupt nicht verwunderlich, daß ein Leben der Sache des Friedens gewidmet ist – eher ist es verwunderlich, daß so viele Leben nicht ähnlich gewidmet werden."

Als ich das Land das erste Mal durchquert hatte, war ich so dankbar, daß ich bei der Aufgabe, zu der ich gerufen war, nicht versagt hatte. Ich dachte bei mir: „Ist es nicht wunderbar, daß Gott durch mich handeln kann!"

Später schlief ich einmal im Bahnhof Grand Central Station in New York. Im Zustand zwischen Wachen und Schlafen war mir, als spräche mir eine unglaublich schöne Stimme Worte der Ermutigung zu: „Du bist meine geliebte Tochter, an der ich Wohlgefallen habe." Als ich voll erwacht war, schien es mir, als hätte ein himmlisches Orchester gerade ein Konzert im Bahnhof beendet, dessen Echo immer noch nachklang. Ich ging in den kalten Morgen hinaus, aber mir war warm. Ich ging auf dem asphaltierten Bürgersteig entlang, aber ich fühlte mich, als ginge ich auf Wolken. Das Gefühl, in Harmonie mit dem göttlichen Willen zu leben, hat mich nie mehr verlassen.

GEDANKEN ÜBER DIE PILGERREISE

Als ich zum erstenmal aufbrach, stand auf meiner Tunika vorne *PEACE PILGRIM* und hinten *läuft für den Frieden von Küste zu Küste*. Mit den Jahren änderte sich die Botschaft auf dem Rücken von *10000 Meilen zu Fuß für weltweite Abrüstung* zu *läuft 25000 Meilen für den Frieden,* und endete mit der heutigen Botschaft *25000 Meilen zu Fuß für den Frieden.* Diese Pilgerreise hat mich einige Male durch die achtundvierzig Staaten der USA, durch Mexiko und durch alle zehn kanadische Provinzen geführt.

Mit dem Zählen der Meilen hörte ich in Washington D.C. im Herbst 1964 auf. Ich sagte mir: „25000 Meilen ist genug gezählt." Es band mich an die Hauptverkehrsstraßen, für die die Entfernungen auf Landkarten eingetragen sind. Sie sind nicht gut dazu geeignet, Menschen zu treffen. Sie sind nur gut, um Meilen zu zählen. Nun bin ich frei, dort hinzugehen, wo Menschen sind. Auch dort, wo ich am liebsten laufe, auf Stränden, Waldwegen und Bergpfaden gibt es keine Entfernungsangaben.

Manche Dinge sind gar nicht so schwer, so z.B. ohne Essen auszukommen. Ich versäume selten mehr als drei oder vier Mahlzeiten nacheinander, und niemals denke ich auch nur ans Essen, bis es mir angeboten wird. Die längste Zeit, die ich ohne Essen war, waren drei Tage, dann versorgte Mutter Natur mich mit Nahrung – Äpfel, die von einem Baum gefallen waren. Einmal fastete ich als Gebetsübung 45 Tage, deshalb weiß ich, wie lange man ohne Essen auskommen kann! Mein Problem ist nicht, wie ich genug zu essen bekommen kann, sondern wie ich auf freundliche Weise vermeiden kann, zuviel zu bekommen. Alle wollen mich überfüttern!

Schwerer ist es, ohne Schlaf auszukommen, obwohl es mir nichts ausmacht, wenn ich einmal eine Nacht keinen Schlaf bekomme. Das kommt gelegentlich vor, aber jetzt schon eine ganze Weile nicht mehr. Das letzte Mal geschah es im September 1977 in einer Fernfahrer-Raststätte. Ich hatte vorgehabt, ein bißchen zu schlafen, aber da war so viel Betrieb auf diesem Rastplatz, daß ich die ganze Nacht in Gesprächen mit Fernfahrern verbrachte. Gleich als ich angekommen war, wollte mir ein Fahrer, der mich im Fernsehen gesehen hatte, ein Essen kaufen. Ich saß in einer Ecknische. Dann kamen immer mehr Fahrer an, und ein Schwung nach dem anderen stand vor mir, und sie stellten Fragen usw.. Schließlich habe ich mich die ganze Nacht über mit ihnen unterhalten und bin überhaupt nicht zum Schlafen gekommen. Nach einer Weile bot mir einer ein Frühstück an; ich aß und ging los.

Ein anderes Mal fuhr ein Fernfahrer seinen Lkw an den Straßenrand und sagte: „Ich habe gehört, wie Sie im Fernsehen etwas über diese grenzenlose Energie gesagt haben, und ich wollte ihnen nur erzählen, daß ich sie auch einmal hatte. Ich saß in einer Stadt fest, in der es eine Überschwemmung gegeben hatte. Mir war so langweilig, daß ich schließlich meine Hilfe anbot und mich dafür einsetzte, die Menschen da herauszubringen. Ich arbeitete ohne zu essen, ohne zu schlafen, ich wurde nicht müde ... Aber jetzt habe ich diese Energie nicht mehr." Ich sagte: „Nun, für was arbeiten Sie denn jetzt?" „Geld", sagte er. „Da liegt die Ursache. Man hat diese grenzenlose Energie nur, wenn man für das Wohl der Allgemeinheit arbeitet – Sie müssen aufhören, für ihre kleinen selbstsüchtigen Interessen zu arbeiten."

Das ist das Geheimnis. In dieser Welt wird dir gegeben, wie du gibst.

Gewöhnlich gehe ich ungefähr vierzig Kilometer pro Tag, je nachdem wie viele Leute mit mir sprechen wollen. Ich bin auch schon bis zu achtzig Kilometer an einem Tag gelaufen, um eine Verabredung einzuhalten, oder weil ich keine Unterkunft fand. In sehr kalten Nächten laufe ich die ganze Nacht durch, um mich warm zu halten.

Einmal begleitete mich ein 1.80 m großer Bursche, überzeugt, er könnte besser laufen als ich, fünfundfünfzig Kilometer weit. Als er schließlich aufgab, waren seine Füße voller Blasen und seine Muskeln schmerzten. Er war aus eigener Kraft gelaufen; ich nicht! Ich lief mit jener grenzenlosen Energie, die aus dem inneren Frieden kommt.

Ein andermal fragte mich eine Frau, ob sie mich auf der Pilgerreise begleiten könnte. Sie erzählte mir, sie wolle von „diesem Ehemann" wegkommen. Vielleicht folgte sie einem Ruf, aber ihre Motive waren nicht die edelsten. Eine andere Frau, die mich für einen Tag begleiten wollte, konnte nachmittags kaum noch gehen. Ich schickte sie mit dem Bus nach Hause!

Nie habe ich auf meiner Wanderung irgendeine Gefahr gespürt. Einmal sind mir ein paar Betrunkene in einem Auto gefolgt, aber als ich von der Straße abbog, ließen sie es sein. Nur einmal hat jemand etwas nach mir geworfen: Ein Mann warf aus einem schnell fahrenden Lkw eine Handvoll zerknüllter Dollarnoten. Ich gab sie einfach der nächsten Kirche, in der ich sprach.

Ein Collegeschüler fragte mich einmal, ob ich jemals überfallen worden sei. „Überfallen?" entgegnete ich. „Da müßte einer schon verrückt sein, wenn er mich überfallen wollte, ich habe ja keinen Pfennig!"

Einmal ging ich bei Sonnenuntergang aus der Stadt, und ein wohlhabendes Ehepaar in einem großen Haus rief mich zu sich. Sie hatten von meiner Pilgerreise gelesen, und meinten es sei ihre Christenpflicht, mich zu warnen; vor mir läge ein gottloses Lokal mit dem Namen *'Südlich der Grenze'*. Sie wollten mich nur davor warnen, in die Nähe des Lokals zu gehen. Jedoch boten sie mir weder Essen noch Unterkunft an, so ging ich weiter, einige Stunden lang.

Es war eine sehr dunkle Nacht mit einer schweren Wolkendecke am Himmel, und plötzlich fing es zu regnen an. Große Tropfen fielen herab, und ich hatte eine Menge unbeantworteter Post bei mir. Ich hielt nach einem Platz Ausschau, wo ich mich unterstellen konnte, und sah in der Nähe eine Raststätte mit Tankstelle, Restaurant und Motel. Ich stellte mich unter das Dach über den Zapfsäulen und fing an, die unbeantwortete Post vorn in die Tunika zu stopfen, damit sie nicht naß würde. Der Mann von der Tankstelle rannte heraus und sagte: „Stehen Sie hier nicht im Regen. Kommen Sie ins Restaurant." Der Mann im Restaurant sagte: „Oh, wir haben alles über Sie gelesen, wir würden Ihnen gerne ein Abendessen anbieten oder was Sie sonst brauchen." Da sah ich, wo ich war. Es war *'Südlich der Grenze'*.

Der Mann vom Motel saß mir am Tisch gegenüber, und er gab mir ein Zimmer für die Nacht. Man bereitete mir auch ein Frühstück am nächsten Morgen.

Im Hinterzimmer mag eine Spielhölle gewesen sein; irgendetwas war da im Gange. Aber sie behandelten mich in einer viel christlicheren Art und Weise als jene, die mich vor ihnen gewarnt hatten. Das veranschaulicht nur meinen Standpunkt, daß Gutes in jedem steckt.

Ich habe an den ungewöhnlichsten Orten Gastfreundschaft erfahren; darunter war der Konferenztisch im Rathaus von Florence, Arizona, und der Sitz einer Feuerspritze in Tombstone, Arizona. Einmal wurde ich versehentlich dreizehn Stunden lang in einer eiskalten Tankstellentoilette eingesperrt. Meine Unterkunft war ruhig und privat, wenn auch etwas kühl!

Ich schlafe genausogut im Gras am Straßenrand wie in einem weichen Bett. Wenn mir Essen und Unterkunft gegeben wird, gut. Wenn nicht, bin ich genauso zufrieden. Oft bieten mir völlig fremde Leuten eine Unterkunft an. Wenn mir niemand Gastfreundschaft gewährt, so gibt es immer noch Busbahnhöfe, Eisenbahnhöfe und durchgehend geöffnete Raststätten.

Ich erinnere mich, wie mir an einem Abend ein Doppelbett in einem feinen Motel angeboten wurde und am nächsten Abend ein Platz auf dem Zementboden einer durchgehend geöffneten Tankstelle. Beidesmal schlief ich gleich gut. Einige Male öffnete mir ein freundlicher Polizist die Tür einer unbesetzten Arrestzelle.

Wenn ich keine Unterkunft bekomme, so schlafe ich in den Feldern oder am Straßenrand; Gott ist mein Wächter.

Brücken boten mir immer Schutz vor den Naturgewalten, ebenso wie verfallene Scheunen und leere Kellergeschosse von verlassenen Häusern. Abzugskanäle und große Rohre dienten mir oft als Unterkunft. Aber mit am liebsten schlafe ich in einem großen Heuhaufen auf einem freien Feld in einer sternklaren Nacht. Die Sterne sind meine Zudecke.

Friedhöfe sind auch wunderbare Schlafplätze für die Nacht. Sie sind ruhig, das Gras ist immer sauber gepflegt, und niemand wird einen je dort belästigen. Nein, es ist keine Belästigung für die verstorbenen Seelen. Ich wünsche ihnen Frieden; sie verstehen mich. Aber ein Picknicktisch auf einem nahegelegenen Rastplatz, eine Lage Kiefernnadeln in einem nahegelegenen Unterholz, oder das Polster eines blühenden Weizenfeldes sind genauso gut.

Eines Morgens, als ich in einem Weizenfeld bei Kansas schlief, wurde ich durch ein sehr lautes Geräusch geweckt. Ich hob den Kopf und sah, wie so eine riesige Mähmaschine gerade auf mich niederfuhr. Blitzschnell rollte ich mich zur Seite, um den rotierenden Schneidemessern zu entkommen.

Ich fühle mich auf meiner Pilgerreise vollkommen behütet. Gott ist mein Schutz. Es gibt keine Unglücksfälle auf der Göttlichen Ebene, noch läßt Gott uns unbeachtet. Niemand geht so sicher, wie der, der bescheiden und arglos geht, mit viel Liebe und großem Vertrauen.

Ich erinnere mich an eine Zeit im Jahr, wo es nachts sehr kalt wurde. Die Temperatur sank unter den Gefrierpunkt, aber am Tag wurde es wieder etwas wärmer, so daß es tagsüber recht angenehm war. Das war im Herbst, und der Boden war mit trockenen Blättern bedeckt. Ich befand mich inmitten eines Waldes, und es gab kilometerweit keine Stadt. Die Sonne ging gerade unter. Es war Sonntag. Irgend jemand hatte eine dicke Sonntagszeitung gelesen und sie an den Straßenrand geworfen – so wie man es nicht machen sollte; aber die Leute tun es immer wieder. Ich hob sie auf, ging von der Straße ab und fand einen großen immergrünen Baum. Darunter war eine kleine Senke, wo sich einige Blätter angesammelt hatten. Ich schob noch mehr Blätter in diese Senke. Dann legte ich ein paar Zeitungsblätter darauf, und deckte mich mit dem Rest der Zeitungsblätter zu. Als ich am Morgen erwachte, war alles mit dickem weißem Reif bedeckt, aber der immergrüne Baum hatte ihn von mir abgehalten, und ich war geborgen und warm in meinem Nest aus Laub und Papier. Das ist nur ein Tip, falls du einmal draußen von der Nacht überrascht wirst.

Die meisten Menschen, die sich nach Urlaub sehnen, sind Menschen, die etwas tun, wozu sie nicht berufen sind und wovon sie für eine Weile ausspannen wollen. Ich kann mir nicht vorstellen, ein Bedürfnis nach Urlaub von meiner Pilgerreise zu verspüren. Wie gut ist es doch, im Herbst in den Süden zu wandern und die stille Schönheit der Erntezeit zu erfahren – aber den Frost zu meiden; die leuchtende Pracht der Herbstblätter zu erleben – aber weiterzuwandern, bevor die Bäume kahlgefegt sind. Wie gut ist es, mit dem Frühling nach Norden zu ziehen, und die Frühlingsblumen einige Monate statt einige Wochen zu genießen. Ich machte diese beiden wunderbaren Erfahrungen im Herzen des Landes.

Während einer Wanderung über tausend Meilen durch Neuengland (die in Greenwich, Connecticut, begann und in Burlington, Vermont, endete) ging ich eine Zickzacklinie, um nicht nur durch die großen Städte zu kommen, sondern auch durch die kleineren Orte, in die ich eingeladen worden war. Ich ging los, als die Apfelbäume zu blühen begannen, ich ging zwischen Apfelbäumen, als sie noch rosige Knospen hatten und schließlich als ihre fallenden Blätter so weiß wie Schnee waren. Meine Reise war zu Ende, als die Äpfel reif wurden, und mir köstliche Mahlzeiten bescherten. Dazwischen schmauste ich süße wilde Himbeeren, Brombeeren und Heidelbeeren.

Auf meiner Wanderung durch das Land sah ich viele Baustellen von Superschnellstraßen. Diese Superstraßen werden meist durch Täler und dann in einem Tunnel durch die Berge und manchmal auch unter Flüssen hindurch geführt. Ich bin froh, daß ich auf meiner Pilgerreise gewöhnlich den alten Straßen folgte, die den Berg noch hinaufführen. Welch wunderschöner Ausblick belohnt diejenigen, die den Gipfel erreichen: manchmal ist es ein Blick auf Städte oder Straßen, die ich gegangen bin oder noch gehen werde, manchmal Aussichten auf Täler voller Felder und Obstgärten. Ich weiß, wir leben in einem Zeitalter, in dem nur Leistung zählt, und diese Superschnellstraßen sind viel leistungsfähiger, aber ich hoffe, es wird immer auch einige Panoramastraßen geben, Straßen, die die Berge hinaufklettern.

Manchmal fragen die Leute, wie ich die Feiertage verbringe, vor allem Weihnachten. Viele davon habe ich wandernd zugebracht. Viele Leute fahren über die Feiertage weg, deshalb ist das eine gute Zeit, Leute zu treffen. Ich erinnere mich an einen Heiligabend, als ich draußen unter den Sternen schlief. Ein Planet leuchtete so hell, daß man in ihm mit ein bißchen Phantasie den Stern von Bethlehem sehen konnte. Am nächsten Tag kam ich bei einer Temperatur von 27° C nach New Orleans und fand überall in großen Mengen blühende Weihnachtssterne vor – und ebenso traf ich einige gute neue Freunde.

Eine Weihnacht verbrachte ich in Fort Worth, Texas, wo Türme und große Gebäude mit bunten Lichterketten bespannt waren, und mir ein unvergeßliches Bild boten, als ich in die Stadt kam. An jenem Tag wurde mir das willkommene Geschenk gegeben, genügend Zeit für meine überfällige Post zu haben.

Manchmal fragen mich die Leute, ob ich mich an Feiertagen nicht einsam fühle. Wie kann ich mich einsam fühlen, wenn ich ständig der Anwesenheit Gottes gewahr bin? Ich liebe und genieße es, mit Menschen zu sein, aber wenn ich alleine bin, so genieße ich es, allein mit Gott zu sein.

In den ersten Jahren wurde mir meistens Essen und Gastfreundschaft von Leuten angeboten, die ich gar nicht kannte. Ich nehme alles an als eine Gabe Gottes. Ich bin für das altbackene Brot, das ich im Hause eines Wanderarbeiters erhielt, genauso dankbar, wie für das auserlesene Mahl, zu dem mich eine Freundin im großen Restaurant des Waldorf Astoria Hotels einlud.

Wenn man sein Leben ganz dem Willen Gottes hingegeben hat, so wird man – wenn man dazu berufen ist, im Vertrauen auf Gott auszuziehen – entdecken, daß sogar Essen und Unterkunft einem einfach so zufallen. Alles, sogar materielle Dinge, bekommt man; und auch einige Überraschungen, die sogar mich in Staunen versetzt haben.

Das erste Mal kam ich nach Alaska und Hawaii durch ein wunderbares Geschenk von einem wunderbaren Freund. Dann baten mich einige meiner Freunde, ob ich dort Führungen machen könnte, so führte ich einen Marsch nach Alaska im Sommer 1979 und einen nach Hawaii im Sommer 1980. Ich veranstaltete diese Reisen als Bildungs- und Inspirationsreisen für alle Teilnehmer. Wir lebten einfach und reisten unbeschwert.

Ich ging nicht müßig während unseres Aufenthaltes in den zwei jüngsten Staaten der USA. Neben den Führungen mit meinen

Freunden, sprach ich viel zu Gruppen und im Rundfunk. Einige dieser Freunde wollten eine Vorstellung davon bekommen, wie mein Pilgerleben aussieht, und ich glaube, das ist gelungen. Es war eine Freude, gemeinsam an diesen inspirierenden Orten zu weilen.

Ich will noch einen anderen Vorfall schildern: Ich plante gerade meine Route für Nord- und Süddakota und wußte, daß ich in Norddakota meine Wanderung unterbrechen mußte, um den Marsch nach Hawaii zu führen. Ich wußte, daß das in Bismarck geschehen und mich ungefähr eine Woche kosten würde, von Los Angeles zurückzutrampen, und ich dachte: „Oh, eine Woche von der Süd- und eine Woche von der Norddakota Route – ich könnte diese zwei Wochen wirklich in Nord- und Süddakota gebrauchen" Ungefähr zur gleichen Zeit, in der ich solchen Gedanken nachhing, schrieb mir jemand und bot mir Hin- und Rückflug nach Bismarck an. Dieses Angebot war wie ein Wunder, und natürlich etwas, das ich brauchte. Ich nehme nichts an, was ich nicht wirklich benötige, aber ich brauchte die Zeit in Nord- und Süddakota. Das war ein wunderbares Geschenk, das ich annahm, und für das ich ewig dankbar bin.

So wird sogar für die materiellen Güter gesorgt.

Einmal erzählte ich einem Journalisten, daß ich nur mit den Leuten zu reden brauche, und nach einer Weile fragen sie mich, ob ich etwas essen möchte. Er erzählte mir, daß er monate-, ja jahrelang, zu Leuten geredet hätte, und sie hätten ihm nicht einmal ein belegtes Brötchen angeboten. Ich antwortete: „Aber du bist kein Friedenspilger!"

Einmal rannte ein sechzehn Jahre alter mexikanischer Junge, der mich im Radio gehört hatte, aus dem Haus und lud mich ganz aufgeregt ein, zum Abendessen zu bleiben. Seine Familie lebte in einer armseligen Hütte umherziehender Tagelöhner, aber ich weiß noch, wie sie mich als Ehrengast behandelten. Nach einem Abendessen mit Tortillas und Bohnen, rollte die Familie ihren einzigen Wollteppich auf und breitete ihn als Decke auf ihr einziges Bett. Am Morgen, bevor ich mich verabschiedete, servierten sie mir ein weiteres liebevolles Mahl aus Tortillas und Bohnen.

In Memphis rannte ich in die Veranda einer Hütte, die nur aus einem Raum bestand, um einem heftigen Gewitter zu entkommen. Eine Familie von Farbigen bot mir freundlich Gastfreundschaft für den Abend an. Ihre Wärme glich der des Holzofens, der ihr bescheidenes Heim heizte. Sie teilten ihr dürftiges Essen aus Maisbrot und Wasser zum Abendessen und zum Frühstück mit mir. Wir schliefen alle auf dem nackten, gut geschrubbten Fußboden. Nie werde ich die Aufrichtigkeit ihrer Gastfreundschaft vergessen.

Eines bitterkalten Morgens gab mir ein Collegestudent in Oklahoma die Handschuhe, die er trug, und warf seinen Schal um meinen Hals. In dieser Nacht, als die Temperatur unter -20° C sank, bot mir ein indianisches Ehepaar Unterkunft.

Einmal warnte man mich davor, nach Georgia zu gehen – und vor allem nicht nach Albany, Georgia, wo vierzehn Friedensmarschierer im Gefängnis saßen. Aber ich muß sagen, ich habe keinen wirklich unfreundlichen Menschen dort getroffen. Die Gastlichkeit war dort sogar überdurchschnittlich.

Wenn ich Menschen traf, die einer Minderheit angehörten, so nahmen diese es als selbstverständlich an, daß ich sie nicht diskriminierte. Sobald sie *Peace Pilgrim* auf meiner Tunika lasen, schienen sie mir zu vertrauen. Sie zögerten nicht, bei mir stehenzubleiben und sich mit mir zu unterhalten. Ich sprach in einer ganzen Reihe von Kirchen, die einer Minderheit angehörten, und einige der Pfarrer lasen meine Botschaft ihrer Gemeinde vor.

Natürlich liebe ich jeden, dem ich begegne. Wie könnte ich das nicht tun? In jedem ist der Funke Gottes. Es kommt mir nicht auf den rassischen oder ethnischen Hintergrund oder auf jemandes Hautfarbe an. Für mich sehen alle Menschen wie strahlende Lichter aus! Ich sehe in allen Lebewesen ein Spiegelbild Gottes. Alle Menschen sind meine Verwandten – ich finde die Menschen wunderbar!

Wir Menschen, die wir auf dieser Erde leben, müssen Wege finden, einander kennenzulernen – dann werden wir erkennen, daß unsere Gemeinsamkeiten so viel größer sind als unsere Unterschiede, wie groß diese auch zu sein scheinen. Jede Zelle, jeder Mensch, ist gleich wichtig und hat seine Aufgabe in dieser Welt.

LEBEN IN EINFACHHEIT

Die Vereinfachung des Lebens ist einer der Schritte zum inneren Frieden. Eine nachhaltige Vereinfachung wird inneres und äußeres Wohlbefinden schaffen, die das Leben harmonisch werden lassen. Für mich begann das mit der Entdeckung der Sinnlosigkeit von materiellem Besitz jenseits meiner tatsächlichen und unmittelbaren Bedürfnisse. Sobald ich soweit war, mich auf das Nötigste zu beschränken, fühlte ich eine wunderbare Harmonie in meinem Leben zwischen innerem und äußerem, zwischen spirituellem und materiellem Wohlbefinden.

Einige Leuten scheinen zu glauben, mein der Einfachheit und dem Dienen gewidmetes Leben sei hart und freudlos, aber sie kennen die Freiheit der Einfachheit nicht. Jeden Moment meines Lebens bin ich Gott dankbar für den großen Segen, der mir zuteil wurde. Mein Leben ist voll und gut, aber es ist niemals überfüllt. Wenn das Leben überfüllt ist, dann tust du mehr, als von dir verlangt wird.

In meinem Leben ging es einst nicht mehr weiter; ich fühlte mich gierig, bevor ich mein Gelübde der Einfachheit ablegte: *Ich werde nicht mehr annehmen als ich brauche, solange andere in der Welt weniger haben als sie brauchen.*

Vielleicht kommst auch du aus einem Leben, in dem du zu viele Dinge hattest. Wenn du dein Leben vereinfacht hast, so wirst du dich, dessen bin ich sicher, so frei fühlen wie ich. Wenn Geben dein Motiv ist, so wird dir gegeben, was immer du brauchst.

In meinem Leben stimmt das, was ich brauche, mit dem, was ich bekomme, überein. Alles, was über meine Bedürfnisse hinausgeht, belastet mich. Man könnte mir etwas, das ich nicht brauche, gar nicht geben. Ich habe keinen Pfennig Geld, aber ich habe Schwierigkeiten, diesen Zustand zu bewahren. Einige reiche Freunde, die es gut mit mir meinen, haben mir große Summen Geldes angeboten, die ich natürlich abgelehnt habe.

Ich unterhielt mich mit einer Person, die dachte, ich wäre der

'Vergnügungen' des Lebens beraubt. Aber die Dinge, die ich nicht benutze und die ich nicht tue, sind mir nicht weggenommen worden. Sie gehören einfach nicht zu meinem Leben, seit ich ein Leben in Harmonie gewählt habe. Ich hatte einfach keinerlei Interesse an ihnen.

Ich bin kein Sklave von Bequemlichkeit und Komfort. Ich wäre keine Pilgerin, wenn das nicht so wäre. Wenn wir falschen Überzeugungen erlauben, unser Leben zu beherrschen, können wir von ihnen versklavt werden. Die meisten Leute wollen gar nicht frei sein. Sie ziehen es vor, darüber zu jammern und zu klagen, wie unmöglich es sei, ihre verschiedenen Abhängigkeiten von Besitz, Essen, Trinken, Rauchen, usw., aufzugeben. Es ist nicht so, daß sie sie nicht aufgeben könnten – sie wollen es nur nicht wirklich.

Unsere körperlichen Bedürfnisse hängen zu einem gewissen Grad von dem Klima ab, in dem wir leben, von unserem Gesundheitszustand, usw.. Im allgemeinen brauchen wir ein Dach über dem Kopf, um uns vor den Elementen zu schützen: ein Feuer, eine Decke, Kleidung, um uns warm zu halten; reine Luft, reines Wasser und ausreichende Ernährung, um uns zu erhalten. Natürlich gibt es auch Bedürfnisse jenseits der körperlichen. Diese erfordern oft keine oder nur geringe Geldausgaben. Aber das ist nicht immer so. Es gibt z. B. Leute, deren Leben nicht vollkommen ist, wenn sie nicht gute Musik hören oder ein Musikinstrument spielen können. Man kann Vorschläge zur Vereinfachung des Lebens machen, aber letztlich ist die Vereinfachung des Lebens eine ganz persönliche Sache, die jeder für sich entscheiden muß.

Vor etwa vierzig Jahren erkannte ich, daß Geld und materielle Güter die Menschen nicht glücklich machen. Und das bestätigte sich immer wieder. Ich habe viele Millionäre getroffen. Sie hatten eines gemeinsam. Keiner von ihnen war glücklich. Schau dir Howard Hughes mit seinen zweieinhalb Milliarden Dollar an. Man sagt, er war die elendeste, von Angst gequälte Kreatur, die man sich vorstellen kann! Und ich kannte eine Frau, die viereinhalb Millionen Dollar geerbt hatte. Es ruinierte ihr Leben. Da sie ein Mensch war, der stets gerne gegeben hatte, wollte sie das Geld sinnvoll anwenden. Aber sie entdeckte, daß es ihr eine solch schwere Last war. Es ginge ihr besser, wenn sie es nicht hätte.

Ich sehe ein, daß man unglücklich ist, wenn man nicht genug hat. Doch ist man auch nicht glücklich, wenn man zuviel hat. Am glücklichsten sind jene, die genug haben, aber nicht zuviel.

Ich erinnere mich an eine liebe Dame in hohem Alter. Sie arbeitete sehr schwer und jammerte immerzu. Schließlich sagte ich zu ihr: „Warum in aller Welt müssen Sie so hart arbeiten, wenn Sie nur sich selbst versorgen müssen?" Und sie erwiderte: „Oh, ich muß die Miete für ein Fünfzimmerhaus aufbringen." „Ein Fünfzimmerhaus!" entgegnete ich. „Aber Sie leben doch allein. Können Sie nicht glücklich und zufrieden in einem Zimmer wohnen?" „Ja, schon", sagte sie traurig, „aber ich habe Möbel für ein Fünfzimmerhaus." Im Grunde arbeitete sie sich die Finger wund, um ein angemessenes Heim für diese Möbel zu schaffen! So etwas passiert ständig. Alles, was ich dazu sagen kann, ist: Laß nicht zu, daß es dir widerfährt.

Durch unsere Ausrichtung auf materielle Dinge versäumen wir oft das Beste im Leben, das umsonst ist.

Unnötiger Besitz ist unnötige Last. Wenn man ihn hat, so muß man sich darum kümmern.

Ich will noch von einer anderen Frau erzählen. Sie *wurde* befreit, wenn auch nicht auf die beste Art. Ich traf sie nur gelegentlich, aber ich sah sie zufällig ungefähr einen Monat, nachdem in ihrer Abwesenheit ihr riesiges Haus abgebrannt war. Seit die Kinder erwachsen waren, hatten sie und ihr Ehemann es allein bewohnt. Sie haben bis auf die Kleider, die sie am Leibe trugen, alles verloren. Ich dachte daran, wie sehr sie sich diesem großen Haus verbunden gefühlt hatte, trotz der Tatsache, daß es eine große Last war, um die sie sich kümmern mußte, und ich sagte ihr einige mitfühlende Worte. Aber sie entgegnete: „Haben Sie kein Mitleid mit mir. Das hätten Sie am Morgen danach haben können, aber jetzt nicht mehr. Denken Sie nur, nie mehr muß ich diesen Speicher putzen. Nie mehr muß ich diese Kleiderschränke säubern. Nie mehr muß ich den Keller saubermachen! Wirklich, ich habe mich nie so frei gefühlt. Ich fühle mich so, als würde ich mit dem Leben ganz von vorne anfangen!"

Sie und ihr Mann lebten jetzt in einer Wohnung von vernünftiger Größe und erfuhren – dessen bin ich sicher – ein wundervolles Gefühl der Freiheit. Aber wäre es nicht besser gewesen, sie hätten gelernt zu geben und ihren Überfluß jenen, die ihn gebrauchen konnten, überlassen? Das Geben wäre ihnen zum Segen geworden, und den anderen wäre die Gabe zum Segen geworden. Auf jeden Fall aber war es ein Vorgang, der sie freimachte.

Wenn du die Möglichkeit hast, rate ich dir, eine Fußwanderung in die Wildnis zu machen. Wie anregend ist es, den ganzen Tag im Sonnenschein zu wandern, und die ganze Nacht unter den Sternen zu schlafen. Welch wunderbare Erfahrung einfacher, natürlicher Lebensweise. Da man sein Essen und seine Sachen, die man zum Schlafen braucht usw., auf dem Rücken trägt, lernt man schnell, daß unnötiger Besitz unnötige Last ist. Man erkennt bald das Wesentliche im Leben – wie Wärme, wenn einem kalt ist, ein trockenes Plätzchen an einem Regentag, das einfachste Essen, wenn man hungrig ist, reines, kühles Wasser, wenn man durstig ist. Man fängt bald an, die Dinge richtig zu bewerten, da man erkennt, daß sie zu unserem *Gebrauch* da sind, daß man sie aber loslassen muß, wenn sie nicht mehr gebraucht werden. Man wird die große Freiheit der Einfachheit bald kennen und schätzen lernen.

Von Mai bis Oktober 1952, vor der Pilgerreise, wanderte ich die zweitausend Meilen des Appalachen-Wanderwegs, von Georgia nach Maine, mit fünfhundert zusätzlichen Meilen für Abstecher zu Punkten von besonderer Schönheit.

Ich lebte ausschließlich im Freien, ausgestattet nur mit einem Paar Shorts und einem Paar langer Hosen, einer Bluse, einem Pullover, einer leichten Decke und zwei doppelten Plastikplanen, in die ich manchmal Blätter stopfte. Ich war nicht immer ganz trocken und warm, aber ich genoß es gründlich. Mein Menü, am Morgen und am Abend, bestand aus zwei Tassen ungekochter, in Wasser eingeweichter Haferflocken mit braunem Zucker; am Nachmittag gab es zwei Tassen konzentrierter Trockenmilch mit Beeren, Nüssen oder Kräutern, die ich im Wald fand.

Diese Erfahrungen haben mich zäh gemacht und waren eine gründliche Vorbereitung für meine Pilgerreise. Eine Wanderung auf der Landstraße schien im Vergleich dazu leicht.

Wie gut ist es, die Früchte geschmackvoll und reif vom Baum und das Gemüse frisch und knackig vom Feld zu essen, und wie gut wäre es für die Landwirtschaft der Zukunft, keine giftigen Stoffe wie Spritzmittel zu verwenden, damit die Nahrungsmittel vom Feld direkt auf den Tisch gebracht werden könnten.

Eines Morgens aß ich zum Frühstück taubedeckte Heidelbeeren, die ich von den Büschen pflückte, als ich durch die Berge Neuenglands wanderte. Ich dachte an meine Mitmenschen, die alle möglichen Arten von aufbereiteten und mit künstlichem Aroma versehenen Nahrungsmitteln essen, und ich erkannte, daß, wenn ich mir mein Frühstück aus allem Essen der Welt aussuchen könnte, ich mir nichts besseres wünschen könnte als taubedeckte Heidelbeeeren.

Wie gut ist es doch, im Frühling und Sommer, wenn die Tage lang sind, mit der Sonne ins Bett zu gehen und mit der Sonne aufzustehen. Im Herbst und im Winter, wenn die Tage kürzer werden, kann man einen Teil der Nacht genießen. Ich neige dazu, der Annahme zuzustimmen, daß die Sonne eine Substanz an die Luft abgibt, die nach Sonnenuntergang abnimmt und vom Körper nur während des Schlafes aufgenommen werden kann. Von neun bis fünf zu schlafen ist für mich ungefähr das richtige Maß.

Wie gut ist es doch, in der belebenden frischen Luft zu arbeiten, unter der Leben spendenden Sonne, inmitten der inspirierenden Schönheit der Natur. Es gibt viele, die das erkennen, wie der junge Mann, dem ich begegnete, und dessen Leben durch die Einberufung zum Wehrdienst unterbrochen wurde. Während er fort war, konnte sein Vater, der eine angeschlagene Gesundheit hatte, die Farm nicht mehr bewirtschaften, und so wurde sie verkauft. Der junge Mann verrichtete dann jahrelang widerwärtige Arbeit, um wieder eine Farm kaufen zu können. Wie gut ist es doch, seinen Unterhalt damit zu verdienen, daß man den Pflanzen zu wachsen hilft, um die Menschen mit Nahrung zu versorgen. In anderen Worten, wie gut ist es, seinen Lebensunterhalt durch einen konstruktiven

Beitrag für die Gesellschaft, in der man lebt, zu verdienen – jeder sollte das natürlich tun, und in einer gesunden Gesellschaft würde das auch jeder tun.

Meine Kleidung ist äußerst bequem und äußerst praktisch. Ich trage marineblaue Hosen und ein langärmeliges Hemd mit meiner beschrifteten Tunika darüber. Rund um die Tunika, sowohl vorne als auch hinten, sind abgeteilte Fächer aufgenäht, die als Taschen dienen. Sie enthalten meinen gesamten Besitz, der aus einem Kamm, einer zusammensteckbaren Zahnbürste, einem Kugelschreiber, einer Landkarte, einigen Kopien meiner Botschaft und meiner Post besteht.

So ist es verständlich, warum ich meine Post schneller als die meisten Leute beantworte – es bewahrt mich vor überfüllten Taschen. Ich sage immer: *Jedes Gramm zählt!* Unter meiner Oberkleidung trage ich ein paar Turnhosen und ein kurzärmeliges Hemd – so bin ich immer für ein erfrischendes Bad bereit, wenn ich an einem Fluß oder an einem See vorbeikomme.

Als ich einmal nach dem Schwimmen in einem klaren Bergsee meine einfache Kleidung anzog, dachte ich an jene, die Schränke voller Kleidung besitzen, um die sie sich kümmern müssen, und die dann auf ihren Reisen schweres Gepäck mitschleppen. Ich fragte mich, wie es möglich ist, daß sich Menschen so belasten wollen, und fühlte mich wunderbar frei. Hier bin ich mit all meinem Besitz. Denke nur, wie frei ich bin! Wenn ich reisen will, so stehe ich einfach auf, und gehe los. Es gibt nichts, was mich festhält.

Eine Garnitur an Kleidung ist genug. Das ist alles, was ich seit dem Beginn meiner Pilgerreise 1953 besessen habe; und ich pflege meine Sachen gut. Ich finde immer ein Waschbecken in einer öffentlichen Toilette oder einen nahegelegenen Fluß, wo ich meine Kleider waschen kann, und das Trocknen ist noch einfacher: ich ziehe sie einfach an und lasse die Energie der Sonne alle Feuchtigkeit verdunsten.

Meine Haut wasche ich nur mit Wasser; Seife entfernt die natürlichen Öle. Genauso ist es mit den Kosmetika und Cremes, die die meisten Frauen benutzen.

Das einzige Schuhzeug, das ich brauche, ist ein billiges Paar blauer leichter Turnschuhe. Sie haben ein Oberteil aus weichem Stoff und eine weiche gummiähnliche Sohle. Ich nehme sie immer eine Nummer größer, so daß ich meine Zehen bewegen kann. Ich fühle mich darin so frei, als liefe ich barfuß! Ein Paar hält gewöhnlich bis zu 2500 Kilometer. Ich trage marineblaue Socken. Es gibt einen Grund, warum ich Marineblau für meine Kleidung wähle – es ist eine sehr praktische Farbe, man sieht keinen Schmutz, und die Farbe Blau steht für Frieden und Spiritualität.

Ich werfe kein Kleidungsstück weg, ehe es nicht bis zur Unbrauchbarkeit abgetragen ist. Als ich einmal eine Stadt verlassen wollte, sagte eine Gastgeberin: „Peace, mir ist aufgefallen, daß deine Schuhe geflickt werden müßten, ich hätte es gerne getan, aber ich verstehe soviel vom Flicken, daß ich weiß, sie sind nicht mehr zu retten!" Ich sagte zu ihr: „Gut, daß ich so wenig vom Flikken verstehe, daß ich nicht wußte, daß sie nicht mehr ausgebessert werden können – und so bin ich gerade damit fertig geworden, sie zu reparieren."

In den ersten Jahren trug ich einen blauen Schal und einen blauen Pullover bei kaltem Wetter, aber schließlich legte ich sie ab, da sie nicht wirklich nötig waren. Ich kann mich jetzt so an Wetterveränderungen anpassen, daß ich Sommer und Winter, drinnen und draußen, die gleiche Kleidung trage.

Wie die Vögel ziehe ich im Sommer in den Norden und im Winter in den Süden. Wenn man zu Leuten auf den Straßen sprechen will, muß man da hingehen, wo das Wetter angenehm ist, sonst sind die Leute nicht draußen.

Wenn das Thermometer steigt und die Sonne heiß vom Himmel brennt, dann gibt es nichts Willkommeneres als den Schatten. Es liegt etwas Besonderes in der Kühle des Schattens eines Baumes, aber wenn es kein großer Baum ist, muß man sich öfters bewegen, um im Schatten zu bleiben. Wolken spenden auch Schatten, wenn sie sich vor die Sonne schieben. Ein Felsen gibt einem das, was ich einen tiefen Schatten nenne; ebenso eine Uferbank früh am Morgen oder spät am Nachmittag. Manchmal ist sogar der Schatten eines Busches oder eines Heuhaufens schätzenswert. Von Menschenhand hergestellte Dinge spenden natürlich auch Schatten: Gebäude und sogar Schilder, die die Landschaft verunstalten, spenden Schatten. Ebenso Brücken, die auch Schutz vor Regen bieten. Natürlich kann man auch einen Hut tragen oder einen Regenschirm. Ich habe weder Hut noch Schirm. Als mich einmal ein Reporter fragte, ob ich wohl einen Knirps in meinen Taschen hätte, antwortete ich: „Ich bin nicht aus Zucker. Meine Haut ist wasserdicht. Ich mache mir nichts aus kleinen Unbequemlichkeiten." Aber manchmal habe ich ein Stück Pappe als Sonnenschutz benutzt.

Wenn es heiß ist, denkt man an Wasser, aber ich habe entdeckt, daß ich nicht durstig werde, wenn ich nur Obst esse bis mein Tagesmarsch vorbei ist. Unsere körperlichen Bedürfnisse sind so einfach.

Ich erinnere mich, wie ich nach einem wundervollen Aufenthalt in der Wildnis wieder in den Straßen einer Stadt umherging, in der ich eine Zeit lang zu Hause war. Es war ein Uhr mittags. Hunderte von ordentlich gekleideten Menschen mit blassen oder geschminkten Gesichtern eilten in ziemlich geregelten Bahnen zu oder von ihren Arbeitsplätzen. Ich, in meinem ausgebleichten Hemd und meinen abgetragenen Hosen, lief mitten unter ihnen. Die Gummisohlen meiner weichen Segeltuchschuhe gaben kein Geräusch neben dem Geklapper der schmucken, engen Schuhe mit hohen Absätzen. In den ärmeren Gegenden wurde ich toleriert. In den reicheren Gegenden wurden mir verdutzte und teilweise geringschätzige Blicke zugeworfen.

Beiderseits der Straße, auf der wir gingen, waren Dinge ausgestellt, die wir kaufen können, wenn wir gewillt sind, in geregelten Bahnen zu leben, Tag für Tag, Jahr für Jahr. Einige Sachen sind mehr oder weniger nützlich, vieles davon ist völliger Plunder – einigem muß man eine gewisse Schönheit zugestehen, vieles ist ausgesprochen häßlich. Tausenderlei Dinge sind ausgestellt – jedoch, meine Freunde, die wertvollsten Dinge fehlen. Weder Freiheit, noch Gesundheit, noch Glück, noch innerer Frieden sind ausgestellt. Um diese Dinge zu erhalten, meine Freunde, werdet auch ihr wohl aus den geordneten Bahnen ausbrechen und riskieren müssen, daß auf euch mit Geringschätzung gesehen wird.

Der Welt mag ich sehr arm vorkommen, wie ich so ohne Geld und mit meinem gesamten Besitz in meinen Taschen, wandere, aber tatsächlich bin ich reich an Segnungen, die kein Geldbetrag erkaufen kann – Gesundheit, Glück und innerer Friede.
Einfaches Leben ist heiliges Leben,
Viel mehr Ruhe, weniger Streben.
Oh, in welch wunderbare Wahrheit wir dringen
Gescheiterte Pläne können jetzt uns gelingen.
Oh, was bringt das Leben für schöne Zeit.
Wunderbare Einfachheit.

DAS LÖSEN DER LEBENSPROBLEME

Der Sinn von Problemen liegt darin, dich unter den Gehorsam gegenüber Gottes Gesetzen zu zwingen, die eindeutig und unveränderbar sind. Wir haben den freien Willen, ihnen zu gehorchen oder nicht. Gehorsam führt zu Harmonie, Ungehorsam zu vermehrten Problemen.

Ebenso entstehen Probleme innerhalb einer Gesellschaft, wenn diese aus der Harmonie gerät. Kollektive Probleme. Ihr Sinn ist es, die ganze Gesellschaft zur Harmonie zu führen. Die einzelnen Menschen können entdecken, daß sie nicht nur durch das Lösen der eigenen Probleme lernen und sich entwickeln, sondern durch das gemeinschaftliche Lösen von Problemen. Ich sage oft, mir sind die persönlichen Probleme ausgegangen, dann taucht aber immer wieder einmal ein kleines Problem irgendwo auf. Aber ich erkenne es kaum als Problem an, da es so unbedeutend scheint. Eigentlich will ich nun all mein Lernen und Entwickeln durch die Hilfe beim Lösen gemeinsamer Probleme erreichen.

Es gab eine Zeit, in der ich es als lästig empfand, wenn ein Problem auftauchte. Ich versuchte, es gleich wieder loszuwerden. Ich versuchte, jemand anderen dazu zu bringen, es für mich zu lösen. Aber das ist lange her. Es war ein großer Tag in meinem Leben, als ich den wunderbaren Sinn von Problemen entdeckte. Ja, sie haben einen wunderbaren Sinn.

Es gibt Leute, die sehnen sich nach einem problemlosen Leben, aber ich wünsche das keinem von euch. Was ich euch wünsche ist die große innere Stärke, eure Probleme sinnvoll zu lösen und daran zu wachsen. Probleme sind Lern- und Entwicklungserfahrungen. Ein Leben ohne Probleme wäre eine unfruchtbare Existenz, ohne die Möglichkeit zu spiritueller Entwicklung.

Einmal traf ich eine Frau, die eigentlich keine Probleme hatte. Ich war im Spätprogramm einer Radiosendung in New York. Diese Frau rief beim Rundfunk an und wollte, daß ich zu ihr nach Hause käme. Ich hatte vorgehabt, die Nacht im Busbahnhof zu verbringen, so sagte ich zu. Sie schickte mir ihren Chauffeur, und ich fand mich im Hause eines Millionärs, im Gespräch mit einer Frau mittleren Alters, die wie ein Kind schien. Sie war so unreif, und ich wunderte mich über ihre Unreife, bis ich erkannte, daß diese Frau durch ein Team von Dienern und Anwälten von allen Problemen abgeschirmt worden war. Sie hatte das Leben nie richtig angepackt. Sie hatte keine Probleme gehabt, an denen sie hätte wachsen können, und ist deshalb auch nicht gewachsen. Probleme sind Segnungen in Verkleidung!

Würde ich die Probleme anderer lösen, so würden diese in ihrer Entwicklung stehenbleiben; sie würden niemals wachsen. Es wäre eine große Ungerechtigkeit ihnen gegenüber. Meine Methode ist es, mit Anregungen, nicht mit Handlungen, zu helfen. Wenn ich anderen helfe, so tue ich das, indem ich sie dazu anrege, ihre Probleme selbst zu lösen. Wenn man einem Menschen zu essen gibt, so nährt man ihn für einen Tag. Wenn man aber einen Menschen lehrt, wie man Nahrung anbaut, so nährt man ihn für sein ganzes Leben.

Nur wenn wir Probleme richtig lösen, können wir spirituell wachsen. Uns wird keine Last auferlegt, die wir nicht tragen können. Wenn einem ein großes Problem vorgesetzt wird, so zeigt das nur, daß man die große innere Stärke hat, ein großes Problem zu lösen. Es gibt nichts, durch das man sich entmutigen lassen sollte, denn Schwierigkeiten sind Gelegenheiten zu innerem Wachstum, und je größer die Schwierigkeit, desto größer die Möglichkeit zu wachsen.

Materielle Probleme kommen oft, um uns zu erinnern, daß wir unsere Konzentration auf spirituelle anstatt auf materielle Dinge richten sollten. Manchmal kommen körperliche Probleme, um uns zu zeigen, daß der Körper nur ein vorübergehendes Gewand ist, die Wirklichkeit aber die unzerstörbare Essenz, die den Körper aktiviert. Aber wenn wir sagen können: „Danke, Gott, für Probleme, die zu unserem spirituellem Wachstum gesandt sind", dann sind sie keine Probleme mehr. Dann werden sie zu Chancen für uns.

Ich will eine Geschichte erzählen von einer Frau, die ein persönliches Problem hatte. Sie litt ständig unter Rückenschmerzen. Ich sehe sie immer noch vor mir, wie sie die Kopfkissen hinter ihrem

Rücken zurechtlegt, um ihre Schmerzen zu lindern. Sie war sehr verbittert darüber. Ich sprach mit ihr über den wunderbaren Sinn, den Probleme in unserem Leben haben, und ich versuchte sie anzuregen, über Gott statt über ihre Probleme nachzudenken. Ich muß damit ein wenig Erfolg gehabt haben, denn eines nachts, nachdem sie zu Bett gegangen war, begann sie, über Gott nachzudenken.

„Für Gott bin ich kleines Staubkorn so wichtig, daß er mir genau die richtigen Probleme schickt, an denen ich wachsen kann", begann sie. Sie wandte sich an Gott und sagte: „Oh, lieber Gott, danke für diesen Schmerz, der mich dir näherbringen mag." Dann war der Schmerz vorbei und kam nie wieder. Vielleicht ist das der Sinn der Redensart: *„In allen Dingen sei dankbar."* Vielleicht sollten wir öfter ein Gebet der Dankbarkeit für unsere Probleme zu Gott schicken.

Gebet ist eine Konzentration positiver Gedanken.

Viele alltägliche Probleme werden durch eine falsche Einstellung verursacht. Die Menschen sehen sich als das Zentrum des Universums und beurteilen alles in Beziehung auf sich selbst. Es ist ganz natürlich, daß man so nicht glücklich sein kann. Man kann nur glücklich sein, wenn man die Dinge aus der richtigen Perspektive sieht: Alle Menschen sind in Gottes Augen gleich wichtig und haben eine Aufgabe im göttlichen Plan.

Ich will einen Fall erzählen von einer Frau, die Schwierigkeiten hatte, ihre Aufgabe im göttlichen Plan herauszufinden. Sie war Anfang vierzig, alleinstehend und mußte sich ihren Lebensunterhalt verdienen. Sie haßte ihre Arbeit so sehr, daß sie krank davon wurde. Zuerst einmal ging sie zu einem Psychiater, der ihr sagte, er wolle sie an ihre Arbeit anpassen. Nach einiger Anpassungsarbeit ging sie wieder zur Arbeit. Aber sie haßte ihre Arbeit noch immer. Wieder wurde sie krank und kam dann zu mir. Ich fragte sie, zu was sie sich berufen fühlte, und sie sagte: „Ich bin zu nichts berufen."

Das stimmte nicht. Was sie meinte, war, daß sie nicht wußte, zu was sie berufen war. So fragte ich sie, was sie *gerne* tue, denn wenn man zu etwas berufen ist, so macht man das mit solcher Leichtigkeit und Freude, wie ich sie auf meiner Pilgerreise habe. Ich fand drei Dinge heraus, die sie gerne tat. Sie spielte gerne Klavier, aber sie war nicht gut genug, um damit ihren Lebensunterhalt zu verdienen. Sie schwamm gerne, war aber nicht gut genug, um als Schwimmlehrerin zu arbeiten, und sie arbeitete gerne mit Blumen. So besorgte ich ihr eine Arbeit in einem Blumenladen, und sie konnte sich ihren Lebensunterhalt durch den Umgang mit Blumen verdienen. Sie war glücklich dabei. Sie sagte, sie würde diese Arbeit auch umsonst tun. Aber wir bezogen auch die anderen Dinge mit ein. Man muß sich vor Augen halten, daß sie mehr brauchte als nur ihren Lebensunterhalt. Schwimmen wurde ihre körperliche Betätigung. Es paßt zu vernünftigen Lebensgewohnheiten. Klavierspielen wurde ihr Weg des Dienens. Sie ging in ein Altersheim und spielte die alten Lieder für die Leute dort. Sie brachte sie zum Singen und konnte wirklich gut mit ihnen umgehen. Aus diesen drei Dingen konnte sich diese Frau so ein schönes Leben aufbauen. Sie wurde eine sehr attraktive Frau und heiratete ungefähr ein Jahr später. Sie behielt ihre Lebensweise bei und blieb gesund.

Ich kannte eine andere Frau, die an ihr Zimmer gefesselt war und da schon eine ganze Zeit lang zugebracht hatte. Ich besuchte sie und konnte aus den Falten in ihrem Gesicht und ihrer Angespanntheit gleich erkennen, daß ihre Krankheit überhaupt nicht körperlicher Art war. Ich hatte wohl kaum länger als fünf Minuten mit ihr gesprochen, als sie mir ausführlich erzählte, wie gemein ihre Schwester sie behandelt hatte. Aus der Art, wie sie es erzählte, erkannte ich, daß sie diese Geschichte wieder und wieder erzählt hatte, und daß ihre Gedanken ganz von Bitterkeit gegen ihre Schwester erfüllt waren. Ich erklärte ihr, daß, wenn sie verzeihen, um Verzeihung bitten und Frieden mit ihrer Schwester schließen würde, sie dann eine Verbesserung ihres Gesundheitszustandes erwarten könne. „Huch!" sagte sie, „Lieber würde ich sterben. Du hast keine Ahnung, wie gemein sie war." So zog sich die Situation eine Weile hin.

Aber eines frühen Morgens in der Dämmerung schrieb diese Frau einen wunderschönen und inspirierten Brief an ihre Schwester, den sie mir zeigte. (Es liegt etwas ganz Wunderbares in der Morgendämmerung. Sonnenuntergang ist auch gut, nur ist da jeder wach und die Menschen sind in Eile und rennen umher. In der

Morgendämmerung sind die Bewegungen langsamer, die meisten Menschen schlafen, und sie sind viel mehr in Harmonie, wenn sie schlafen. So ist die Morgendämmerung oft eine gute Zeit für spirituelle Dinge.) Ich ging sofort in die Stadt und gab den Brief auf, bevor sie ihre Meinung ändern konnte. Als ich zurückkam, *hatte* sie ihre Meinung geändert – da war es gut, daß ich den Brief schon aufgegeben hatte! Sie sorgte sich ein bißchen, aber mit der nächsten Post kam ein Brief von ihrer Schwester, und diese war so froh, daß es eine Aussöhnung geben sollte. Am gleichen Tag, an dem der Brief von ihrer Schwester ankam, stand die Frau vom Bett auf und ging umher, und das letzte, was ich von ihr sah, war, wie sie glücklich losfuhr, um sich mit ihrer Schwester zur Versöhnung zu treffen.

Es ist etwas an dem alten Wort, daß Haß den Hassenden verletzt, nicht den Gehassten.

Manche Menschen verwenden viel weniger Zeit auf die Suche nach einem Lebenspartner, als auf das Aussuchen eines Autos. Sie schlittern in diese Beziehungen einfach so hinein.

Niemand sollte eine Familie gründen, wenn er dazu nicht so sehr berufen wird, wie ich zu meiner Pilgerreise; sonst gibt es eine Tragödie. Ich erinnere mich an eine Frau, die mit ihrem Mann überhaupt nicht zurechtkam, und ich sah, daß sie keinerlei Gemeinsamkeiten hatten. Schließlich fragte ich sie: „Warum in aller Welt hast du diesen Mann eigentlich geheiratet?" Sie antwortete: „Alle meine Freundinnen heirateten damals, und er war das Beste, was ich zu der Zeit kriegen konnte." Das passiert ständig. Wollt ihr wissen warum es so viele Scheidungen gibt? Die Menschen gründen Familien, ohne dazu berufen zu sein.

Emotionelle Bindungen können schrecklich sein. Wenn ich mit Menschen arbeitete, die in Problemen steckten, so waren das oft Probleme mit Gefühlsbindungen, die offenbar gebrochen werden mußten. Da war ein sechzehnjähriges Mädchen. Nun ist sie wahrscheinlich glücklich mit einem anderen verheiratet. Ich sage immer, die Zeit heilt alle Wunden, aber damals dachte sie, es bräche ihr das Herz, weil ihr Freund eine andere geheiratet hatte. Obwohl sie eine schwere Zeit durchstehen mußte, konnte sie nach einiger Zeit von einer philosophischen Warte darauf zurückblicken. Es braucht wirklich Zeit. Tatsächlich erholen sich Menschen oft schneller vom Tod eines geliebten Partners als davon, daß er sie verlassen hat.

ÜBER DIE GEWOHNHEIT, SICH ZU SORGEN

Lebe diesen Tag! Das Gestern ist nur ein Traum, und das Morgen ist nur eine Vision, aber wenn man das Heute gut lebt, wird jedes Gestern zu einem Traum von Glückseligkeit und jedes Morgen eine Vision der Hoffnung. Quäle dich niemals mit der Vergangenheit und sorge dich nicht um die Zukunft. Lebe diesen Tag, und lebe ihn gut.

Sorge ist eine Gewohnheit. Sie ist etwas, an dem man arbeiten kann. Ich nenne es *Loslassen* der Gewohnheit, sich zu sorgen. Es gibt Techniken, die dabei helfen. Immer wieder unterhalte ich mich mit den großartigsten Menschen in der Kirchengemeinde und merke, daß sie sich immer noch sorgen. Das ist eine totale Verschwendung von Zeit und Energie. Wenn man ein Mensch ist, der betet, der gläubig betet, dann bringt man sofort und ganz automatisch alles, um was man sich sorgt, im Gebet vor Gott und legt es in Gottes Hände – die bestmöglichen Hände. Das ist eine ausgezeichnete Technik. Am Anfang mag es sein, daß man es einige Male an Gott zurückgeben muß, bis man die Gewohnheit entwickelt (wie ich es getan habe), in jeder Situation sein Bestmöglichstes zu geben, und dann den Rest vertrauensvoll Gottes Hand zu überlassen.

Wie oft sorgt man sich um den gegenwärtigen Augenblick? Die Gegenwart ist gewöhnlich in Ordnung. Wenn man sich sorgt, so quält man sich entweder mit der Vergangenheit, die man schon längst hätte vergessen sollen, oder man ängstigt sich um die Zukunft, die noch nicht einmal da ist. Wir nehmen den gegenwärtigen Augenblick oft nur flüchtig wahr, obwohl er der einzige Augenblick ist, den Gott uns zu leben gibt. Wenn man den gegenwärtigen Augenblick nicht lebt, so wird man überhaupt nie zum Leben kommen. Wenn man aber den gegenwärtigen Augenblick lebt, so wird man sich auch nicht sorgen. Für mich ist jeder Augenblick eine neue und wundervolle Gelegenheit zu dienen.

ÜBER DIE GEWOHNHEIT, SICH ZU ÄRGERN

Ich will hier noch einige andere Gewohnheiten nennen. Eine davon ist die Gewohnheit, sich zu ärgern. Mit dem Ärger ist eine gewaltige Energie verbunden. Manchmal wird sie Ärgerenergie genannt. Unterdrücke sie nicht. Das würde dich nur innerlich verletzen. Laß sie auch nicht heraus; das würde dich nicht nur innerlich verletzen, es würde auch Wellen in deiner Umgebung schlagen. Was du tun sollst, ist, sie umzuwandeln. Nütze diese gewaltige Energie auf irgendeine Weise konstruktiv für eine Aufgabe, die getan werden muß, oder in einer nützlichen Übung.

Am besten kann ich euch das an einigen Beispielen verdeutlichen. Eine Frau z. B. putzte alle Fenster im Haus, eine andere Frau saugte das ganze Haus, ob es nötig war oder nicht, und eine andere buk Brot – gutes Vollkornbrot. Wieder eine andere setzte sich hin und spielte Piano: zuerst wilde Märsche, dann beruhigte sie sich und spielte sanfte Weisen wie Kirchenlieder und Wiegenlieder, und dann wußte ich, daß es ihr gut ging.

Ein anderer Mann holte seinen handbetriebenen Rasenmäher heraus. Man stelle sich vor, einen Rasenmäher ohne Motor. Vielleicht habt ihr noch nie einen gesehen! Er mähte seinen großen Rasen damit. Ich wohnte im Nachbarhaus. Eines Tages kam er herüber und borgte sich den Motorrasenmäher des Nachbarn. Ich sprach mit ihm darüber, und er sagte; „Ohne die Ärgerenergie könnte ich diesen großen Rasen nie mit einem handbetriebenen Rasenmäher mähen." Da sieht man, was für eine enorme Energie das ist.

Dann war da dieser Mann, der seine Ehe rettete. Er hatte so üble Launen, daß seine junge Frau drauf und dran war, ihn zu verlassen und ihre zwei kleinen Kinder mitzunehmen. Er sagte: „Ich werde etwas dagegen tun!" Und das tat er. Wann immer er einen Wutanfall kommen fühlte, ging er joggen, statt alle möglichen Ge-

genstände im Haus herumzuschmeißen, wie es früher seine Gewohnheit gewesen war. Immer um den Block herum, bis er ganz außer Atem und die Energie draußen war – und er rettete seine Ehe. Es funktionierte. Jahre später sah ich ihn wieder, und ich fragte ihn: „Gehst Du immer noch joggen?" „Oh, ein bißchen, zur Übung," sagte er, „aber ich hatte seit Jahren keinen Wutanfall mehr." Wenn man diese Energie konstruktiv nutzt, so verliert man die Gewohnheit, sich zu ärgern.

Diese Techniken haben auch bei Kindern funktioniert. Ich erinnere mich an einen zehnjährigen Jungen. Ich versuchte, seiner Mutter zu helfen, weil sie eine schreckliche Zeit mit ihm durchmachte. Er hatte Wutanfälle, und einmal als er keinen Wutanfall hatte, fragte ich ihn: „Was braucht von allen Dingen, die Du kennst, die meiste Energie?" Und er sagte: „Ich schätze, wenn man auf den Hügel hinter unserem Haus hinaufrennt." So fanden wir eine wunderbare Lösung. Jedesmal wenn seine Mutter Anzeichen eines Wutanfalls sah, schob sie ihn zur Tür hinaus und sagte: „Geh, und renn den Hügel hinauf." Das funktionierte so gut, daß ich einer Lehrerin, die mir von einem ähnlichen Problem mit einem ihrer Jungen erzählte, vorschlug, ihn ums Schulhaus laufen zu lassen, und auch das funktionierte.

Nun will ich noch von einem anderen Paar erzählen. Sie wurden zur gleichen Zeit wütend, und sie beschlossen, um den Block zu laufen. Einer so herum, der andere anders herum, so trafen sie sich in kurzen Zeitabständen immer wieder. Sobald sie sich freundschaftlich begegnen konnten, gingen sie zusammen nach Hause und besprachen, was die Ursache ihres Ärgers gewesen war, und was sie tun konnten, um dem für die Zukunft abzuhelfen. Dieses Verhalten war sehr weise. Sprich nie zu jemandem, der eine Wut hat, weil dieser Mensch dann irrational reagiert.

Ich will noch eine Geschichte von einer jungen Mutter erzählen. Sie hat drei Kinder, die noch nicht zur Schule gehen, und sie sagte: „Wenn ich wütend werde, möchte ich am liebsten loslaufen, aber ich kann nicht. Ich kann meine drei kleinen Kinder nicht allein lassen, und gewöhnlich lasse ich es dann an ihnen aus." Ich fragte sie: „Haben Sie je versucht, auf der Stelle zu laufen?" Ich konnte sie deutlich vor mir sehen, wie sie auf der Stelle rannte. Sie schrieb mir: „Peace, es klappt wunderbar. Ich werde nicht nur meine Ärgerenergie los, es bringt auch meine Kinder zum Lachen!"

ÜBER DIE GEWOHNHEIT, SICH ZU FÜRCHTEN

Angst ist ebenfalls eine Gewohnheit. Angst kann gelehrt werden, und sie wird ständig gelehrt. Auf diese Weise wird Angst verewigt.

Nun, ich habe nicht die geringste Angst. Gott ist immer mit mir. Aber ich hatte eine Freundin, die vor Menschen einer bestimmten ethnischen Gruppe Angst hatte. Ihr Mann wurde auf eine andere Arbeitsstelle versetzt, und sie mußte nun unter diesen Leuten leben, vor denen sie immer Angst gehabt hatte. Ich ging mit ihr das Problem an und machte sie zuerst mit der Musik dieser Leute vertraut, weil sie Musikerin war. Dann fand ich eine Frau aus dieser Gruppe, die zwei Kinder hatte, die ungefähr im gleichen Alter waren wie die zwei Kinder meiner Freundin, und wir besuchten sie. Die zwei kleinen Jungen rannten zusammen weg, und die zwei kleinen Mädchen ebenso, und dann waren wir an der Reihe, einander kennenzulernen. Natürlich wurden sie schnell Freunde. Ich erinnere mich, wie einer des anderen Kirche besuchte. Das war schön. An einem Sonntag gingen sie beide in die eine Kirche, am anderen Sonntag gingen sie beide in die andere Kirche. Es war sehr interessant zu sehen, daß sie durch ihr gegenseitiges Kennenlernen entdeckten, daß ihre Ähnlichkeiten viel größer waren als ihre Unterschiede. Nachdem sie einander kennengelernt hatten, lernten sie einander zu lieben.

Ich kannte eine Frau, die war Englischlehrerin in einem College. Sobald das leiseste Rollen eines Donners in der Ferne zu hören war, wurde sie hysterisch. Als sie ein kleines Kind war, rannte ihre Mutter bei jedem Gewitter los und kroch unter das Bett, und natürlich krochen die Kleinen hinterher. Ihre Mutter hatte sie gelehrt, das Gewitter zu fürchten – durch ihr Beispiel. Das ist die Art und Weise, wie Kinder lernen.

Nahezu jede Angst ist die Angst vor dem Unbekannten. Wie kann dem also abgeholfen werden? *Man muß das, wovor man Angst hat, kennenlernen.* Wir mußten erst alle Sicherheitsregeln lernen, bevor wir uns mit dem Gewitter vertraut machen konnten. Aber es hat funktioniert.

Ich will noch eine andere Geschichte über Angst erzählen. Ich habe von Frauen gehört, die Angst vor Mäusen haben, und ich habe persönlich Frauen und Männer gekannt, die Angst vor Hunden hatten. Aber diese Frau hatte Angst vor Katzen. Ich spreche nicht über Wildkatzen – ich meine ganz gewöhnliche Hauskatzen. Nun, es gab einige Katzen in ihrer Nachbarschaft. Alle ihre Freunde hielten sich Katzen. Jedesmal, wenn sie einer Katze begegnete, schrie sie, rannte los und wurde hysterisch. Sie erzählte mir, wie sie bei jeder Katze, der sie begegnete, dachte, sie würde ihr gleich an die Kehle springen. Ein Psychologe würde nun wohl sagen: „Als Baby wurde sie von einer Katze erschreckt; das hat sie jetzt vergessen, aber es ist noch in ihrem Unterbewußtsein." Das mag stimmen. Aber es spielt keine Rolle. Ich sagte: „Wenn Du Deine Angst vor Katzen verlieren willst, so mußt Du mit einer Katze vertraut werden." „Oh nein!" erwiderte sie. Ich sagte: „Nun, hast Du Angst vor einem kleinen Kätzchen?" „Nicht, wenn es klein genug ist", sagte sie. So borgte ich mir ein süßes kleines Kätzchen. Man sagte mir, ich könnte es mir entweder ausleihen oder es auch behalten. Ich brachte es zu ihr und fragte: „Hast Du vor dem Angst?" „Oh, nicht vor so einem kleinen Ding", sagte sie. „Gut", antwortete ich, „nun mußt Du damit vertraut werden. Du mußt es füttern, damit spielen." Natürlich kennt ihr das Ende der Geschichte. Aus dem Kätzchen wurde eine Katze, aber bis dahin hatte sie es so gern, daß sie es nicht mehr hergeben wollte.

Einige Ängste haben ihren Ursprung in Erfahrungen aus einem früheren Leben. Das letzte Problem, das ich geschildert habe, kann solch einen Ursprung gehabt haben. Damit muß man in der gleichen Weise umgehen. Lerne das kennen, wovor Du Angst hast.

Es gibt einige wenige Fälle, wo man ein bißchen anders an die Sache herangehen muß. Ich will von einem Fall erzählen, wo wir uns allmählich an die Sache herantasteten. Diese Frau hatte Angst davor, in einem kleinen Zimmer zu schlafen; sie konnte in einen kleinen Raum hineingehen, aber sie konnte nicht darin schlafen. Diese Angst hatte ihren Ursprung in einer Erfahrung in einem früheren Leben. Sie kam an meinen Arbeitsplatz und bat mich um Hilfe. Wir stellten ihr ein Feldbett in die Ecke der Bibliothek; das war ein sehr großer Raum. Sie fürchtete sich sogar hier, allein zu schlafen, so stellte ich noch ein Feldbett auf und schlief in der ersten Nacht bei ihr. Als sie dann gelernt hatte, wenigstens allein in der Bibliothek zu schlafen, stellten wir das Feldbett in das Eßzimmer, den nächstkleineren Raum. In der ersten Nacht schlief ich in ihrer Nähe. Allmählich lernte sie dann, allein zu schlafen. Dann versuchten wir es mit dem größten Schlafzimmer, das wir hatten, usw. bis sie zu dem Punkt kam, wo sie in einem kleinen Schlafzimmer schlafen konnte.

Diese schrittweise Methode muß man nicht unbedingt anwenden. Wir wählten sie, weil es einige Arten von Angst gibt, mit denen man besser auf diese Art fertig wird. Dazu gehört auch die Höhenangst, auch sie kann aus einer früheren Erfahrung stammen. Laß dir sagen, daß auch junge, kraftvolle Menschen Höhenangst haben können.

Wenn ich mit Menschen zu tun hatte, die sich vor der Höhe fürchteten, so nahm ich sie mit zu einer Höhe, wo sie sich noch wohl fühlten, aber nicht mehr höher gehen wollten. Da blieb ich dann mit ihnen für eine Weile. Ich ließ sie dort mit einem Buch, mit etwas, womit sie sich beschäftigen konnten, solange sie sich in dieser Höhe aufhielten. Am nächsten Tag gingen wir sofort bis zu dieser Höhe und dann noch ein bißchen höher. Schließlich erreichten sie den Gipfel, vertraut mit der Höhe, und hatten keine Angst mehr davor.

Ich bin gefragt worden, ob eine gewisse Portion Angst nicht gesund wäre. Ich glaube nicht, daß es irgendein Maß von Angst gibt, das gesund wäre. Außer ihr meint die Angst, die man beim Überqueren der Straße hat, wobei man nach links und rechts schaut, bevor man sie überquert. Ich meine, wir sind verpflichtet, alles Notwendige für uns zu tun, und daher schaue ich immer erst links und rechts, ehe ich eine Straße überquere. Aber ich meine nicht, daß das Angst ist. Das ist einfach Vernunft. Ich kann das überhaupt nicht mit Angst verbinden. Wenn ich z. B. weiß, daß auf einem glatten Felsen kleine Kieselsteine verstreut liegen und ich leicht ausrutschen könnte, wenn ich auf diese kleinen Steine trete, so passe ich eben auf, daß ich nicht darauftrete. Ich habe keine Angst, es ist einfach eine vernünftige Handlungsweise.

ÜBER GÖTTLICHEN SCHUTZ

Kürzlich, als ich eine Gruppe von Leuten auf einer Bildungs- und Inspirationsreise auf vier Inseln von Hawai führte, warnte uns ein Polizist davor, am Strand zu schlafen. Anscheinend war auf dem Strand ein Mord vorgekommen. Ich war sehr betroffen, wieviel Angst auf diesen schönen Inseln verbreitet wird. Ich hatte keine Angst. Eine Teilnehmerin aus der Gruppe versuchte, mich auf die Gefahren am Strand hinzuweisen. Ich sagte zu ihr: „Wir stehen alle unter dem Schutz meines Schutzengels"; und auf keinem Strand hatten wir auch nur den geringsten Vorfall.

Eines Abends waren wir als einzige Amerikaner auf dem Strand. Die anderen waren sehr nett. Einige Leute kamen zu uns und einer sagte: „Vor ein paar Jahren habe ich Sie im Fernsehen gesehen." Es muß vor fünf Jahren gewesen sein, bei meinem ersten Besuch auf den Inseln. Sie baten mich sogar um Autogramme! Ich glaube, wir sollten nicht ängstlich sein. Ich glaube, daß Ängstlichkeit nichts bewirkt außer Anziehung. *„Das, was ich fürchtete, kam über mich."* Ich fühlte mich vollkommen sicher auf dem Strand, und ich hatte das Gefühl, daß meine ganze Gruppe beschützt sei, und so war es auch.

Ich fühle mich ganz deutlich beschützt. Zweimal verspürte ich den Drang, aus Wagen, in denen ich mitgenommen wurde, auszusteigen und einmal erfuhr ich auch später warum. Ich bin nicht ausgestiegen, als ich mit zwei Studenten die „Weinstraße" nach Los Angeles hinunterfuhr. Sie probierten aus, wie schnell es ihr alter Chevy den Berg hinunter schaffte. Ich saß hinten und hatte überhaupt keine Angst.

Aber einmal fuhr ich mit einem Mann, der Whisky trank, und ich bot ihm an, für ihn zu fahren. Ich zeigte ihm meinen Führerschein, aber er wollte mich nicht fahren lassen und so bat ich ihn, mich an der nächsten Kreuzung aussteigen zu lassen. Dann nahm mich ein kleiner Lastwagen mit, und wir waren kaum fünf Meilen gefahren, als wir das andere Auto sahen. Es war einen Abhang hinuntergestürzt und seitlich auf eine Pappel geprallt. Auf der Seite, wo ich gesessen hatte, war die Scheibe zerbrochen und das Dach eingedrückt. So sah ich sofort, warum ich den Drang gespürt hatte, auszusteigen. Der Fahrer war nicht schlimm verletzt. Er hatte einige Schnittwunden, aber keine schwere Verletzung.

Ein anderes Mal habe ich den Ausgang nicht gesehen, aber ich fühlte den Drang auszusteigen. Dieser Mann fuhr tollkühn. Er überfuhr die doppelte Mittellinie und überholte, wenn er überhaupt nichts sehen konnte. So stieg ich aus. Dann fuhr ich mit einem Mann, der an der Kreuzung Richtung Osten abbog, deshalb erfuhr ich nie, was mit dem anderen Auto passierte. Ich weiß es nicht. Ich hoffe, es ist nichts passiert.

So ist ein gewisses Maß an Vorsicht gut, wie eben nach links und rechts zu schauen, bevor man eine Straße überquert, aber sicherlich nicht die Art närrischer Angst, an der viele Menschen leiden. Seht, wenn man Angst hat – sagen wir, vor dem Schlafen auf dem Strand – dann muß man auch ständig Angst haben, im eigenen Haus zu schlafen. Wieviele Menschen werden zu Hause umgebracht. Oder wenn man in einem Hotelzimmer schläft. Wieviele Menschen werden in einem Hotelzimmer umgebracht. Das kann zu lächerlichen Verhaltensweisen führen.

Ich habe das Gefühl vollkommenen Schutzes. Wenn ich mich auch nur im geringsten so gefühlt hätte, wie in jenen zwei Autos, dann hätte ich die ganze Gruppe vom Strand weggeführt. Aber ich fühlte vollkommene Sicherheit; ich hatte nicht die geringsten Bedenken. Ich wußte, wir waren vollkommen sicher, wenn wir auf dem Strand blieben.

Es gibt viele Dinge, die wir nicht ganz verstehen. Wir wissen einfach, daß es sie gibt. Ich wurde z. B. vor einigen Unfällen bewahrt, wo ich mich hätte verletzen können. Ich ging einmal einen Feldweg entlang, den ich als sehr eng in Erinnerung hatte. Die Zweige der Bäume berührten sich über dem Weg. Ich konnte nicht richtig sehen, wohin ich ging, aber ich kannte diesen Feldweg von früher; und ich konnte Licht am Ende des Tunnels erkennen. Ich ging sehr schnell, als etwas, das ich nur als eine Kraft bezeichnen kann, mich anhielt. Ich will damit sagen, es war stark genug, mich anzuhalten. Dann tastete ich mich sehr behutsam vor, um zu sehen, was in aller Welt los war – und da war ein Stacheldraht über den Weg gespannt. Der Weidezaun am Ende des Feldweges wurde gerade repariert, was ich nicht wußte, und man hatte diesen Stacheldraht über den Weg gespannt, damit das Vieh nicht davonlief. Ich wäre geradewegs in den Stacheldraht gelaufen, wenn ich nicht zurückgehalten worden wäre. Wir haben viel mehr Schutz, als wir wahrnehmen.

Der bemerkenswerteste Vorfall dieser Art ereignete sich, als ich einmal am Steuer saß. Heute habe ich meinen Führerschein abgegeben, aber in der Zeit, in der ich noch fuhr, war ich eine gute, sichere Fahrerin, und das Auto war immer unter meiner Kontrolle. Damals fuhr ich mit einem fremden Auto auf einer Straße, die noch nicht fertiggestellt war. Am Ende einer Gefällestrecke stand eine Verkehrsampel, an der man nur rechts oder links fahren konnte. Autos bogen in beiden Richtungen ab und kamen auch die Straße herauf, die ich hinunterkam. Natürlich ging ich mit dem Fuß auf die Bremse, als ich die rote Ampel sah, aber ich hatte keine Bremse! Ich griff nach der Handbremse. Aber da war keine. Ich dachte, wenn ich den Rückwärtsgang einlegen könnte, müßte ich den Wagen zum Stehen bringen, auch wenn es ihn zerreißen würde. Ich versuchte es, aber es ging nicht. Vor mir sah ich einen Kombiwagen mit zwei kleinen Kindern, die durchs Rückfenster sahen. Ich *mußte* das Auto zum Stehen bringen! Ich konnte nicht nach links ausscheren – da war eine Felswand – und Autos fuhren schnell und dicht die Straße hoch. Rechts war eine Felswand mit einem Graben, und mein kleiner beschränkter Verstand sagte mir: „Fahr in den Graben, seitlich an der Felsmauer entlang. Das wird das Auto zum Stehen bringen. Es wird das Auto aufreißen, aber es wird zum Stehen kommen." *Ich war einfach nicht in der Lage, es zu tun.* Das war das einzige Mal in meinem Leben, daß mir ein Auto aus der Kontrolle geriet. Das Auto bog nach links ab, fuhr zwischen zwei Autos durch und einen kleinen Feldweg einen Hang hinauf, was das Auto natürlich zum Stehen brachte. Ich wußte nichts von diesem Feldweg. Ich hätte ihn unmöglich sehen können.

Seht ihr, solch erstaunliche Dinge sind mir zugestoßen. Jetzt könnt ihr verstehen, warum ich mich vollkommen geschützt fühle. Dieser Schutz erstreckt sich sogar auf alle Gruppen, mit denen ich zusammen bin.

EINE HILFREICHE MEDITATION

Ich möchte gerne diese kleine Meditation mit dir teilen. Zunächst einmal, stimmen wir darin überein, daß Gottes Schutz uns umgibt? Wisse, daß du Gottes wunderbares Kind bist, immer in Gottes Händen. Nimm Gott an ... vertraue dich seinem Schutz an ... es gibt wirklich nichts zu fürchten. Wisse, daß du nicht das irdene Gewand bist. Wisse, daß du nicht die selbst-zentrierte Natur bist, die dein Leben unnötigerweise beherrscht. Wisse, daß du die auf Gott ausgerichtete Natur bist. Das Königreich Gottes ist in dir, der Innewohnende Christus. Ewig und unzerstörbar. Tauche in dein wirkliches Selbst ein.

Friede ... sei ruhig ... und wisse ... ich bin Gott.
Friede ... sei ruhig ... und wisse ... ich bin.
Friede ... sei ruhig ... und wisse.
Friede ... sei ruhig.
Friede ... sei.
Friede ...
   Friede ...
   Friede.

Und nun, laßt uns in dem Wissen, daß wir vollkommene Kinder Gottes sind, ewig und unzerstörbar, jeder seinen eigenen Weg in Liebe gehen, aber immer im Geiste zusammenbleiben. Gott segne euch und gebe euch Frieden.

DIE PRAXIS DES
SPIRITUELLEN LEBENS

Am Anfang unternahm ich meine Reise nicht nur, um mit Menschen in Kontakt zu kommen, sondern sie war für mich eine Gebetsübung, damit ich mich ohne Unterbrechung auf mein Gebet für den Frieden konzentrieren konnte. Ich hatte noch nicht gelernt, ohne Unterbrechung zu beten. Auch fastete und betete ich einmal fünfundvierzig Tage lang als Gebetsübung.

Nach den ersten paar Jahren war die Gebetsübung ganz überflüssig, weil ich gelernt hatte, *ohne Unterlaß zu beten.* Inzwischen ist der Kontakt so tief geworden, daß ich irgendwelche Situationen und Personen, um die ich besorgt bin, bloß in mein Gebetsbewußtsein aufnehme, und alles andere ergibt sich dann von selbst.

Manchmal rufe ich mir eine Situation noch einmal ins Bewußtsein zurück, weil ich mich ganz darauf konzentrieren muß. Wenn ein Mensch in sehr großen Schwierigkeiten ist, und dieser Mensch in meine bewußte Gedanken zurückkehrt, so wende ich manchmal die Gebetsform der Visualisierung an, eine Form, die für mich immer ganz natürlich war, aber ich weiß, daß das nicht für jedermann zutrifft. Ich richte mich aus – meine göttliche Natur richtet sich aus – um seine göttliche Natur zu erreichen. Dann ist mir, als hebe ich ihn empor, höher und höher, und ich habe das Gefühl, ihm Gottes Licht zu bringen. Ich versuche, ihn umhüllt von Gottes Licht zu sehen, und schließlich erblicke ich ihn dann mit ausgestreckten Armen, umhüllt von Gottes goldenem Licht. An diesem Punkt überlasse ich ihn Gottes Händen.

In allen Menschen, die ich treffe – wenn auch einige von der egozentrischen Natur beherrscht werden und keine Ahnung von ihren Möglichkeiten haben – sehe ich diesen göttlichen Funken, und darauf konzentriere ich mich. In meinen Augen sind alle Menschen schön; sie sind für mich strahlende Lichter. Ich fühle immer Dankbarkeit für diese schönen Menschen, die mit mir auf Erden wandeln.

Ich will damit sagen, daß mein Gebet einesteils ein Gefühl der Dankbarkeit ist, und natürlich das Gefühl der reinen Liebe für alle Kinder Gottes und seine ganze Schöpfung. Gebet ist eine Konzentration positiver Gedanken.

DER WEG DES GEBETES

Jeden Tag kannst du dir Gottes Licht vor Augen führen und es jemandem schicken, der Hilfe benötigt. Deine göttliche Natur muß sich ausrichten und die göttliche Natur der anderen berühren. In dir ist das Licht der Welt, du mußt es der Welt weitergeben.

Stelle dir ein goldenes Licht in dir vor und sende seine Strahlen aus. Zuerst an jene, die um dich sind – dein Freundeskreis und deine Verwandten – und dann allmählich an die ganze Welt. Stell dir immer vor, daß Gottes goldenes Licht unsere Erde umgibt.

Wenn du ein Problem hast, so bringe die Angelegenheit im Gebet vor Gott, und stelle es dir in Gottes Händen vor. Dann lasse es los, in dem Wissen, daß es in den bestmöglichen Händen ist, und wende deine Aufmerksamkeit anderen Dingen zu.

Das ist nicht die einzige Art und Weise zu beten, aber ich habe entdeckt, daß manchen Menschen, die in sehr großen Schwierigkeiten waren, dieses Gebet der Vorstellung sehr geholfen hat. Später habe ich erfahren, daß es gewirkt hat; deshalb wende ich es gelegentlich an.

Es gibt auch das ständige Gebet der Dankbarkeit – ich bin immerzu dankbar. Die Welt ist so schön, dafür bin ich dankbar. Ich habe grenzenlose Energie, dafür bin ich dankbar. Ich bin an die Quelle der universalen Wahrheit angeschlossen, dafür bin ich dankbar. Ich habe ein ständiges Gefühl der Dankbarkeit, und das ist Gebet.

Wenn man noch lernt, so mag es sicherlich wertvoll sein, beson-

dere Zeiten oder sogar besondere Formen für das Gebet zu wählen
... ich kann das verstehen.

Manchmal bekam ich Briefe, worin ich gebeten wurde: „Peace, könntest Du mit mir um vier Uhr nachmittags oder um neun Uhr abends beten, einer Zeit, die folgender lokaler Zeit für Dich entspricht?" Ich schreibe ihnen: „Ihr müßt das nicht alles für mich ausrechnen – schließt euch an, *wann immer* ihr wollt, und ihr betet mit mir, und ich bete mit euch, denn ich bete ohne Unterlaß."

Beim Beten ohne Unterlaß gibt es kein Ritual, es gibt nicht einmal Worte. Es ist ein Zustand ständigen Bewußtseins der Einheit mit Gott. Es ist die aufrichtige Suche nach dem Guten, und es ist eine Konzentration auf das Gesuchte, in dem Vertrauen, daß man es auch findet. Jedes richtige Gebet hat eine Wirkung, aber wenn man sein ganzes Leben dem Gebet widmet, so vervielfacht man seine Kraft ... Niemand kennt die ganze Kraft des Gebetes genau. Natürlich gibt es einen Zusammenhang zwischen Beten und Tun. *Empfängliches Beten* bewirkt ein inneres Öffnen, das zu richtigem Tun führt.

Ich will eine Geschichte von der Antwort auf ein Gebet erzählen. Einmal wurde ich spät in der Nacht von einem jungen Polizisten aufgelesen, als ich auf einer einsamen Landstraße ging. Ich glaube, er wollte mich in Schutzhaft nehmen. Er sagte zu mir: „Niemand in dieser Stadt würde zu so später Stunde auf dieser Landstraße gehen."

Ich sagte: „Sehen Sie, ich gehe ohne jegliche Angst. Deshalb ziehe ich das Schlechte nicht an. Es heißt: *Das, was man fürchtet, kommt über einen.* Aber ich fürchte nichts und erwarte nur Gutes."

Er sperrte mich trotzdem ein, und ich fand mich in einer Zelle wieder. Der Fußboden war bedeckt mit alten Zeitungen, Zigarettenstummeln und allem möglichem Abfall. Die Unterkunft bestand aus einer einzigen Matratze auf dem Fußboden und vier zerlumpten Decken. Zwei Frauen versuchten zusammen auf dieser einen Matratze zu schlafen. Sie sagten mir, die Nacht vorher hätten acht Frauen in dieser Zelle unter diesen Bedingungen geschlafen. Unter den Gefangenen war im allgemeinen eine recht freundliche Atmosphäre. Sie sagten: „Du wirst zwei Decken brauchen, weil

Du auf dem Fußboden schläfst." So nahm ich eine Zeitung und machte mir einen Platz auf dem Fußboden sauber, dann legte ich eine Decke darauf und die andere Decke über mich und schlief recht bequem.

Es war nicht das erste Mal, daß ich auf einem Zementboden schlief, und auch nicht das letzte Mal. Wenn man entspannt ist, kann man überall schlafen. Als ich am Morgen aufwachte, sah ich einen Mann durch die Gitter starren. Ich fragte ihn: „Wann tritt das Gericht zusammen?" Er antwortete: „Ich weiß nicht." Ich sagte: „Sind Sie denn kein Polizist?" „Nein", entgegnete er, „ich sehe mir nur gern die Mädchen an." Man machte sich in dieser Stadt einen Zeitvertreib daraus. Jeder, der vorbeikam, konnte hereinkommen und sehen, was heute geboten war: „Laßt uns die Mädchen anschauen!"

Eine der Frauen, ich schätzte sie auf etwa vierzig Jahre, war wegen Trunkenheit und ungebührlicher Aufführung festgenommen worden. Es war ihr siebtes Mal, sagte sie mir, deshalb empfand sie es als nicht so schlimm. Aber die andere war ein achtzehnjähriges Mädchen. Sie glaubte, daß wegen dieses Vorfalls ihr ganzes Leben ruiniert sei. Ich sagte: „Bei mir ist es das zweite Mal, und ich denke bestimmt nicht, daß damit mein Leben ruiniert ist!" Ich heiterte sie richtig auf, und wir redeten darüber, was sie nach ihrer Entlassung tun würde. Sie sollte an diesem oder am nächsten Tag entlassen werden.

Dann wurden die Wachen abgelöst. Ich sah keine einzige weibliche Wache. Der neue Wachmann sah mich und sagte: „Was tun Sie denn hier? Ich habe Ihr Bild in der Zeitung gesehen. Ich habe Sie im Rundfunk gehört." Dann ließ man mich einfach gehen.

Aber bevor ich ging, beschaffte ich mir einen Besen von dem Mann, der hier saubermachte, und gab ihn den Mädchen, damit sie ihre Zelle ausfegen konnten. Ich besorgte ihnen auch einen Kamm; ihre Haare waren ganz verfilzt. Sie hausten schon seit einer Woche dort ohne Kamm.

Was ich eigentlich sagen wollte – das achtzehnjährige Mädchen war ein tiefreligiöser Mensch. Sie hatte verzweifelt um Hilfe gebetet. Ich glaube, daß ich in dieser Nacht als Antwort auf ihre Gebete von der Straße aufgelesen und hinter Gitter gebracht wurde.

Das wichtigste am Gebet ist das, was wir *fühlen,* und nicht das, was wir sagen. Wir verbringen zuviel Zeit damit, Gott zu sagen, was unserer Meinung nach getan werden müßte, und nicht genug Zeit, in der Stille abzuwarten, daß Gott uns sagt, was wir tun sollen.

Außer Gottes Gesetzen, die für uns alle gleich sind, gibt es auch Gottes Führung, und die ist für jede menschliche Seele einzigartig. Wenn man nicht weiß, was Gottes Führung in seinem Leben bedeutet, so sollte man versuchen, in empfänglicher Stille zu suchen. Ich wanderte aufmerksam und still durch die schöne Natur. Wundervolle Einsichten empfing ich auf diese Weise, die ich dann in meinem Leben in die Tat umsetzte.

Vielleicht hörst du lieber schöne, erhebende Musik oder liest poetische Worte, über die du dann nachsinnst. Mich hat die Schönheit der Natur immer am meisten inspiriert, und so war das eigentlich die Zeit, in der ich alleine mit Gott war. Es dauerte nicht länger als eine Stunde, wenn überhaupt, doch es gab mir so viel.

Heutzutage erzählen mir die jungen Leute über Atemtechniken und Meditationsübungen, die in manchen Kulturen sicherlich religiöse Praktiken sind. Aber ich sage dann, schaut, was mir meine Zeit alleine mit Gott gibt: Von der Schönheit um mich kommt die Inspiration; meine Aufmerksamkeit in der Stille ist meine Meditation; und mein Wandern ist nicht nur Leibes- sondern auch Atemübung. Vier Dinge auf einmal! Mir ist es wichtig, meine Zeit sehr gut zu nützen. Man kann dann auch nicht zu ungeduldig sein, wenn man vier Dinge auf einmal erledigt.

Unverständige Leute haben manchmal sehr anstrengende Atem- oder Meditationstechniken angewendet, durch die sie innerlich gespalten und in einen unerwünschten Zustand versetzt wurden, statt zu einem spirituellen Bewußtsein aufzusteigen. (Ja, das gab es lange vor den psychodelischen Drogen!) Ich denke immer an die Blütenknospe. Wenn man sie guten Bedingungen aussetzt, so wird sie sich zu einer wunderschönen Blüte entwickeln, aber wenn man ungeduldig ist und versucht, ihre Blätter aufzureißen, so ist das für die Blume eine bleibende Verletzung in diesem irdischen

Leben. Die Blume kann man mit dem irdischen menschlichen Leben vergleichen. Gib dem spirituellen Wachstum die geeigneten Wachstumsbedingungen, und es wird sich in Schönheit entfalten.

Wenn du den Drang zu spiritueller Erhebung verspürst, so geh früh zu Bett und steh früh auf, um eine ruhige Zeit in der Morgendämmerung zu haben. Dann nimm das klare heitere Gefühl, das sich bei dir einstellt, mit in den Tag hinein, was immer du auch tun wirst.

Für jene unter euch, die das spirituelle Leben suchen, schlage ich diese vier täglichen Übungen vor: Verbringe jeden Tag eine gewisse Zeit in aufmerksamer Stille. Wenn du verärgert bist, oder wenn dich irgendein negatives Gefühl plagt, dann nimm dir Zeit, mit Gott alleinzusein. (Sprich nicht mit Leuten, die verärgert sind; sie sind irrational und man kann nicht mit ihnen argumentieren. Wenn einer von euch verärgert ist, so ist es am besten, allein zu sein und zu beten.) Halte dir jeden Tag Gottes Licht vor Augen, und sende es an jemanden, der Hilfe braucht. Trainiere deinen Körper, er ist der Tempel der Seele.

ÜBER DAS FASTEN

Ihr wollt etwas wissen über mein fünfundvierzig Tage langes Beten und Fasten. Es war für mich eine Gebetsübung, um mich ohne Unterlaß auf mein Gebet für den Frieden zu konzentrieren. Das war im zweiten Jahr meiner Pilgerreise, als ich langsam quer durch das Land zurückkam und nicht extrem gewandert bin.

Das Fasten kann eine große spirituelle Bedeutung haben, und obwohl ich den inneren Frieden bereits gefunden hatte, war es vielleicht das Fasten, das mich gelehrt hat, ohne Unterlaß zu beten.

Während ich fastete, hielt ich mich im Hause eines Chiropraktikers auf, der das Fasten als Heilmethode benutzte. Er wollte sehen, wie ein gesunder Mensch auf das Fasten reagiert, denn er hatte noch nie einen gesunden Menschen fasten lassen. Ich redete mit ihm als Freund; er beobachtete mich nur, er untersuchte mich nicht. (Zu meinen Freunden zählen viele Doktoren, auch Ärzte –

aber keiner unter ihnen hat mich je behandelt oder untersucht. Obwohl gelegentlich ein befreundeter Zahnarzt meine alten Löcher ausbessert, die von meinen schlechten Eßgewohnheiten in früheren Tagen herrühren.) Die letzte Mahlzeit vor dem Fasten bestand aus einer Grapefruit und zwei Orangen, so war ich nicht durstig. In den ersten drei Tagen bekam ich weder Essen noch Wasser. Danach nahm ich lauwarmes, destilliertes Wasser zu mir. Sonst nichts. Als ich mein Fasten beendete, war das nichts Ungewöhnliches – es war der reguläre Weg. Am ersten Tag gehörte dazu der Saft einer frisch ausgepreßten Orange zu jeder Stunde. Am zweiten Tag bekam ich alle zwei Stunden den Saft von zwei frisch ausgepreßten Orangen, abwechselnd mit dem Saft einer Grapefruit. Am dritten Tag nahm ich dreimal eine Grapefruit und zwei Orangen zu mir, und danach kam immer etwas mehr dazu, bis ich in einer Woche soweit war, daß ich volle Mahlzeiten essen konnte.

Es gab keinen Unterschied zu den üblichen Fastenmethoden. Ich beachtete die Fastenregeln: keine Überanstrengung. Ich legte keine langen Strecken zurück, machte allerdings kleinere Spaziergänge. Ich schrieb ein bißchen für den Doktor auf der Schreibmaschine. Ich tippte, bis er mir die Schreibmaschine wegnahm, ungefähr einen Monat lang während des Fastens. Er meinte, ich sollte nicht mehr damit arbeiten, so schrieb ich mit der Hand, was eigentlich schwerer war als mit der Maschine. Aber ich versuche aus allem immer das Beste zu machen.

Ich ging nicht ins Wartezimmer, um mich mit seinen Patienten zu unterhalten, so gerne ich es auch getan hätte, weil er nicht wollte, daß ich mich soviel bewegte. Ich traf sie nur gelegentlich, um ihnen zu helfen, fröhlich zu bleiben.

Einmal während meines Fastens – ich weiß noch, daß ich mich in einem Zustand zwischen Wachen und Schlafen befand – schaute ich auf und sah ein düsteres Kreuz über mir. Es hing einfach da, und ich wußte, jemand würde die Last auf sich nehmen müssen. Ich streckte mich aus, um es anzunehmen, da wurde ich sofort über das Kreuz erhoben, wo alles licht und schön war. Alles, was nötig war, war die Bereitschaft, die Last anzunehmen – und dann wurde ich darüber hinweggehoben. Anstelle von Entbehrungen fand ich ein wundervolles Gefühl von Frieden und Freude.

ÜBER DAS HEILEN

Wenn man für andere betet, so muß man sehr darauf achten, daß man für die Beseitigung der Ursache betet, und nicht für die Beseitigung der Symptome. Ein einfaches Heilgebet ist dieses:
„Bring dieses Leben in Harmonie mit dem göttlichen Plan ... möge dieses Leben in Harmonie mit Gottes Willen kommen. Mögest du so leben, daß alle, die dir begegnen, emporgehoben werden, daß alle, die dich segnen, gesegnet werden, daß alle, die dir helfen, größte Zufriedenheit erreichen. Wenn irgend jemand versuchen sollte, dir Schaden zuzufügen, so möge er dein Denken an Gott spüren und geheilt sein."

Übereifrige geistige Heiler sind jene, die an der Beseitigung der Symptome arbeiten, und nicht an der Beseitigung der Ursachen. Wenn man es auf äußere Erscheinungen anlegt, so werden äußere Erscheinungen das Ergebnis sein; aber man gelangt nicht zu Gott. Nehmen wir an, ich bin ein geistiger Heiler, wohne in deiner Nähe, und du bist in dieses Leben gekommen, um mit gewissen körperlichen Symptomen umzugehen, bis du die Ursachen beseitigt hast. Wenn sich das Symptom nun zeigt, so werde ich es entfernen. Danach erscheint das Symptom wieder, und ich werde es wieder beseitigen, und es gelingt mir, dieses Symptom immer wieder zu beseitigen.

Wenn du dann auf die körperlose Seite des Lebens hinüberschreitest, aus einem ganz anderen Grund, so wirst du mich für die Beseitigung der Symptome nicht loben, sondern du wirst sagen: „Diese Unberufene! Ich kam, um ein Problem zu lösen, aber sie hat immer wieder die Symptome beseitigt, und so habe ich es nie gelöst!"

Das meine ich, wenn ich von Menschen spreche, die sich mit der Beseitigung der Symptome begnügen. Wenn sich jemand in das Leben eines anderen einmischt, so wird das nicht nur zu einer ständigen Wiederkehr der Symptome führen, sondern auch zu einer Mitnahme in das nächste Leben. Die meisten Heiler wissen das nicht und arbeiten fröhlich weiter an der Beseitigung der Symptome.

Ich gebe zu, daß ich mich vor langer Zeit, als ich noch nicht wußte, was ich tat, genauso benahm. Wenn ich mich mit Menschen beschäftigte, die Probleme hatten, so tröstete ich sie, indem ich ihnen meine Hände auf Nacken und Stirn legte. Das würde ich heute mit Sicherheit nicht mehr tun. Ich sah nicht, daß ich nur tröstete. Nun schließe ich alle Probleme in meine Gebete ein. Ich lege sie in die bestmöglichen Hände – Gottes Hände, und wende meine Aufmerksamkeit anderen Dingen zu.

DIE MACHT DER GEDANKEN

Bist du ein Sklave deiner selbst-zentrierten Natur, oder beherrscht deine göttliche Natur dein Leben? Weißt du, daß du in jedem Augenblick dein Leben durch Gedanken gestaltest? Du gestaltest deine eigene innere Verfassung; und du hilfst bei der Gestaltung deiner Umwelt.

Die christliche Lehre sagt uns: *„Wie der Mensch in seinem Herzen denkt, so ist er."* Womit ganz deutlich gesagt wird, daß wir unsere Umwelt gestalten. Wenn wir etwas tiefere Einsichten in das Leben hätten, dann könnten wir körperliche Schwierigkeiten als Spiegelbilder der spirituellen Schwierigkeiten erkennen und sehen, daß negative Gedanken und Gefühle viel schädlicher sind als Krankheitskeime.

Wenn du erkennen könntest, wie mächtig deine Gedanken sind, dann würdest du nie einen pessimistischen oder negativen Gedanken denken. Da wir durch Gedanken gestalten, müssen wir uns sehr energisch auf positive Gedanken konzentrieren. Wenn man glaubt, daß man etwas nicht kann, dann kann man es auch wirklich nicht. Aber wenn man glaubt, daß man es kann, dann wird man überrascht feststellen, daß man es tatsächlich kann. Es ist wichtig, daß wir unsere Gedanken ständig auf das bestmöglich Erreichbare in einer Situation lenken – auf das, was wir am liebsten eintreten sähen.

Ich habe einige „New Age"-Leute getroffen, die von der Prophezeiung einer Katastrophe gehört hatten und sich auch darauf konzentrierten. Wie schrecklich! Wir gestalten jeden Augenblick unseres Lebens durch unsere Gedanken, und wir sind auch an der Gestaltung unserer Umwelt beteiligt.

Wenn du irgendeine Prophezeiung von einer Katastrophe hörst, so gibt es dafür einen Grund: Es geschieht, damit du dein ganzes Gewicht positiver Gedanken auf die andere Waagschale wirfst.

Als es z. B. Dutzende von Vorhersagen gab, daß halb Kalifornien durch ein fürchterliches Erdbeben in das Meer abrutschen sollte, richtete ich es bewußt so ein, daß ich mich zu der Zeit in diesem Teil von Kalifornien aufhielt. Da war nicht einmal ein Zittern. Aber ich verpaßte einige meiner Freunde, die an die Ostküste gefahren waren – für alle Fälle.

Erinnerst du dich an die Stelle, wo es heißt, es wird Prophezeiungen geben, und sie werden nicht eintreten? Warum ist das so? Weil jede Prophezeiung nur eine *Tendenz* angibt. Man kann nie den Ausgang der Dinge vorhersagen, weil wir diese Vorhersage jederzeit in eine andere Richtung lenken können, in eine positive Richtung, wenn wir uns gemeinsam darum bemühen.

Jede gute Tat, jedes gute Wort, jeder gute Gedanke, schwingt immer weiter, ohne Ende. Das Böse bleibt nur bis es vom Guten überwunden wird, aber das Gute bleibt ewig.

Konzentriere dich nur darauf, dein Denken, Leben und Tun in Harmonie mit Gottes Gesetzen zu bringen, und andere anzuregen, ebenso zu leben.

Überlege dir bei jeder Begegnung, was du dem Menschen Ermutigendes sagen kannst – ein nettes Wort, ein hilfreicher Ratschlag, ein Ausdruck der Bewunderung. Betrachte niemals eine ernsthafte Anstrengung als fruchtlos. Jede rechte Anstrengung bringt Frucht, ob wir das Ergebnis sehen oder nicht.

Sei eine süße Melodie im großen Orchester, kein Mißklang. Die Medizin, die diese kranke Welt braucht, heißt Liebe. Haß muß durch Liebe, Angst durch den Glauben, daß die Liebe siegen wird, ersetzt werden.

In einem Lied heißt es: *Die Liebe fließt wie ein Fluß, fließt aus dir und mir. Überflutet die Wüste, befreit alle Gefangenen.*

Ja, Gefangene sind die, die nicht wissen, wer sie sind, die, die nicht wissen, daß sie Gottes Kinder sind.

Denke daran: „*Sei ruhig und wisse, ich bin Gott.*" Vergiß nie, wer du bist! Du kannst nicht sein, wo Gott nicht ist.

DER ÜBERGANG, DEN MAN TOD NENNT

Das Leben ist eine Folge von Prüfungen, aber wenn man seine Prüfungen besteht, so wird man auf sie als wertvolle Erfahrungen zurückblicken. Ich blicke auf alle meine Prüfungen als auf wertvolle Erfahrungen zurück, einschließlich der Nacht, in der ich in einem undurchdringlichen Schneesturm dem Tod ins Auge sah. Es war im ersten Jahr meiner Pilgerreise und die schönste Erfahrung, die ich je gemacht habe.

Mein Weg führte mich durch eine sehr abgelegene Region im Hochgebirge von Arizona, wo es meilenweit keine menschliche Behausung gab. An jenem Nachmittag überraschte mich ein Schneesturm, ganz ungewöhnlich für diese Jahreszeit. Nie hatte ich solch einen Sturm erlebt. Wäre der Schnee Regen gewesen, so hätte man das einen Wolkenbruch genannt. Nie habe ich Schnee so herunterschütten sehen!

Plötzlich stapfte ich in tiefem Schnee und konnte überhaupt nichts mehr sehen. Da bemerkte ich, daß keine Autos mehr fuhren. Ich vermutete, daß sie auf der Straße steckengeblieben waren und nicht mehr weiterfahren konnten. Dann wurde es dunkel. Es muß eine schwere Wolkendecke gewesen sein. Ich konnte die Hand vor Augen nicht mehr sehen, und der Schnee schlug mir ins Gesicht und schloß meine Augen. Es wurde kalt. Es war die Art Kälte, die durch Mark und Bein dringt.

Sollte ich je das Vertrauen verlieren und Angst bekommen, dann wäre das der Augenblick gewesen, denn ich wußte, es war keine menschliche Hilfe erreichbar. Stattdessen erschien mir dieses ganze Erlebnis von Kälte, Schnee und Dunkelheit so unwirklich. Nur Gott schien wirklich ... sonst nichts. Ich identifizierte mich vollkommen – nicht mit meinem Körper, dem Gewand aus Erde, das vergänglich ist – sondern mit der Wirklichkeit, die den Körper aktiviert und unzerstörbar ist.

Ich fühlte mich so frei; ich fühlte, daß alles gut ausgehen werde, ob ich nun weiter in diesem irdischen Leben dienen sollte oder ob ich weiterschreiten sollte, um jenseits in einem anderen, freieren Leben zu dienen. Ich spürte eine Führung, die mich anhielt weiterzugehen, und das tat ich, obwohl ich nicht sagen konnte, ob ich auf der Straße oder auf einem Feld ging. Ich konnte überhaupt nichts mehr sehen. Meine Füße in den flachen Leinenschuhen waren wie Eisklumpen. Sie fühlten sich so schwer an, als ich mich vorwärtsschleppte. Mein Körper wurde taub vor Kälte.

Nachdem das taube Gefühl stärker als der Schmerz geworden war, geschah etwas, das manche eine Halluzination – andere eine Vision nennen würden. Es schien mir, als könnte ich nicht nur die körperliche Seite des Lebens wahrnehmen, wo alles schwarze Dunkelheit, bittere Kälte und wirbelnder Schnee war – sondern ebenso hatte ich das Gefühl, als könnte ich geradewegs in die *körperlose* Seite des Lebens eintreten, wo alles warm und licht war. Alles war außerordentlich schön. Es begann mit vertrauten Farben, ging aber dann über dieses Spektrum weit hinaus. Es begann mit vertrauter Musik, klang aber schöner als diese.

Dann erschaute ich Wesenheiten. Sie waren weit entfernt. Eine von ihnen bewegte sich sehr schnell auf mich zu. Als sie näher kam, erkannte ich sie. Sie sah viel jünger aus, als zu der Zeit, da sie von uns ging.

Ich glaube, wenn der Übergang, den man Tod nennt, herannaht, dann kommen jene, die uns am liebsten und nahestehendsten waren, um uns willkommen zu heißen. Ich weilte oft bei sterbenden Freunden, als sie hinübergingen, und ich erinnere mich gut, wie sie mit geliebten Menschen auf beiden Seiten sprachen ... als ob alle gleichzeitig im Raum versammelt wären.

Deshalb dachte ich, meine Zeit sei gekommen, und ich grüßte

sie. Ich sagte oder dachte: „Bist du wegen mir gekommen?" Aber sie schüttelte den Kopf! Sie forderte mich auf zurückzugehen! Genau in diesem Augenblick stieß ich auf ein Brückengeländer. Die Vision erlosch.

Da ich mich dazu geführt fühlte, tastete ich mich die verschneite Böschung hinunter unter die Brücke. Dort fand ich einen großen Pappkarton mit Packpapier darin. Ganz langsam und schwerfällig – in meinem nahezu erstarrten Zustand – gelang es mir, in diesen Pappkarton zu steigen und mich mit meinen tauben Fingern in das Packpapier einzuwickeln. Dort unter der Brücke, während des Schneesturms, schlief ich ein. Sogar da wurde mir Obdach geschenkt – geschenkt war mir aber auch diese Erfahrung.

Hätte mich jemand inmitten des Schneesturmes gesehen, seine Gedanken wären gewesen: „Was für eine schreckliche Prüfung muß diese Frau durchstehen." Aber wenn ich zurückblicke, so kann ich nur sagen: Was für eine wunderbare Erfahrung, in der ich dem Tod ins Auge sah, ohne Angst, aber in dem ständigen Bewußtsein von Gottes Gegenwart; und dieses Bewußtsein habe ich mit auf meinen weiteren Lebensweg genommen.

Ich glaube, es war ein großes Privileg, den Anfang des Übergangs, der Tod genannt wird, zu erleben. So kann ich mich nun mit meinen Lieben freuen, wenn sie den herrlichen Übergang in ein freieres Leben vollziehen. Ich kann mich auf den Übergang, genannt Tod, freuen als auf das letzte große Abenteuer im Leben.

Man hat mich gefragt, was ich damit meine, wenn ich sage, ich habe den Prozeß, den wir Tod nennen, begonnen. Natürlich ist dieser Übergang ein Prozeß. Als erstes beginnt man, nicht nur diese Seite des Lebens wahrzunehmen, sondern auch die körperlose Seite des Lebens. Dann erkennt man allmählich, wie sich geliebte Personen von der körperlosen Seite her nähern, und man bemerkt, wie man mit beiden Seiten kommunizieren kann. So weit bin ich gegangen. Als nächstes kommt das Durchtrennen der „Silberschnur" – und dann ist die Verständigung mit den Menschen auf dieser Seite abgeschnitten, obwohl man sie immer noch sehen und hören kann. Man befindet sich mit den körperlosen Lieben am „allgemeinen Versammlungsort" zum Zwecke einer wunderbaren Vereinigung, und später gelangt man auf die Ebene, wo man lernen darf und auch dienen, wenn man weit genug fortgeschritten ist.

Die körperlose Seite des Lebens ist *mitten unter uns in einer anderen Dimension*. Die zwei Welten vermischen sich. Wir nehmen unsere Welt wahr, aber sie nehmen beide Welten wahr – normalerweise. Eine gewisse Verständigung ist möglich; wir können z. B. für sie beten, und sie können für uns beten.

Der Tod ist eine wunderbare Erlösung, hin zu einem freieren Leben. Das einengende Gewand der Erde, der Körper, wird abgelegt. Die selbst-zentrierte Natur geht mit dir, um auf der körperlosen Seite des Lebens zu lernen und sich weiter zu entwickeln; dann kehrt sie hierher zurück, in einem angemessenen Erdengewand und in ein entsprechendes Umfeld, um die nötigen Lektionen zu lernen. Besäßen wir doch mehr Einsicht in das Leben, so trauerten wir bei der Geburt und freuten uns beim Tode. Wenn wir doch wüßten, wie kurz das irdische Leben ist, im Vergleich mit dem ganzen, so würden wir uns über die Schwierigkeiten des gesamten irdischen Lebens weniger grämen als wir es jetzt über die Schwierigkeiten eines einzigen Tages tun.

Die Beerdigung sollte ein fröhliches Abschiedsfest sein, auf dem man sich an alle guten Taten dieser Person erinnert, ihre Lieblingsgedichte liest und ihre Lieblingslieder singt. Handelten wir so, dann würden sich die Befreiten mit uns freuen.

So wie ich die Änderung meiner Haarfarbe, vom Gold meiner Kindheit zu dem Rötlichbraun meiner Jugend ohne Bedauern annahm, so akzeptiere ich auch mein silbernes Haar – und ich bin bereit, jenem Zeitpunkt zu begegnen, wenn meine Haare und das übrige Gewand aus Erde wieder zu Staub werden, wovon sie genommen sind, während mein Geist in ein freieres Leben übergeht. Es ist nun für mein Haar die Zeit gekommen, silbern zu sein, und jede Zeit gibt ihre Lektionen auf. Jeder Lebensabschnitt ist wunderbar, wenn man die Lektionen des vorhergehenden Lebensabschnittes gelernt hat. Nur wenn man weitergeht, ohne seine Lektionen gelernt zu haben, sehnt man sich nach einer Rückkehr.

ÜBER RELIGION

Religion ist nicht das Ziel selbst. Das Einssein mit Gott ist das letztendliche Ziel. Es gibt so viele Religionen, weil unreife Menschen dazu neigen, belanglose Unterschiede zu betonen, anstelle von wichtigen Gemeinsamkeiten. Unterschiede zwischen Glaubensrichtungen liegen eher in Glaubensbekenntnissen und Ritualen als in religiösen Grundsätzen.

Wie verschieden die vielen Wege manchmal auch scheinen mögen – treffen sie sich nicht doch schließlich alle auf dem selben Gipfel? Streben sie denn nicht alle nach dem gleichen Ziel?

Wenn du zu einem Glauben geführt wirst, dann benutze ihn als Trittbrett zu Gott, nicht als Schranke zwischen dir und Gottes übrigen Kindern oder als Turm, der dich über die anderen erhebt. Wenn du nicht zu einem Glauben geführt wirst (oder *sogar* dann), suche Gott in der Stille – suche in dir.

Wenn wir versuchen, andere auszuschließen, dann schließen wir uns nur selbst aus. Wir sind alle Gottes Kinder, es gibt keine Lieblingskinder. Gott offenbart sich allen, die ihn suchen; Gott spricht zu allen, die hören wollen. Sei ruhig und erkenne Gott.

Ich bin ein tiefreligiöser Mensch, aber ich gehöre keiner Konfession an. Ich folge dem Geist des Gesetzes Gottes und nicht seinen Buchstaben. Man kann sich so an äußerliche Symbole und Strukturen der Religionen verlieren, daß man die ursprüngliche Absicht vergißt – die Annäherung an Gott. Wir können den Zugang zum Königreich Gottes nur dann finden, wenn wir erkennen, daß es sowohl in uns, als auch in der gesamten Menschheit ist. Sei dir klar darüber, daß wir alle Tropfen im Ozean der Unendlichkeit sind, wobei ein jeder zum Wohlergehen des anderen beiträgt.

Ich las die ganze King James Version des Neuen Testamentes und einige Auszüge aus dem Alten Testament kurz nach dem Beginn meiner Pilgerreise. Für viele Menschen sind das sehr wichtige Bücher, und es drängte mich, ihren Inhalt zu erforschen, um andere besser erreichen zu können. Ja, in der Bibel stehen viele Wahrheiten, aber oft werden diese Wahrheiten nicht richtig verstanden. Die Menschen ersetzen den Geist des Gesetzes durch seine Buchstaben, und die Wahrheit wird in ihr Gegenteil verkehrt. Wenn man eine Wahrheit bestätigt haben möchte, so sucht man am besten *in sich selbst* und nicht auf einem bedruckten Blatt Papier.

Es wird dir auffallen, daß Jesus sagt: „Was heißt ihr mich aber 'Herr, Herr' und tut nicht, was ich euch sage?"* Er drückt diesen Gedanken mehr als einmal aus. Deshalb meine ich, daß ein wirklicher Christ nach dem Gesetz Gottes leben sollte, wie Jesus es lehrte. Jesus sagte auch. „Man wird auch nicht sagen: 'Siehe hier', oder 'siehe da', denn siehe, das Reich Gottes ist mitten unter euch."** In so vielen Gleichnissen lehrt er die Menschen, was für Fähigkeiten sie besitzen. Wirkliche Christen würden es zulassen, daß ihr Leben vom Reich Gottes in ihnen – von der auf Gott konzentrierten Natur – beherrscht wird, die man manchmal auch den innewohnenden Christus nennt.

Viele Menschen bekennen sich zum Christentum. Wenige leben es – fast niemand. Und wenn man es lebt, so halten einen die Menschen für verrückt. Es ist tatsächlich war, daß sich die Welt über jemanden, der das Christentum ablehnt, ebenso entrüstet, wie über den, der es lebt.

Ich glaube, daß Jesus mit mir zufrieden wäre, weil ich das tue, was er den Menschen predigte. Das heißt jedoch nicht, daß alle, die sich Christen nennen, mit mir zufrieden wären. Natürlich liebe ich Jesus und verehre ihn, und ich wünschte, die Christen würden lernen, seinen Geboten zu gehorchen. Es wäre eine wunderbare Welt.

DER WEG DER LIEBE

Man kann das Böse nicht durch noch mehr Böses überwinden. Böses kann nur durch Gutes überwunden werden. Dies ist die Lektion vom Weg der Liebe. In der heutigen Zeit haben wir einen Wettstreit zwischen der alten Methode, das Böse mit Bösem zu über-

---
*) Lukas 6, 46
**) Lukas 7, 21

winden, was mit den modernen Waffen zu totalem Chaos führen würde, und der anderen Methode, Böses mit Gutem zu überwinden, was zum Aufbau eines reifen Lebens in Herrlichkeit beitrüge.

Es ist nicht nötig, daß wir das Böse niederreißen, da nichts, was im Widerspruch zu Gottes Gesetzen steht, Bestand hat. Alles Ungute in der Welt ist vergänglich und enthält in sich den Keim der eigenen Zerstörung. Nur wenn wir Gottes Gesetz von der Überwindung des Bösen mit Gutem gehorchen, können wir dazu beitragen, daß es schneller verschwindet. Jene, die Böses tun, um andere Bosheiten zu bekämpfen, verdoppeln das Böse nur.

Gottes Gesetze wirken ständig. Alles, was aus der Harmonie gerät, entfernt sich davon. Wie kann jemand zweifeln, daß Gott am Ende siegen wird? Unser Einfluß beschränkt sich darauf, *wie bald* das geschieht; und mit wieviel Gewalt das Böse dahinschwindet. Wenn wir wollen, daß es verschwindet, dann wird es weniger Gewalt geben – wenn es uns gelingt, aus dem alten etwas Neues zu schaffen, so wird es weniger Gewalt geben. Laßt uns daran arbeiten. Laßt uns den Phönix aus der Asche heben. Laßt uns den Grundstein für eine neue Renaissance legen, laßt uns beitragen zum spirituellen Erwachen, bis es uns in das Goldene Zeitalter, das dann eintritt, emporträgt!

Wenn wir zum Übergang in das Goldene Zeitalter beitragen wollen, so müssen wir das Gute im Menschen sehen. Wir müssen wissen, daß es da ist, wie tief es auch verschüttet sein mag. Ja, es gibt Gleichgültigkeit und Selbstsucht – aber es gibt auch das Gute. Doch man kann es nicht durch Einsicht erlangen, nur durch Liebe und Vertrauen.

Reine Liebe ist die Bereitschaft zu geben, ohne im geringsten etwas dafür zu erwarten. Liebe kann die Welt vor nuklearer Zerstörung retten. *Liebe Gott:* Wende dich Gott zu, aufmerksam und empfänglich. *Liebe deine Mitmenschen:* Wende dich ihnen zu, freundlich und bereit zu geben. Sei würdig, ein Kind Gottes genannt zu werden, indem du den Weg der Liebe lebst.

Kennst du Gott? Weißt du, daß es eine Kraft gibt, größer als wir, die sich in uns wie in jedem Partikel des Universums offenbart? Das nenne ich Gott. Weißt du, was es heißt, Gott zu kennen, unter Gottes ständiger Führung zu stehen, sich der Gegenwart Gottes ständig bewußt zu sein? Gott zu kennen heißt, Liebe auszustrahlen an alle Menschen und alle Kreatur. Gott zu kennen heißt, den Frieden in dir zu spüren – eine Ruhe, eine Klarheit, eine Unerschütterlichkeit, die dich befähigt, jeder Situation ins Auge zu sehen. Gott zu kennen heißt, so von Freude erfüllt zu sein, daß sie überquillt und ausstrahlt, um die Welt zu beglücken.

Heute habe ich nur noch den einen Wunsch: zu tun, was Gott mir zugedacht hat. Dabei gibt es keine Konflikte. Wenn Gott mich auf eine Pilgerreise führt, so gehe ich mit Freuden. Wenn Gott mir andere Aufgaben zuteilt, so erfülle ich sie mit derselben Freude. Wenn mir meine Taten Kritik einbringen, so trage ich sie mit ungebeugtem Haupt. Wenn mir meine Taten Lob einbringen, so gebe ich es sofort weiter an Gott, denn ich bin nur das kleine Werkzeug, durch das Gott wirkt. Wenn Gott mir eine Aufgabe stellt, so gibt er mir Kraft und Unterstützung, er zeigt mir den Weg und gibt mir die rechten Worte ein. Ob der Pfad leicht oder schwer ist – ich gehe im Licht der Liebe Gottes, seines Friedens, seiner Freuden, und ich wende mich Gott zu mit Dankesliedern und Lobpreisungen. Das ist Gotteserkenntnis. Und es ist nicht den Großen vorbehalten, Gott zu erkennen. Es ist für die kleinen, für dich und mich. Gott sucht dich immer – jeden einzelnen.

Du kannst Gott finden, du brauchst ihn nur zu suchen – durch Gehorsam gegenüber den göttlichen Gesetzen, durch Liebe zu den Menschen, durch Loslassen deines Eigenwillens, deiner Bindungen, deiner negativen Gedanken und Gefühle. Und wenn du Gott findest, so wird es in der Stille sein. Du wirst Gott in deinem Innersten finden.

GEDANKEN ZUM NACHDENKEN

Man kann keinen Funken vom Licht sehen, wenn man den Weg nicht geht. Man kann es von keinem anderen bekommen, noch kann man es einem anderen geben. Beginne einfach mit dem Schritt, der dir am leichtesten erscheint, und sobald du ein wenig vorangeschritten bist, wird es Dir leichter fallen, die nächste Stufe zu erklimmen.

Wenn man seine Rolle im Plan der Dinge, im Göttlichen Plan, kennt, dann wird man nie das Gefühl der Unzulänglichkeit haben. Man bekommt für jede Situation, für jedes Hindernis, die nötige Kraft. Es gibt keine Überanstrengung; es gibt nur noch Sicherheit.

Wenn man ständig in der Gemeinschaft mit Gott lebt, ständig aus dem Inneren empfängt, dann gibt es keine Zweifel; man kennt seinen Weg. Man wird zum Werkzeug, durch das eine Arbeit verrichtet wird; deshalb kennt man auch nicht das Gefühl der eigenen Leistung.

Das spirituelle Leben ist das wirkliche Leben; alles andere ist Einbildung und Betrug. Nur jene, die auf Gott allein vertrauen, sind wirklich frei. Nur jene, die im Einklang mit ihrem höchsten Licht leben, leben in Harmonie. Alle, die aus ihren höchsten Beweggründen handeln, werden eine Kraft für das Gute. Es ist nicht wichtig, daß andere sichtbar berührt werden: Ergebnisse sollten nie gesucht oder gewünscht werden. Wisse, daß jede richtige Handlung – jedes gute Wort von dir, jeder gute Gedanke – etwas Gutes bewirkt.

Wenige finden inneren Frieden, aber nicht deshalb, weil sie es versuchen und scheitern, sondern weil sie es nicht versuchen.

In unserem Universum geschieht nichts zufällig. Alles entfaltet sich im Einklang mit den höheren Gesetzen – alles wird durch die göttliche Ordnung geregelt.

Andere zu richten wird dir nichts einbringen und dich spirituell verletzen. Nur wenn man andere dazu bringen kann, sich selbst zu beurteilen, hat man etwas wesentliches erreicht.

Der gottesfürchtige Weg ist eine der wenigen einfachen Regeln, die sogar ein Kind verstehen kann. Wahrheit ist einfach - weniger einfach ist es, sie zu leben. Unreife Menschen verstecken sich deshalb gerne hinter komplizierten Auslegungen und wollen sich so davor drücken, die einfache Wahrheit zu leben.

Die Menschheit ist bisher nur an der Oberfläche ihrer tatsächlichen Möglichkeiten geblieben. Jeder kann sich an den göttlichen Strom anschließen, indem er die Wahrheit der Lehren Jesu und anderer Propheten entdeckt, die gelehrt haben, daß *das Reich Gottes in uns* ist.

Wenn du Menschen lehren willst, jung oder alt, so mußt du da anfangen, wo sie sind: auf ihrer Ebene des Verständnisses - und gebrauche Worte, die sie verstehen. Wenn du ihre Aufmerksamkeit gewonnen hast, dann gehe mit ihnen so weit wie sie gehen können. Wenn du siehst, daß sie bereits jenseits deiner Ebene des Verständnisses sind, so laß sie dich lehren. Da die Schritte zu spirituellem Wachstum in solch unterschiedlicher Reihenfolge unternommen werden, können die meisten von uns sich gegenseitig lehren.

Das Leben ist eine Mischung aus Erfolg und Mißerfolg. Möge der Erfolg dich ermutigen und der Mißerfolg dich stärken. Solange du das Vertrauen in Gott nicht verlierst, wirst du aus jeder Situation, der du begegnest, siegreich hervorgehen.

Wenn du gefühlsmäßig an etwas herangehst, so wirst du nicht klar sehen können: wenn du die Dinge spirituell aufnimmst, dann wirst du verstehen.

Lebe in der Gegenwart. Tue, was getan werden muß. Vollbringe jeden Tag so viel Gutes wie du kannst. Die Zukunft wird sich daraus entfalten.

Es gibt viele Lektionen zu lernen und Waagschalen ins Gleichgewicht zu bringen. Die Gesetze des Universums können nicht für unsere Bequemlichkeit geändert werden. Die Menschheit muß lernen, alle Herausforderungen des Lebens als Lernübung anzunehmen. Aus diesem Grund sollen spirituell unreife Menschen nicht von anderen verhätschelt werden. Der Suchende muß allein gehen – allein mit Gott.

Wenn man sein ganzes Leben dem Gebet widmet, so ist das eine unermeßliche Verstärkung des Gebetes.

Wenn auch andere Mitleid mit dir haben, habe *nie* Mitleid mit dir selbst – es hat eine tödliche Wirkung auf spirituelles Wohlbefinden. Erkenne alle Probleme, wie schwierig sie auch immer sein mögen, als Möglichkeiten zu spirituellem Wachstum, und mache das Beste aus diesen Gelegenheiten. Wenn du inneren Frieden erreichen willst, dann muß du dein Leben dafür geben, nicht nur deinen Besitz. Wenn du schließlich dein Leben gibst – und deinen Glauben und deine Art zu leben in Einklang bringst – dann und nur dann, wirst du beginnen, inneren Frieden zu finden.

(Mit freundlicher Genehmigung von J. und A. Rush)

DER WEG DES FRIEDENS

Das ist der Weg des Friedens: *Überwinde Böses mit Gutem, Falschheit mit Wahrheit und Haß mit Liebe.*
Die Menschen verstehen nur schwer, daß jeder Krieg schlecht und selbstzerstörerisch ist. Sie versuchen in ihrer Unreife, das Böse mit noch mehr Bösem zu überwinden, und so wird das Böse vervielfacht. Nur das Gute kann das Böse überwinden.
Meine Botschaft des Friedens ist so einfach: der Weg des Friedens ist der Weg der Liebe. Liebe ist die größte Macht auf Erden. Sie vermag alles. Jemand, der mit Gottes Gesetzen der Liebe in Einklang lebt, ist stärker als jede Armee, denn er braucht keinen Gegner zu bezwingen; der Gegner wird verwandelt.
Eines Tages, als ich auf der Landstraße ging, begann ich Worte des Friedens nach einer bekannten Melodie zu singen; ich glaube, sie geben ein gutes Bild von der Lage unserer Welt heute:
Die Welt beschäftigt sich fieberhaft mit der Herstellung von Waffen.
Die Welt bereitet sich auf eine nie dagewesene Zerstörung vor.
Ich höre, wie man Feinde verflucht und die Zwietracht wächst.
Aber, oh, die Welt verlangt sehnsüchtig nach Frieden.
Sie betet um Frieden – um Frieden!
Die Atombombe sagt uns: „Schließt Frieden oder geht zugrunde!" Wir erkennen, daß wir nicht länger in Kategorien des militärischen Sieges denken können, und daß ein Atomkrieg gegenseitige Vernichtung bedeuten würde. Viele begegnen dieser kritischen Situation mit Gleichgültigkeit, einige mit Frustration, aber nur wenige begegnen ihr konstruktiv.
Es besteht ein sehr großer Bedarf an fruchtbaren Friedensaktivitäten. Wir befinden uns in einer Zeit der Krise der Menschheit und jene unter uns, die heute leben, stehen vor einer sehr bedeutsamen Entscheidung: Sie müssen wählen zwischen einem alles zerstören-

den Atomkrieg und einem Goldenen Zeitalter des Friedens. Alle, die heute leben, werden bei dieser Wahl mitentscheiden, denn der Strom der Weltereignisse treibt in Richtung Krieg und Zerstörung. So entscheiden sich alle, die in dieser Krisensituation nichts tun, diesen Strom weitertreiben zu lassen. Jene, die sich für den Frieden entscheiden, müssen sich *wirkungsvoll dafür einsetzen.* Sie müssen Teil des Aufrüttelns, des Erwachens werden, das schon begonnen hat und immer stärker wird. Dabei zu helfen reicht aus, um der Flut Einhalt zu gebieten. In dieser Krisensituation geht Friede sicherlich jeden an! Die Zeit der Arbeit für den Frieden ist *jetzt.*

Der endgültige Friede beginnt in uns; wenn wir den Frieden in uns finden, so gibt es keinen Streit mehr, keinen Anlaß für einen Krieg. Wenn du diesen Frieden suchst, so reinige deinen Körper durch vernünftige Lebensgewohnheiten, reinige den Geist, indem du alle negativen Gedanken verjagst, reinige deine Motive, indem du jeglichen Gedanken der Gier oder der Selbstsucht aufgibst und deinen Mitmenschen zu helfen suchst, reinige deine Begierden, indem du allem Streben nach materiellem Besitz oder Selbstverherrlichung entsagst und indem du Gottes Willen für dich zu erfahren suchst. Begeistere andere, es dir gleichzutun.

Andere arbeiten lieber an einer Vorstufe des Friedens – dem Einrichten von Mechanismen zur Konfliktlösung in einer Welt, in der es immer noch Konflikte gibt – damit es, trotz der immer noch möglichen psychologischen Gewalt, keine physische Gewalt mehr gibt. Wenn ihr diesen Frieden sucht, dann bemüht euch weltweit um Abrüstung und Wiederaufbau, um eine Weltregierung, die alle Menschen einbezieht, um globales Denken: daß das Wohlergehen der gesamten Menschheit Vorrang hat gegenüber dem Wohlergehen einzelner Nationen. Strebt auf nationaler Ebene die Umfunktionierung des sogenannten Verteidigungsministeriums an, von Zerstörungspolitik zu Aufbaupolitik. Es ist so viel Aufbauarbeit nötig unter den weniger begünstigten Völkern dieser Erde und für die Ausrichtung unserer Wirtschaft auf eine Friedenszeit. Es gibt so viele Probleme zu lösen. Bringt andere dazu, mit euch zu arbeiten.

Wir können gleichzeitig für inneren Frieden und für den Weltfrieden arbeiten. Einerseits haben Menschen ihren inneren Frieden gefunden, indem sie sich einer Sache hingaben, die wichtiger war als ihr eigenes Selbst, wie z. B. die Sache des Weltfriedens, denn wenn man inneren Frieden findet, so bedeutet das, das egozentrische Leben aufzugeben und sich einem auf das Wohl der Gesamtheit konzentrierten Leben hinzuwenden. Andererseits besteht einer der Wege zum Weltfrieden gerade darin, sich um mehr inneren Frieden zu mühen, denn der Weltfriede wird nicht beständig sein können, solange nicht genügend Menschen inneren Frieden gefunden haben, um ihn zu festigen.

Mein innerer Friede trotzt allen Äußerlichkeiten. Nur wenn ich in Harmonie lebe, kann ich andere zu Harmonie führen, und die Welt braucht noch soviel Harmonie, bevor sie zum Frieden finden kann. Das heißt nicht, daß ich mich nicht um das Weltgeschehen kümmere. Eine Zeit wie diese verlangt nach Gebeten und Bemühungen um den Frieden. Jede rechte Arbeit und jedes aufrichtige Gebet hat seine Wirkung, jede rechte Anstrengung bringt ihre Frucht, ob wir das Ergebnis nun sehen oder nicht. Trotz der Dunkelheit in der sich unsere Welt gegenwärtig befindet, bin ich nicht entmutigt. Ich weiß, daß eine Gesellschaft auf der Suche nach Frieden genauso ihre Höhen und Tiefen durchlebt wie ein Mensch, der durch eine ganze Reihe von Gipfeln und Abgründen der Harmonie zustrebt.

In den Herzen der Menschen steckt ein tiefer Wunsch nach Frieden auf Erden, und sie würden sich für den Frieden aussprechen, wenn sie nicht durch Gleichgültigkeit, Unwissenheit und Angst gebunden wären. Es ist die Aufgabe der Friedensstifter, sie aus ihrer Gleichgültigkeit zu reißen, ihre Unwissenheit durch Wissen zu ersetzen, ihre Angst zu stillen durch das Vertrauen, daß Gottes Gesetze wirksam sind, – und für das Gute zu arbeiten.

In dem Bewußtsein, daß alles, was im Widerspruch zu Gottes Gesetzen steht, vergänglich ist, laßt uns nicht verzweifeln, sondern Hoffnung auf eine Welt ohne Krieg ausstrahlen. Frieden ist möglich, denn Gedanken haben eine gewaltige Kraft.

Ein paar wirklich hingebungsvolle Menschen können die schlimmen Auswirkungen der Massen aus der Harmonie geratener Menschen ausgleichen. Deshalb dürfen wir, die wir für den Frieden arbeiten, nicht schwach werden. Wir müssen fortfahren, für den Frieden zu beten und in jeder uns möglichen Weise für den Frieden zu handeln, wir müssen fortfahren, unsere Stimme für den Frieden zu erheben und den Friedensweg zu leben; um andere zu inspirieren, müssen wir weiterhin an den Frieden denken und wissen, daß er möglich ist. Was wir in unserem Herzen bewegen, dem helfen wir, sich zu manifestieren. Eine geringe Person, die ihr ganzes Leben dem Frieden widmet, macht Schlagzeilen. Viele Menschen, die einen Teil ihrer Zeit opfern, können Geschichte schreiben.

Eine Frau sagte einmal zu mir: „Peace, ich bete mit dir für den Frieden, aber ich glaube natürlich nicht, daß er möglich ist." Ich fragte sie: „Glaubst du nicht, daß der Friede Gottes Wille ist?" „Oh, ja," sagte sie, „das schon." Ich fuhr fort: „Wie kannst du dann sagen, daß das, was Gottes Wille ist, unmöglich sei? Es ist nicht nur möglich, es ist unvermeidlich; nur wie *bald,* das hängt von uns ab."

Unterschätze niemals die Kraft einer locker verbundenen Gruppe, die für eine gute Sache arbeitet. Alle, die wir für Frieden arbeiten, alle, die wir für Frieden beten, sind eine kleine Minderheit, aber eine mächtige spirituelle Gemeinschaft. Unsere Macht liegt nicht in unserer Zahl.

Jene, die zu scheitern scheinen, ebnen den Weg und leisten oft einen größeren Beitrag als die, die schließlich Erfolg haben. Ich kann nicht anders, als Dankbarkeit zu fühlen für die Friedenspioniere, die für den Frieden arbeiteten, als die Zeiten härter waren und keine Ergebnisse abzusehen waren.

Eine der Fragen, die mir am häufigsten gestellt wurden, ist folgende: „Haben Sie mit ihrer Pilgerreise irgendwelche Ergebnisse erzielt?" Die Antwort lautet: ich habe nie nach Ergebnissen gefragt – ich lege das in Gottes Hand. Sie müssen sich auch nicht zu meinen Lebzeiten zeigen, aber schließlich werden sie sich zeigen. Und, ob ihr es glaubt oder nicht, ich habe Ergebnisse gesehen: Viele Briefe von Menschen, die erzählen, daß sie sich angeregt fühlen, auf ihre

Weise etwas für den Frieden beizutragen – ob sie nun Briefe an den Kongreß schreiben oder sich mit einem Freund oder Verwandten aussöhnen. Dies alles summiert sich.

Nun, da ich auf die gesamten Bemühungen aller Friedensstifter zurückblicke, kann ich die Ergebnisse sehen. Als ich meine Pilgerreise begann, nahmen die Menschen den Krieg als einen notwendigen Teil des Lebens hin. Heute sind die Friedensstifter populär! Als ich meinen Weg begann, interessierte man sich sehr wenig für die innere Suche. Tatsächlich konnte ich an einem staatlichen College eine Umfrage durchführen, und feststellen, daß zwei Drittel bis drei Viertel der Studenten sich zu jener Zeit als Agnostiker oder sogar als Atheisten betrachteten. Heute finde ich kaum noch einen Studenten oder eine Person, die nicht an einer ganz vertieften Suche interessiert wäre. Für mich ist das überhaupt das hoffnungsvollste Zeichen von allen.

Einerseits kann man sagen: *Wie schlimm, daß unser materieller Fortschritt unserem spirituellen Fortschritt soweit vorausgeeilt ist, daß wir uns am Rande der Zerstörung alles irdischen Lebens befinden.* Andererseits kann man aber auch sagen: *Wie gut, daß wir endlich die Unmöglichkeit eines militärischen Sieges erkennen, so daß unreife und sogar nicht-gutwillige Menschen nun einen Anreiz haben, ihre Waffen niederzulegen.* Beide Aussagen sind richtig.

Es gibt kein größeres Hindernis für den Weltfrieden oder den inneren Frieden als Angst. Sie führte uns zur Herstellung von Massenvernichtungswerkzeugen. Auf das, was wir fürchten, entwickeln wir oft einen unvernünftigen Haß – so hassen und fürchten wir. Das verletzt uns nicht nur psychisch und verschlimmert die Spannungen in der Welt, sondern durch solche negativen Konzentrationen werden wir zum Anziehungspunkt für die Dinge, die wir fürchten. Wenn wir nichts fürchten und Liebe ausstrahlen, können wir Gutes erwarten. Wie sehr braucht diese Welt die Botschaft und das Beispiel der Liebe und des Vertrauens!

Friede und Freiheit! Sie werden kommen! Wie bald das sein wird

– ob jetzt oder erst nach einer großen Zerstörung und einem Neubeginn und Äonen von Zeit – das liegt an uns!

Forschung und Experimente zu friedlichen Methoden der Konfliktlösung sind in großem Umfang notwendig. Wir können als Gruppe oder als einzelner genau da, wo wir sind, arbeiten, indem wir bestimmte Friedensprojekte durchführen, das Gute hervorheben und stärken, wo immer wir es finden.

Ihr könnt nur eine Nation zu verändern hoffen – eure eigene. Wenn diese sich geändert hat, kann das Beispiel andere Nationen anregen, sich ebenfalls zu verändern. Wenn nur irgendeine einflußreiche Nation die große spirituelle Stärke zeigte, ihre Waffen niederzulegen und mit reinen Händen vor die Welt zu treten, dann würde die Welt verändert. Ich sehe kein Anzeichen dafür, daß irgendeine einflußreiche Nation eine so große spirituelle Stärke und Mut besitzt. Deshalb wird die Abrüstung ein langsamer Prozess werden, motiviert durch den Wunsch zu überleben.

Die Dunkelheit in unserer heutigen Welt hat ihre Ursache in der Zerstörung von Dingen, die aus dem Einklang mit Gottes Gesetzen geraten sind. Der Grundkonflikt spielt sich nicht zwischen Nationen ab, er spielt sich zwischen zwei sich widersprechenden Überzeugungen ab. Die erste lautet, daß das Böse durch mehr Böses überwunden werden kann, und das Ziel die Mittel heiligt. Diese Überzeugung ist heute sehr verbreitet. Dies ist der *Weg des Krieges*. Es ist die offizielle Position einer jeden größeren Nation.
Dann gibt es den Weg, der vor zweitausend Jahren gelehrt wurde – Böses mit Gutem zu überwinden, was mein Weg ist, der Weg, den Jesus gelehrt hat. Verliere nie den Glauben: Gottes Weg muß am Ende siegen.

Wenn die Welt friedvoller werden soll, dann müssen die Menschen friedvoller werden. Unter reifen Menschen wäre Krieg kein Problem – er wäre unmöglich. In ihrer Unreife verlangen die Menschen gleichzeitig nach Frieden und nach Dingen, die den Krieg verursachen. Jedoch, Menschen können reifer werden – genauso wie Kinder erwachsen werden. Ja, unsere Institutionen und unsere Führer spiegeln unsere Unreife wider, aber in dem Maße, wie wir reifer werden, werden wir uns bessere Führer wählen und bessere Institutionen aufbauen. Es führt alles immer wieder zu dem Punkt zurück, den viele von uns vermeiden wollen: Arbeit an uns selbst.

Das Heiligtum des Friedens wohnt in uns. Sucht es und alles andere wird euch zukommen. Wir kommen der Zeit immer näher, in der genug von uns inneren Frieden gefunden haben, um unsere Institutionen zum Besseren zu verändern. Sobald das geschieht, werden die Institutionen wiederum, durch ihr Beispiel, diejenigen zum Besseren verändern, die noch unreif sind.

Friede wird wahrscheinlich in der gleichen Weise über die Welt kommen, wie es in unserem Land der Fall war. Aus dem Chaos des Bürgerkriegs, Indianerkriegen und den Auseinandersetzungen vor hunderten von Jahren, entwickelte sich eine Ordnung. Es wurden Mechanismen zur Verhinderung physischer Gewalt aufgebaut, während psychische Gewalt immer noch besteht. Die kleineren Einheiten, die Staaten, haben das Recht der Kriegsführung an die größere Einheit, die Vereinigten Staaten, abgetreten. So meine ich, daß die Zeit kommen wird, wenn die kleineren Einheiten, die Nationen, ein einziges Recht an die größere Einheit, die Vereinten Nationen, abtreten werden: das Recht Kriege zu führen.

Ich glaube nicht, daß die Nationen andere Rechte aufgeben würden oder sollten. Die Menschen können ihre Angelegenheiten am besten an der Basis regeln. Alles, was gerecht und wirkungsvoll an der Basis erledigt werden kann, soll da erledigt werden und nur dann an eine höhere Autorität weitergeleitet werden, wenn es notwendig ist.

Die Hauptaufgabe der Vereinten Nationen bestünde aus der Erhaltung einer friedlichen Weltlage. Solange wir noch unreif sind, bräuchten die Vereinten Nationen eine Polizeigewalt, um Angriffe einzelner auf den Weltfrieden abzuwehren, in dem sie diese entfernt – bis zu ihrer Wiedereingliederung, wie ich hoffe. Ebenso sollten sie eine unbewaffnete Friedensarmee haben, die sich mit der

Verhütung von Kriegen befaßt. Während unsere Nation mit Problemen wie z. B. unzureichender Nahrungsmittelversorgung fertig werden kann, müßten die Vereinten Nationen sich mit Problemen, wie dem Freiheitsstreben eines Landes befassen – denn das Verlangen nach Freiheit ist nun in allen Herzen.

Einmal sagte ich zu einer Frau, die an Krieg und an christliche Werte glaubte: „Einerseits sprechen Sie über christliche Werte, andererseits sagen Sie, 'ist nicht Stärke die einzige Abschreckung, die sie respektieren?' ". Darin liegt all die Jahrhunderte lang schon das Problem – unser Reden von christlichen Werten war nur ein Lippenbekenntnis, gelebt aber haben wir nach den Dschungelgesetzen von Töten und Getötetwerden. Wir haben nachgesprochen: *'Laßt euch nicht vom Bösen überwältigen, sondern überwindet das Böse mit Gutem'*, und dann haben wir versucht, das Böse mit noch mehr Bösem zu überwinden, und so das Böse vervielfacht. Wir verehren Gott, aber wir glauben nicht, daß Gottes Gesetze der Liebe wirken. Die Welt wartet darauf, daß wir die Gesetze der Liebe *leben,* wodurch das Göttliche in allen Menschen erreicht wird und sie verändert werden.

Der Pfarrer einer großen kanadischen Gemeinde, der kürzlich von einem Besuch im Orient zurückgekehrt war, erzählte mir, daß die Buddhisten zweitausend Missionare aussenden, um die Christen zum Weg der Gewaltlosigkeit zu bekehren!

Während des Zweiten Weltkriegs hatte ein amerikanischer Sonntagsschullehrer im Pazifik einen japanischen Soldaten gefangen genommen. Auf dem Weg zum Lager merkte der Amerikaner, daß dieser Gefangene englisch sprach. „Weißt du," sagte der japanische Soldat, „ich war früher einmal ein Christ." Der Amerikaner überlegte einen Moment und sagte dann: „Warum bist du vom Christentum wieder abgekommen?" Der japanische Soldat schaute überrascht und fragte etwas verwirrt. „Wie kann ich Soldat sein und gleichzeitig Christ?"

Die Menschen erkennen nicht, daß Gewaltlosigkeit in allen Situationen möglich ist, auch im Zweiten Weltkrieg. Ich traf vier von den Dänen, die im Zweiten Weltkrieg den Weg der Gewaltlosigkeit und der Liebe gingen. Es war eine wunderbare Geschichte.

Als die Deutschen Frankreich besetzten, töteten die Franzosen oft deutsche Patrouillen, worauf die Deutschen einen ganzen Häuserblock als Vergeltungsaktion auslöschten. Als die Deutschen in Dänemark einmarschierten, begannen diese ein Programm der Nicht-Kooperation. Man sagt, der Weg zum Herzen des Menschen geht durch den Magen – viele Dänen haben das ausgenutzt. Sie sagten zu den deutschen Patrouillen: „Als Vertreter der Nazi-Regierung habt ihr genausowenig das Recht, bei uns zu sein, wie wir das Recht hätten, in eurem Land zu sein. Aber andererseits seid ihr junge Männer, fern eurer Heimat. Vielleicht habt ihr Heimweh, und wenn ihr als Mitmenschen euren Patronengürtel abschnallen und hereinkommen wollt, um mit uns zu Abend zu essen, so seid ihr willkommen." Gewöhnlich war nicht mehr als ein Versuch nötig. Daraufhin begann der deutsche Soldat nachzudenken: „Mann, sind das nette Leute. Was tun wir eigentlich hier?"

Die Dänen setzten auch gewaltlose Methoden ein, um die jüdische Bevölkerung in Dänemark zu beschützen.

Ich traf eine jüdische Frau, die verheiratet war und mit ihren Eltern in Deutschland unter Hitler zur Zeit des zweiten Weltkrieges lebte. Sie hatte mit sechzehn Jahren geheiratet. Mit siebzehn gebar sie ihr erstes Kind, mit achtzehn das zweite. Als sie neunzehn war, passierten drei Dinge. Zuerst zerstörte eine englische Bombe ihr Zuhause und tötete ihre Eltern. Ich nehme an, das war zu ihrer Befreiung gedacht. Dann wurde ihr Mann von den Nazis abgeholt, und sie wähnte ihn tot, weil sie nie mehr von ihm hörte. Schließlich wurde sie bei einem amerikanischen Bombenangriff verletzt und ihre zwei kleinen Kinder getötet. Als ich sie traf, wirkten die Verletzungen immer noch nach. Auch dies war wieder unsere 'Befreiung'.

Mit ihrer Verletzung wanderte sie mit den Flüchtlingen umher. Manchmal verhelfen schwächende Umstände zu einem spirituellen

Sprung. Sie fing an, nachzudenken: *Sie haben unsere Körper verletzt und sogar zerstört, aber sie haben dabei ihre eigenen Seelen verletzt, und das ist schlimmer.* Sie war in der Lage, Mitleid zu empfinden und für alle Betroffenen zu beten, für die Getöteten und für die Mörder. Sie konnte eine so gute Einstellung beibehalten, so daß Deutsche sich um sie kümmerten und ihr eigenes Leben aufs Spiel setzten, um sie nach England zu bringen, wo sich Engländer ihrer annahmen, die schließlich ihre Ausreise in die Vereinigten Staaten bewerkstelligten.

Das verdeutlicht den höchst erstaunlichen Sieg des Geistes unter den schwierigsten Umständen, die man sich überhaupt vorstellen kann. Es zeigt aber noch etwas! Wer oder was war der Feind dieser Frau? Waren es die Engländer, die ihr Zuhause zerstörten und ihre Eltern töteten? Waren es die Deutschen, die ihren Mann töteten? Oder waren es die Amerikaner, die sie verletzten und ihre zwei kleinen Kinder töteten? Die Antwort ist offensichtlich: Der *Krieg* war ihr eigentlicher Feind. Es war die falsche Überzeugung, daß Gewalt irgendetwas erreichen kann, daß Böses durch mehr Böses überwunden werden kann. *Das* war ihr eigentlicher Feind, und das ist der eigentliche Feind der gesamten Menschheit.

Genauso wie eine Menschenseele, die großen Schwierigkeiten ausgesetzt ist, dadurch auch große Gelegenheiten zu spirituellem Wachstum erhält, so steht die menschliche Gemeinschaft dem Problem der totalen Zerstörung gegenüber und bekommt damit die Gelegenheit, in eine Zeit der Erneuerung einzutreten. Ich glaube, wenn kein Unfall geschieht, wird der Wunsch zu überleben uns vor dem Atomkrieg bewahren. Ich glaube auch, daß sich beide Seiten verändern. Wir werden uns auf mehr wirtschaftliche und soziale Demokratie zubewegen, und auf der Gegenseite werden sie mehr politische und individuelle Demokratie anstreben. Die ideale Gesellschaft muß erst noch geschaffen werden – eine, die gemeinschaftliches und individuelles Wohlergehen gut in der Waage hält.

GESCHICHTEN ÜBER GEWALTLOSIGKEIT

Eines Tages saß ich nachdenklich an einem alten Fort. Ich fragte mich, was es den Menschen wohl zu erzählen hätte, wenn es sprechen könnte, und ich schrieb diesen Aufsatz:
Ein altes Fort erzählt:
Als ich gebaut wurde, wurde viel Zeit und Geld für mich aufgebracht, weil man dachte, daß ich die Stadt gegen alle Eindringlinge verteidigen würde. Nun stehe ich verlassen da. Es ist ja auch leicht zu erkennen, daß ich veraltet bin. Aber ich bin nicht das einzige Verteidigungswerkzeug, das veraltet ist. Sogar die allermodernsten sind heute veraltet, obwohl ihr euch in eurer Angst und eurer Verwirrung immer noch an ihnen festklammert. Aber während ihr in eurer Unreife eure Zeit und euer Vermögen für sie verschwendet, wißt ihr in euren Herzen, daß sie euch gegen garnichts verteidigen können. Ihr wißt, daß ihr scheinbar schutzlos, einem neuen Zeitalter gegenübersteht, während die Atombombe euch sagt: „Schließt Frieden oder geht zugrunde!" Aber seid ihr wirklich schutzlos, weil eure ganze Verteidigung zerbröckelt ist, wie es ihr bestimmt war? Habt ihr den Schutz vergessen, der nicht zerbröckeln kann, den Schutz, der im Gehorsam gegenüber den höheren Gesetzen liegt? All die Zeiten hindurch haben euch eure besten Lehren und eure besten Persönlichkeiten gesagt, daß das Böse nur durch das Gute überwunden werden kann, und die Erfahrung hat euch gezeigt, daß ihr nur dann Freunde gewinnen könnt, wenn ihr freundlich seid. Wann werdet ihr endlich weise genug sein, den Weg der Zerstörung zu verlassen und euch dem zeitlosen und unveränderlichen Schutz zuwenden? Menschen dieser Erde, die Entscheidung liegt vor euch! Ihr könnt euch immer noch für das Leben entscheiden, aber ihr müßt es schnell tun!

Dies seltsame Geschöpf, genannt Mensch
Ein Außenstehender könnte dieses seltsame Geschöpf, genannt Mensch, vielleicht so sehen:
Ein Wesen aus einer anderen Welt parkte sein Raumschiff an einem abgelegenen Ort. Am nächsten Morgen kam er an einem Mili-

tärstützpunkt vorbei, wo er Männer sah, die an komischen Stangen befestigte Messer in Strohsäcke stachen. „Was ist das?" fragte er einen uniformierten jungen Burschen. „Bayonettübungen", antwortete dieser. „Wir üben mit Attrappen. Wir müssen lernen, wie man mit dem Bayonett einen Menschen tötet. Natürlich töten wir nicht viele Menschen mit einem Bayonett. Wir töten die meisten mit Bomben." „Aber warum wollt ihr das Töten von Menschen lernen?" rief das Wesen bestürzt aus. „Wir wollen es ja nicht", sagte der junge Bursche verbittert. „Man schickt uns gegen unseren Willen hierher, und wir wissen nicht, was wir dagegen tun sollen."

An jenem Nachmittag ging das Wesen durch eine große Stadt. Es bemerkte eine Menschenmenge, die sich an einem öffentlichen Platz versammelt hatte, um die Auszeichnung eines uniformierten jungen Mannes mit einer Medaille zu sehen. „Warum wird er mit einer Medaille ausgezeichnet?" fragte das Wesen. „Weil er hundert Menschen in einer Schlacht getötet hat", sagte der Mann neben ihm. Das Wesen schaute mit Abscheu auf den jungen Mann, der hundert Menschen getötet hatte, und ging weiter.

In einem anderen Stadtteil hörte das Wesen, wie im Radio laut die baldige Hinrichtung eines Mannes verkündet wurde.

„Warum soll er getötet werden?" fragte das Wesen. „Weil er zwei Menschen getötet hat", sagte der Mann neben ihm. Verwirrt ging das Wesen davon.

An jenem Abend, nachdem es die ganze Angelegenheit überdacht hatte, öffnete es sein Notizbuch und schrieb: *„Es scheint, daß alle jungen Männer gezwungen werden, zu lernen, wie man Menschen am besten tötet. Jenen, denen es gelingt, sehr viele Menschen zu töten, werden mit einer Medaille ausgezeichnet. Jene, die sich als schlechte Totschläger herausstellen und nur wenige Menschen töten konnten, werden mit dem Tode bestraft."*

Das Wesen schüttelte traurig den Kopf und fügte den Nachsatz an: *„Es scheint, daß dieses seltsame Geschöpf, genannt Mensch, sich sehr schnell selbst ausrotten wird."*

EIN BILD DER HOFFNUNG AUF FRIEDEN

Am Ende meiner fünfundvierzigtägigen Gebets- und Fastenzeit, als ich in einem Zustand zwischen Wachheit und Schlaf lag, wurde mir eine wunderbare Vision zuteil ... eine Vision der Hoffnung. Ich sah, wie die Nationen dieser Welt sich für den Krieg rüsteten. Ich sprach zu ihnen, aber sie wollten nicht hören. Ich weinte um sie, aber sie beachteten mich nicht. Ich betete für sie, und als ich dann aufsah, sah ich die Menschen dieser Welt mit mir beten. Dann bemerkte ich einen leuchtenden Nebel, der sich, während wir beteten, erhob, und er nahm allmählich Form an. Eine strahlende Gestalt erschien, mit weißen Kleidern aus Licht und einem Gesicht, so hell, daß ich ihr kaum ins Antlitz blicken konnte. Als die Gestalt sprach, offenbarte ihre sanfte Stimme die Kraft des Donners. „Legt eure Schwerter nieder!" sagte die Gestalt. „Die das Schwert nehmen, sollen durch das Schwert umkommen!" Die Nationen der Welt schauten erschrocken auf und ließen ihre Waffen fallen, und die Menschen dieser Welt jubelten miteinander.

WEITERE GEDANKEN ÜBER FRIEDEN UND ABRÜSTUNG

Ich möchte noch einmal betonen: aufrichtiges Gebet führt zu rechter Handlung, und „Glaube ohne Handlung ist tot". Ein ausgezeichneter Weg, Gedanken in die Tat umzusetzen, ist das Schreiben eines Briefs für den Frieden.

Abrüstung ist nur langsam in die Tat umsetzbar – teilweise weil die Angst so stark ist, teilweise wegen der vergeblichen Hoffnung, daß man mit Waffen vielleicht doch bestimmte Ziele erreichen könnte, teilweise weil einige Volkswirtschaften in Zeiten der Kriegsvorbereitung sehr gut zu funktionieren scheinen.

Das neue Zeitalter verlangt nach höheren Werten. Jene, die von Frieden sprachen, wurden früher Idealisten genannt, aber in diesem Atomzeitalter sind die Idealisten zu den einzigen Realisten geworden. Wir betrachteten uns selbst immer als Menschen mit hohen Idealen. Laßt uns in dieser Krisenzeit einige davon in die Tat umsetzen.

In dem Glauben, daß Krieg im Widerspruch zum Willen Gottes und zum gesunden Menschenverstand steht, und in dem Gefühl, daß der Weg des Friedens der Weg der Liebe ist, will ich für den Frieden arbeiten, indem ich den Weg der Liebe selbst gehe, indem ich jeder Gruppe, der ich angehöre, helfe, ihn zu beschreiten, indem ich der Nation, deren Bürger ich bin, helfe, ihn zu verwirklichen, indem ich den Vereinten Nationen helfe, ihn im Großen umzusetzen, und indem ich bete, daß die ganze Welt den Weg der Liebe einschlagen möge.

Ich möchte zu den Militärs sagen: Ja, wir müssen verteidigt werden; ja, wir brauchen euch. Die Luftstreitkräfte können für die Reinheit der Luft sorgen, die Infanterie kann sich um die beschädigten Wälder kümmern, die Marine kann die Meere säubern, die Küstenwache kann sich um die Flüsse kümmern, und das Heer wird gebraucht zum Bau von Talsperren, um katastrophale Fluten zu verhindern und zu anderen der Menschheit dienenden Zwecken.

Wir setzen uns selbst Grenzen, indem wir Dinge für unmöglich halten. Viele glauben, daß Friede in der Welt nicht möglich ist – viele glauben, daß man inneren Frieden nicht erreichen kann. Es ist der, der nicht um die Unmöglichkeit weiß, der es erreicht!

Der tiefere Grund all unserer Schwierigkeiten ist die Unreife. Deshalb spreche ich soviel über den Frieden in uns als Schritt zum Frieden in der Welt. Wären wir reif, so wäre Krieg unmöglich, und der Friede wäre uns sicher. In unserer Unreife kennen wir die Gesetze des Universums nicht, und wir meinen, daß das Böse durch noch mehr Böses überwunden werden könne. Ein Symptom unserer Unreife ist die Gier, die es uns schwer macht, die einfache Lehre vom Teilen zu lernen ...

Ich weiß aber auch, daß die Symptome manchmal so akut werden, daß wir, wenn wir nicht an den Symptomen arbeiteten, nicht überleben würden, um an den Ursachen zu arbeiten. So nahm ich während des Vietnamkrieges an einigen friedlichen Friedensdemonstrationen teil. Das war eine großartige Zeit. Die Menschen dieses Landes beendeten den Krieg, gegen die Regierung. Das zeigt die Macht des Volkes in diesem Lande.

Es gibt Symptome von Symptomen, wie das Verhungern ganzer Regionen. Gerne würde ich jedem Menschen Zugang zu reinem Essen, reinem Wasser und reiner Luft verschaffen. Ich möchte gerne jeden mit allen materiellen Bedürfnissen versorgen, sowie mit guter Nahrung für die Gedanken, mit schöner Umgebung und vielen anregenden Dingen. Man braucht nicht sehr gut in Mathematik zu sein, um sich auszurechnen, daß, wenn die Länder dieser Erde die Herstellung von Zerstörungswerkzeugen beenden würden, für alle Menschen die Bedingungen für ein sehr gutes Leben geschaffen werden könnten.

Wir müssen gemäß unserem höchsten Licht leben, wir müssen den Menschen, die aus der Harmonie geraten sind, in Liebe begegnen, und versuchen, sie für einen besseren Weg zu gewinnen. Wann immer man Harmonie in eine unfriedliche Situation bringt, trägt man zur Sache des Friedens bei. Wenn man etwas für den Weltfrieden leistet, für den Frieden zwischen Gruppen, zwischen einzelnen oder für den eigenen inneren Frieden, dann liefert man einen Beitrag für die gesamte Friedenssituation.

Wir dürfen nie vergessen, daß Ungehorsam gegen Gottes Gesetze Unheil bringt, obwohl die Menschen schließlich doch durch ihre Fehler lernen.

Werfen wir einen Blick auf unsere Welt. Eine arme, kriegsmüde Welt. Was ist los mit uns? Wir sind soweit voraus auf der materiellen Seite: wenn wir die materiellen Güter nicht haben, so wünschen wir sie uns doch. Aber wir sind so weit zurückgeblieben auf der spirituellen Seite: Wann immer wir technologischen Fortschritt erreichen, benutzen wir ihn als erstes zur Herstellung von Waffen und zum Töten von Menschen. Der Grund hierfür liegt in unserem spirituellen Rückstand. Wir müssen in Zukunft auf dem spirituellen Gebiet suchen. Wir müssen die beiden Seiten ins Lot bringen, damit wir den materiellen Wohlstand, den wir schon erreicht haben, gut nutzen können.

Während des Vietnamkrieges gab es sehr lebhafte Friedensaktivitäten. Als der Krieg vorbei war, ließ das nach, und es folgte eine Zeit der Gleichgültigkeit. Ich meine, das war unvermeidlich. Das geschieht nach jedem Krieg.

Nach jedem Krieg kommt auch eine Periode der Gewalt. Ich erlebte das sowohl nach dem Ersten, als auch nach dem Zweiten Weltkrieg. Ich erinnere mich, wie nach dem Zweiten Weltkrieg ein Mann in Camden, New Jersey, einfach fünf Menschen auf der Straße getötet hatte, und als man ihn faßte, sagte er: „Ihr habt mich gelehrt zu töten." Man hatte es ihm beim Militär beigebracht. Der Mann, der vom Turm der Universität von Texas schoß und fünfzehn Menschen tötete und andere verletzte, war vom Militär während des Vietnamkriegs ausgebildet worden.

DER PREIS DES FRIEDENS

Wir scheinen immer bereit zu sein, den Preis des Krieges zu zahlen. Fast fröhlich geben wir unsere Zeit und unseren Reichtum – unsere Glieder und sogar unser Leben – für den Krieg. Aber den Frieden wollen wir umsonst haben. Wir denken, daß wir leichtfertig Gottes Gesetze übertreten können und als Dank dafür Frieden erhalten. Nun, wir *werden* Frieden nicht umsonst bekommen – und wir erreichen ihn vor allem nicht, indem wir Gottes Gesetzen nicht gehorchen. Wir gewinnen den Frieden nur, wenn wir seinen *Preis* zahlen. Einer Welt, trunken von Macht, korrupt durch Gier und enttäuscht von falschen Propheten, mag der Preis des Friedens wirklich hoch erscheinen. Denn der Preis des Friedens ist Gehorsam gegenüber den höheren Gesetzen: Böses kann nur durch Gutes, Haß nur durch Liebe überwunden werden; nur mit guten Mitteln kann ein guter Zweck erreicht werden.

Der Preis des Friedens heißt, unsere Angst aufzugeben und sie durch Vertrauen zu ersetzen – Vertrauen, daß wir, wenn wir Gottes Gesetzen gehorchen, Gottes Segnungen erhalten werden. Der Preis des Friedens heißt, unseren Haß aufzugeben, auf daß die Liebe allein unsere Herzen regiert – Liebe für alle Mitmenschen auf der Welt. Der Preis der Liebe heißt, unsere Überheblichkeit aufzugeben und sie durch Reue und Demut zu ersetzen, in dem Gedanken, daß der Weg des Friedens der Weg der Liebe ist. Der Preis des Friedens heißt, unsere Gier aufzugeben und sie durch Freigebigkeit zu ersetzen, so daß niemand sich spirituell dadurch verletzt, daß er mehr hat als er braucht, während andere in der Welt immer noch weniger haben, als sie brauchen.

Menschen dieser Welt, die Zeit der Entscheidung ist kurz. Sie beträgt nur wenige Jahre. Es liegt an uns, ob wir den Preis für den Frieden zahlen wollen oder nicht. Wenn wir ihn nicht zahlen wollen, so wird alles, was uns wertvoll ist, in den Kriegsflammen untergehen. Die Dunkelheit in unserer heutigen Welt hat ihren Ursprung in der Zerstörung von Dingen, die im Widerspruch zu Gottes Gesetzen stehen. Laßt uns nie verzweifelt sagen, dies sei die Dunkelheit vor einem Sturm; laßt uns lieber mit Vertrauen sagen, daß dies die Dunkelheit vor der Dämmerung des Goldenen Zeitalter des Friedens sei, das wir uns jetzt nicht einmal vorstellen können. Dafür laßt uns hoffen und arbeiten und beten.

ERWEITERTE FORMEN
DES PAZIFISMUS

Viele Menschen kennen das einfache spirituelle Gesetz, daß Böses nur durch Gutes überwunden werden kann. Pazifisten kennen es nicht nur, sie versuchen auch, es zu leben. In ihrem Versuch, es zu leben, verweigern sie die Anwendung und Billigung von physischer Gewalt. Wenn ein Mensch gegen den Krieg ist, aber in seinem persönlichen Leben physische Gewalt anwendet, dann würde ich ihn *Kriegsgegner* nennen, aber nicht Pazifist. Wenn ein Mensch gewaltlose Methoden nur deshalb anwendet, weil er sie für die wirkungsvollsten Methoden hält, würde ich das *gewaltlosen Widerstand* nennen, aber nicht Pazifismus. Pazifisten gehen den gewaltlosen Weg, weil sie glauben, daß es der richtige Weg ist, und unter keinen Umständen würden sie einen anderen Weg gehen oder billigen.

Die tierische Natur denkt in Kategorien der „Dschungelgesetze von Töten und Getötetwerden", um jeden Widerstand auszumerzen. Aber dieses Gesetz löst keine Probleme der Menschen; es kann die Lösung nur hinausschieben und wird die Dinge letztlich verschlimmern.

Einige Nationen anerkennen sogar während sie die Dschungelgesetze in ihren Beziehungen mit anderen Nationen anwenden, also im Kriegszustand, daß Pazifisten sich nicht so verhalten können und befreien sie vom Militärdienst. Stattdessen leisten diese Menschen entweder Zivildienst oder gehen ins Gefängnis. Man nennt sie oft Verweigerer aus Gewissensgründen. Natürlich gibt es sehr wenig Kriegsdienstverweigerer, weil nur sehr wenige in diesem Alter genügend innere Wachheit erreicht haben.

Wenn ich über Ausweitungen des Pazifismus spreche, so weiß ich, daß ich nur zu Mit-Pazifisten spreche, einer sehr kleinen Gruppe in jeder modernen Gesellschaft. Mit dieser kleinen Gruppe, einer Gruppe, die ich sehr bewundere und achte, möchte ich gerne drei erweiterte Formen besprechen, die ich für mich entwickelt habe.

Ich habe meinen Pazifismus soweit geführt, daß ich nicht nur den Verzicht auf physische Gewalt, sondern auch den Verzicht auf psychologische Gewalt miteinbeziehe. Deshalb ärgere ich mich auch über nichts mehr. Ich spreche keine ärgerlichen Worte und denke keine ärgerlichen Gedanken! Wenn mir jemand etwas Böses zufügt, so empfinde ich nur Mitleid anstelle von Ärger. Sogar jene, die Leiden verursachen, betrachte ich mit tiefem Mitleid, in dem Wissen um all das Leid, das sie dadurch auf sich häufen. Wenn mich jemand hassen würde, so würde ich ihn dafür lieben, in dem Bewußtsein, daß Haß nur durch Liebe überwunden wird, und daß es Gutes in jedem Menschen gibt, das durch liebende Zuwendung erreicht werden kann. Wenn jemand den gewaltlosen Weg ohne Liebe geht, dann wird er es schwer haben. Wenn du Menschen zwingst, es dir gleich zu tun, ohne ihnen zu helfen, sich zu ändern, dann ist das Problem nicht wirklich gelöst. Wenn du dich erinnerst, daß *wir in Wirklichkeit alle eins sind,* so verstärkt das vielleicht deinen Wunsch zu transformieren, statt zu unterwerfen; und deinen Pazifismus so zu vertiefen, daß du nicht nur auf physische, sondern auch auf psychische Gewalt verzichtest.

Meiner Meinung nach sollte ziviler Ungehorsam nur als letzter Ausweg gelten. Im allgemeinen kann ein Mensch in Freiheit viel mehr erreichen als hinter Gittern. Ebenso wenig unterstütze ich erpresserische Aktionen, die psychische Gewalt als Mittel der Problemlösung rechtfertigen. Was wir einem einzelnen Menschen zufügen, berührt uns alle.

Ich bin in meinem Pazifismus soweit gegangen, daß ich nicht nur die Teilnahme am Krieg, sondern auch die Mitfinanzierung eines Krieges verweigere. Deshalb zahle ich, zumindest wissentlich, keine Steuern mehr. Seit mehr als dreiundvierzig Jahren lebe ich unterhalb der Einkommensteuergrenze. Dabei muß ich natürlich zugeben, daß es dafür noch einen zweiten Grund gibt: Ich kann nicht mehr annehmen als ich brauche, während andere in der Welt weniger haben als sie brauchen. Natürlich habe ich auch nie Alkohol- oder Tabaksteuern gezahlt, weil ich beides nie gebraucht habe, aber ich zahle auch keine Luxussteuern, da ich keine Luxusgüter verwende, und ich zahle keine Vergnügungssteuern, weil ich nicht zur Kundschaft von Vergnügungen gehöre.

Die Regierung mag zwar auch Dinge unterstützen, die wir billigen, aber unglücklicherweise ist es zur Zeit nicht möglich, nur dafür und nicht für Kriegsvorbereitungen zu zahlen. Ein Pazifist würde mit *nein* antworten, wenn die Regierung ihm das Angebot machen würde: „Wenn Sie die Hälfte Ihrer Zeit für Kriegsvorbereitungen arbeiten, dann können sie die andere Hälfte mit Arbeit für das Gute verbringen." Es gibt aber Pazifisten, die darauf mit *ja* antworten, wenn es eine Frage des Geldes, nicht der Zeit, ist. Es ist mir klar, daß die Menschen dazu neigen, in der einen oder anderen Weise inkonsequent zu sein, da ich aber meine, ich muß so konsequent sein wie ich nur kann, bin ich in meinem Pazifismus soweit gegangen, daß ich nicht nur die Teilnahme am Krieg, sondern auch die Mitfinanzierung eines Krieges verweigere.

Ich bin in meinem Pazifismus soweit gegangen, daß ich sowohl das Verletzen von Menschen als auch das Verletzen von Tieren ablehne. Deshalb habe ich seit Jahren kein Fleisch mehr gegessen – kein Fleisch, kein Geflügel, keinen Fisch. Ich verwende auch keine Pelze oder Federn, Leder oder Knochen. Ich weiß, daß einige Menschen nur aus Gesundheitsgründen Vegetarier sind und deshalb nicht unbedingt den Krieg ablehnen. Einigen Menschen mag es schwerfallen, kein Fleisch zu essen, mir nicht. Ich habe nach Fleisch von Tieren nicht mehr Verlangen, als es der normale Mensch nach Fleisch von Menschen hat. Ich glaube, die meisten Pazifisten – ja, die meisten modernen Menschen – würden kein Fleisch essen, wenn sie die Tiere selbst töten müßten. Ich glaube, wenn du ein Schlachthaus besichtigen müßtest, so würde dich das ermutigen, in deinem Pazifismus so weit zu gehen, das Verletzen von Tieren ebenso wie das Verletzen von Menschen abzulehnen.

Es findet heute ein Erwachen statt, das sehr wohl in eine neue Blütezeit münden kann. Vielleicht zwingt uns der Überlebenswille in diese Richtung ... vielleicht ist es die Erkenntnis, daß etwas getan werden muß, um aus der gegenwärtigen Misere herauszukommen, die uns antreibt. Gruppen, die traditionell Gewalt angewandt haben, sprechen heute über gewaltlosen Widerstand. Menschen, die früher begeistert an kriegerischen Aktivitäten teilgenommen haben, wandeln sich zu Kriegsgegnern. Immer mehr Menschen werden Pazifisten. Deshalb erwarte ich von Pazifisten, daß auch sie voranschreiten und ihren Pazifismus immer weiter ausdehnen.

Die folgenden Zitate fanden wir unter den wenigen Notizen, die Peace Pilgrim in den Taschen ihrer Tunika trug:

General Omar Bradley: „So wie Kriege sicherlich provoziert werden können, so können sie auch verhindert werden, und wir, die wir dabei versagen, sie zu verhindern, tragen Mitschuld an den Toten."

General Douglas MacArthur: „Ich habe den Krieg kennengelernt, wie ihn wenige heute lebende Menschen kennen. Gerade seine große zerstörerische Gewalt für Freund wie Feind hat ihn als Mittel zur Schlichtung internationaler Streitigkeiten nutzlos gemacht."

Papst Johannes XXIII: „Wenn Verwaltungsbehörden etwas, das im Widerspruch zum Willen Gottes steht, gesetzlich vorschreiben oder erlauben, so sind weder die geschaffenen Gesetze noch die übertragene Vollmacht für das Gewissen der Bürger bindend, denn Gott hat mehr Anspruch auf Gehorsam als die Menschen."

Dwight D. Eisenhower: „Jedes Gewehr, das hergestellt wird, jedes Kriegsschiff das vom Stapel gelassen wird, jede Rakete, die abgefeuert wird, bedeutet letztlich einen Diebstahl von den Hungrigen, die nichts zu essen haben, von den Frierenden, die nichts anzuziehen haben." Als „Zeuge des Grauens und des lange andauernden Kriegsleids – als einer, der weiß, daß ein weiterer Krieg diese Zivilisation gänzlich auslöschen könnte", warnte er vor dem militärisch-industriellen Komplex.

John F. Kennedy: „Die Menschheit muß dem Krieg ein Ende setzen, sonst wird der Krieg der Menschheit ein Ende setzen ... Kriege wird es bis zu jenem fernen Tag geben, an dem der Kriegsdienstverweigerer dasselbe Ansehen genießt, wie der Kriegsdienende heute."

Lyndon B. Johnson: „Gewehre und Bomben, Raketen und Kriegsschiffe sind alles Symbole des menschlichen Versagens."

Papst Johannes Paul II: „Angesichts des vom Menschen geschaffenen Elends, das jeder Krieg darstellt, muß man sich immer wieder versichern, daß Kriege *nicht* unvermeidbar oder unabänderlich sind. Die Menschheit ist nicht zur Selbstzerstörung bestimmt. Zusammenstöße verschiedener Ideologien, Bestrebungen und Bedürfnissen können und müssen durch andere Mittel als durch Krieg und Gewalt geregelt und gelöst werden."

Hermann Göring, während des Nürnberger Prozesses: „Nun, natürlich wollen die Menschen keinen Krieg. Warum sollte ein armer Teufel von einem Bauern sein Leben in einem Krieg aufs Spiel setzen wollen, wenn das Beste, was ihm passieren kann, ist, daß er unversehrt auf seinen Bauernhof zurückkehrt. Natürlich will das einfache Volk keinen Krieg: weder in Rußland, noch in England, noch in Deutschland, was das betrifft. Das ist klar. Aber schließlich wird die Politik von den Führern eines Landes bestimmt, und es ist immer ein leichtes, die Leute mitzureißen, ob in einer Demokratie, ob in einer faschistischen Diktatur, ob in einem Parlament oder in einer kommunistischen Diktatur. Ob Stimmrecht oder nicht, der Führer kann sich die Menschen immer gefügig machen. Das ist leicht. Man muß ihnen nur vormachen, sie seien angegriffen, und die Pazifisten anklagen, daß sie keinen Patriotismus hätten und das Land einer Gefahr aussetzten. Das funktioniert gleichermaßen in jedem Land."

Ich habe noch nie jemanden getroffen, der einen Bunker gebaut hat und sich dadurch geschützt gefühlt hätte. Ich habe nie einen modernen Militär getroffen, der nicht erkannt hätte, daß militärischer Sieg im Atomzeitalter eine veraltete Vorstellung ist, und die meisten Zivilisten wissen das ebenso. Die Einsicht verlangt, daß wir aufhören mit den Vorbereitungen für einen Krieg, der die ganze Menschheit zerstören würde, und anfangen, die *Samen* des Krieges auszurotten.

KINDER UND DER WEG DES FRIEDENS

Ich traf ein Ehepaar, das entschlossen war, seine vier Kinder den Weg des Friedens zu lehren. Jeden Tag beim Abendessen hielten sie eine regelrechte Predigt über Frieden. Aber eines Abends hörte ich, wie der Vater den ältesten Sohn anschrie. Am nächsten Abend hörte ich, wie der älteste Sohn den jüngeren Bruder in demselben Ton anschrie. Die Worte der Eltern hatten nicht den geringsten Eindruck auf die Kinder gemacht – ihren *Taten* folgten die Kinder.

Es ist sehr wichtig, den Kindern spirituelle Werte einzupflanzen. Viele Menschen leben ihr ganzes Leben nach den Werten, die ihnen in der Kindheit mitgegeben wurden. Wenn Kinder lernen, daß sie dann am meisten Aufmerksamkeit und Liebe anziehen, wenn sie konstruktive Dinge tun, so werden sie aufhören, destruktiv zu handeln. Am wichtigsten aber, vergiß nicht, daß Kinder durch Beispiel lernen. Was immer du auch sagen magst, was du *tust*, ist das, was sie beeinflußt.

Das ist eine große Herausforderung für die Eltern. Lehrt ihr eure Kinder den Weg der Liebe, der der Weg der Zukunft ist?

Es macht mich betroffen, wenn ich sehe, wie ein kleines Kind im Fernsehen beobachtet, wie der Held den Bösewicht erschießt. Dadurch lehrt man kleine Kinder, daß das Töten von Menschen heldenhaft ist. Der Held hat es getan, und es hat gewirkt. Es war akzeptiert und der Held stand anschließend gut da.

Wenn genügend von uns inneren Frieden finden, um die Institution Fernsehen beeinflussen zu können, so wird das Kind sehen, wie der Held den Bösewicht verändert und zu einem besseren Leben führt. Es wird sehen, wie der Held etwas Bedeutsames im Dienste seiner Mitmenschen vollbringt. So wird den kleinen Kindern die Vorstellung vermittelt, daß man, wenn man ein Held sein will, den Menschen helfen muß.

Ich kenne einen Prediger, der einige Zeit in Rußland verbrachte. Er sah kein einziges russisches Kind mit Pistolen spielen. Er besuchte die großen Spielzeugläden in Moskau und entdeckte, daß es keine Spielzeugpistolen oder sonstige Zerstörungswerkzeuge als Spielzeug zu kaufen gab.

Friedenserziehung gibt es in einigen kleinen Kulturen inmitten unserer größeren Kultur. Ich kannte ein Ehepaar, das zehn oder zwölf Jahre unter den Hopi-Indianern lebte. Sie sagten zu mir: „Peace, es ist erstaunlich – sie verletzen niemals irgend jemanden."

Ich selbst bin unter den Amish gewandert. Man lebt dort in ziemlich großen Gemeinschaften. Es sind friedliche, sichere und gewaltlose Gemeinschaften. Ich sprach mit ihnen und fand als Grund heraus, daß sie von Kind auf lernen, wie undenkbar es ist, einen Menschen zu verletzen. Deshalb kommt das nie vor. Das alles kann man durch Erziehung erreichen.

Einmal brachte mir eine Frau ihr vier oder fünf Jahre altes Mädchen herüber und sagte: „Peace, kannst du meiner Tochter erklären, was gut und was schlecht ist?" Ich sagte zu dem Kind: „Schlecht ist etwas, das jemandem schadet. Wenn du *junk food* ißt, so schadet dir das, deshalb ist das schlecht." Sie verstand. „Gut ist etwas, das jemandem hilft. Wenn du deine Spielsachen aufräumst und sie in die Spielzeugschachtel zurückbringst, so hilfst du damit deiner Mutter, deshalb ist das gut." Sie verstand. Manchmal ist die einfachste Erklärung die beste.

Wenn meine Eltern mich zu Bett brachten, so pflegten sie – sehr klug – zu sagen: „Es wird dunkel, damit es für dich ein ruhevoller Schlaf wird. Nun schlafe ein in dieser freundlichen, ruhevollen Dunkelheit." So ist mir Dunkelheit immer als etwas freundliches und ruhevolles erschienen. Ob ich jetzt die ganze Nacht laufe, um mich warm zu halten, oder ob ich am Straßenrand schlafe, immer bin ich in dieser freundlichen, ruhevollen Dunkelheit.

Kinder müssen irgendwo Wurzeln haben, wenn sie aufwachsen, und die Eltern wären gut beraten, sich den Ort sorgfältig auszusuchen, wo sie ihre Kinder aufziehen wollen, bevor sie sie in die Welt setzen.

DIE VERÄNDERUNG UNSERER GESELLSCHAFT

Ich bin gefragt worden, ob ich irgendwelche Vorschläge für eine friedliche Lösung unserer nationalen und internationalen Probleme anzubieten hätte. Zum einen, denke ich, daß ein großer Schritt zum Weltfrieden die Einführung einer Weltsprache wäre.

Das erste Mal erlebte ich die Sprachbarriere im Spanisch sprechenden Mexiko, wo ich mich den Leuten nur durch meine übersetzte Botschaft und mein Lächeln verständlich machen konnte. Dann stieß ich in der Provinz Quebec in Kanada wieder darauf. Kanada ist ein zweisprachiges Land. In den Schulen in Quebec wird auf französisch unterrichtet, und viele Menschen in Quebec können nicht englisch sprechen. Ich hatte die übersetzte Botschaft bei mir, und man bot mir Essen und Übernachtung durch Zeichensprache an. Aber dann war es mit der Kommunikation auch schon zu Ende. Das machte mir erneut die große Notwendigkeit einer Weltsprache deutlich.

Ich meine, daß eine von der UNO ausgewählte Expertenkommission so schnell wie möglich entscheiden sollte, welche Sprache dafür am besten geeignet ist. Wenn man sich einmal für eine Sprache entschieden hat, so kann sie in allen Schulen neben der Landessprache unterrichtet werden, so daß bald in der ganzen Welt alle Menschen, die eine Schule besucht haben, sich miteinander unterhalten können. Ich glaube, das wäre der größte einzelne Schritt, den wir in Richtung auf die Weltverständigung unternehmen könnten, und wir würden damit dem Weltfrieden ein großes Stück näher kommen. Wenn wir miteinander reden können, dann werden wir entdecken, daß unsere Gemeinsamkeiten um vieles größer sind als unsere Unterschiede, wie groß diese auch scheinen mögen.

ÜBER DEMOKRATIE UND GESELLSCHAFT

Demokratie heißt für mich Steuerung durch das Volk. Sklaven sind Menschen, die anderen erlauben, ihr Leben zu steuern. Wenn es den Menschen gelingt, ihre Probleme gerecht und effizient an der Basis zu lösen, so behalten sie die Kontrolle über ihr Leben. Wenn sie aber die Lösung ihrer Probleme einer höheren Autorität übertragen, so verlieren sie die Kontrolle über ihr Leben.

Wir haben ein ansehnliches Maß an individueller Demokratie erreicht – z. B. das Recht des einzelnen auf freie Meinungsäußerung. Wir haben auch eine Menge politische Demokratie. Wir machen Fortschritte mit der *sozialen* Demokratie. Hätten wir soziale Demokratie, so würde jeder Mensch nach seinen Verdiensten bemessen und nicht nach seiner Gruppenzugehörigkeit. Es gibt Gesetze in diese Richtung; wir müssen noch einen langen Weg gehen, aber wir werden dahin kommen.

Am schlechtesten schneiden wir bei der wirtschaftlichen Demokratie ab. Hier haben wir nicht sehr viel Einfluß, und das beunruhigt mich. Denke daran, wenn wir der Welt ein gutes Beispiel setzen wollen, müssen wir uns selbst bessern. Ich will dir eine traurige Geschichte erzählen:

Ich ging bei Leuten durchs Wohnzimmer. Zwei Komiker im Fernsehen machten Witze vor dem Publikum, und einer von ihnen sagte: „Ich habe von meiner Firma eine Auszeichnung bekommen." „Warum?" „Ich entwickelte eine Methode, um zu erreichen, daß ihr Produkt schneller verschleißt!" Alles im Publikum lachte.

Das ist nicht zum Lachen. Rohmaterialien und Energie werden immer knapper. Zukünftige Generationen werden uns als Idioten ansehen, die auf Unbrauchbarkeit hin fabriziert haben. Ja, jeder weiß, was wir tun, und man lacht auch noch darüber. Da muß man Abhilfe schaffen, ganz offensichtlich.

Ein weiterer Punkt, wo man Abhilfe schaffen muß, ist die Arbeitslosigkeit. Ich bin darüber sehr beunruhigt. Etwa sieben oder acht Millionen unserer Mitmenschen in diesem Lande sind arbeitslos. Wie wirkt sich das auf die Leute aus? Es macht sie psychisch krank, weil ihnen von der Gesellschaft gesagt wird, daß man sie nicht braucht, daß es für sie keinen Platz gibt. Arbeitslosigkeit ist etwas Schreckliches. Wir müssen dem abhelfen, und wir müssen dem sofort abhelfen.

Mein Vorschlag ist folgender: Nach einer gewissen Zeitspanne sollten sich alle arbeitsfähigen Arbeitslosen um Gemeinschaftsarbeit bewerben können, die wie andere Wohlfahrtseinrichtungen finanziert wird. Es müßte nicht einmal eine Ganztagsbeschäftigung sein, aber man würde sich verdienen, was man an Unterstützung bekommt.

Es gibt keinen seelisch gesunden Menschen, der sich nicht eine sinnvolle Beschäftigung wünscht. Ich weiß, daß es einige wenige psychisch kranke Menschen gibt, für die dies nicht zutrifft, – vor allem die, die schon lange arbeitslos sind, und denen es psychisch sehr schlecht geht. Aber das trifft auf die meisten Menschen nicht zu. Die meisten Leute würden sich begierig auf die Chance stürzen, etwas tun zu können.

Vom spirituellen Standpunkt aus kann man aus der Harmonie geratene Dinge, wie es der heute praktizierte Kommunismus ist, am besten in den Griff bekommen, wenn man keine Angst davor hat – Angst kräftigt das Böse. Laß gute Einflüsse darauf einwirken; sei ein gutes Vorbild. Versuche nie, es durch Übernahme seiner falschen Philosophie zu bekämpfen. Zum Beispiel heißt es, daß zur Philosophie kommunistischer Regierungen die Auffassung „Der Zweck heiligt die Mittel" gehöre – was tatsächlich die Philosophie aller Länder ist, die Krieg als Mittel einsetzen. Nimm dir lieber die spirituelle Philosophie „Die Mittel heiligen den Zweck" zu Herzen, und denke daran, daß nur gute Mittel wirklich einem guten Zweck dienen können.

Nur durch Beispiele können wir etwas verändern. Deshalb, wenn ich in diesem Land die Macht dazu besäße, so würde ich ein sehr sanftes, gutes Beispiel geben: Ich würde ein Friedensministerium einrichten. Das wäre mit einer sehr nützlichen Aufgabe betraut. Es würde friedvolle Wege der Konfliktlösung, Kriegsverhinderungsmaßnahmen und die Anpassung der Wirtschaft an den Friedenszustand erforschen. Es würde mit großer Publizität gegründet werden, und wir würden alle Nationen dazu auffordern, ein ähnliches Ministerium einzurichten und mit uns zusammen für den Frieden zu arbeiten. Ich denke, daß viele Nationen dazu bereit wären. Kommunikation unter den Friedensministerien wäre ein Schritt zum Weltfrieden.

Während des Vietnamkrieges fragte ich meine Brieffreunde in aller Welt die gleiche Frage: „Welches Land stellt in den Augen Deiner Landsleute die größte Bedrohung für den Weltfrieden dar?" Ich bekam eine einstimmige Antwort: Nicht Rußland, nicht China, sondern wir! Ich fragte, warum. Die Antworten fielen ein bißchen unterschiedlich aus. Die Orientalen antworteten: „Weil ihr als einzige Nation die Atombombe eingesetzt habt, um Menschen zu töten, und niemand kann uns garantieren, daß ihr sie nicht wieder einsetzt." In Süd- und Lateinamerika sagten sie: „Heute ist es Vietnam – und morgen werden wir es sein." In Europa und einigen anderen Erdteilen lautete die Antwort meistens: „Eure Wirtschaft arbeitet am besten in Kriegszeiten oder in Zeiten der Kriegsvorbereitungen", oder: „In eurem Land kann man durch Krieg oder durch Kriegsvorbereitungen das große Geld verdienen."

Ich berichte dies nicht gerne, es ist so negativ, aber ich meine, wir müssen wissen, daß die Länder auf dieser Erde nicht immer unser gutes Herz sehen, wenn sie über den Ozean blicken. Sondern sie sorgen sich wegen unserer Aktionen.

Ich möchte, daß wir nicht nur alle möglichen Schritte in Richtung Abrüstung und Frieden in der Welt unternehmen, sondern daß wir auch der Welt ein immer besseres Beispiel geben.

In den letzten Jahren hörte ich von einer ganzen Reihe meiner ausländischen Freunde: „Rußland hat Salt II unterzeichnet, warum habt ihr nicht unterschrieben? Seid ihr weniger an Abrüstung interessiert als die Russen?" Ich hatte keine Antwort. Ich wünschte, wir hätten unterzeichnet. Es wäre ein freundlicher

Schritt, nicht annähernd genug, aber wir hätten unterzeichnen sollen, um dann verstärkt für Salt III und jede erreichbare Übereinkunft zu arbeiten.

Auf meinem Weg durch Kanada wurde ich eingeladen, während des Konzerts des Jugendchors der Vereinigung spiritueller Gemeinschaften Christi (Union of Spiritual Communities of Christ) zu sprechen; sie sind unter dem Namen Doukhobor bekannt, eine Pazifistengruppe, die im letzten Jahrhundert aus Rußland emigrierte. Ich sagte zu ihnen: „Ihr habt eine besondere Botschaft für diese Welt, insbesondere für Rußland. Da viele von euch Russisch sprechen, könntet ihr doch eine Friedensbotschaft nach Rußland senden. Diesen Chor zum Beispiel. Ihr habt die einzigartige Möglichkeit, mit ihnen in ihrer eigenen Sprache zu sprechen, anders als die gewöhnlichen Abordnungen, die oft gar nicht mit ihnen kommunizieren können. Diese Art von Austausch ist in der gegenwärtigen historischen Krise notwendig."

Die Vereinten Nationen müssen verbessert werden. Wir Menschen dieser Welt müssen lernen, das Wohl der gesamten Menschheit über das Wohl irgendeiner Gruppe zu stellen. Hunger und Leiden müssen gelindert werden. Ein umfassender Austausch von Menschen zwischen den Ländern der Erde wäre sehr hilfreich.

Im Zusammenhang mit dem Frieden gibt es einige nationale Probleme – es muß am Frieden unter Gruppen gearbeitet werden. Unser vordringlichstes nationales Problem ist es jedoch, unsere Wirtschaft an eine Friedenszeit anzupassen.

GEMEINSCHAFTLICHE FRIEDENSAKTIONEN

In dieser Krisenzeit sollte es in jeder Stadt ein Friedenskommittee geben. So eine Gruppe kann mit einer Handvoll interessierter Menschen anfangen.

Ich habe vorgeschlagen, daß Friedensgemeinschaften mit einer Friedensgebetsgruppe beginnen sollten, um den Weg zum Frieden zu suchen. Beim ersten Treffen beschäftigt euch mit dem inneren Frieden. Betet dafür und diskutiert darüber. Wenn ihr innere Widerstände wahrnehmt, die euren spirituellen Fortschritt hemmen, so konzentriert euch in der Zeit zwischen den Treffen auf die Beseitigung dieser Widerstände. Beim zweiten Treffen beschäftigt euch mit Harmonie unter den einzelnen. Wenn ihr merkt, daß ihr mit einer bestimmten Person kein harmonisches Verhältnis habt, so versucht dem in der Zeit zwischen den Treffen abzuhelfen. Beim dritten Treffen beschäftigt euch mit Harmonie unter Gruppen. Versucht, zwischen den Treffen als Gruppe zu handeln, indem ihr einer anderen Gruppe eine Freundlichkeit oder eine Hilfe erweist. Auf dem vierten Treffen beschäftigt euch mit Frieden zwischen Nationen. Unterstützt in der Zeit zwischen euren Treffen Menschen, die etwas Gutes für den Frieden getan haben. Beim nächsten Treffen beginnt den Zyklus wieder von vorne.

An manchen Orten hat man meine Texte in Gebetsgruppen verwendet, da sie sich von einem spirituellen Standpunkt aus mit Frieden beschäftigen. Lest einen Absatz, denkt darüber in empfänglicher Stille nach, dann sprecht darüber. Macht so viele Gebetstreffen, wie ihr braucht, um die Texte durchzugehen. Jeder, der die darin enthaltenen spirituellen Wahrheiten verstehen und fühlen kann, ist spirituell bereit, für den Frieden zu arbeiten.

Als nächstes folgt eine *Friedensstudiengruppe*. Wir müssen uns ein klares Bild von der gegenwärtigen Weltlage machen und von den Maßnahmen, die notwendig sind, um sie in eine friedvolle Weltlage zu verwandeln. Auf jeden Fall müssen alle gegenwärtigen Kriege aufhören. Offensichtlich müssen wir einen Weg finden, um gemeinsam unsere Waffen niederzulegen. Wir müssen Mechanismen zur Vermeidung *physischer* Gewalt einrichten, in einer Welt, in der psychische Gewalt immer noch existiert.

Nachdem dir und deinen Freunden die Weltprobleme und die Schritte zu ihrer Lösung klar geworden sind, seid ihr bereit, eine *Friedensaktionsgruppe* zu werden. Das kann ganz allmählich vor sich gehen, indem ihr auf jedes Problem reagiert, das ihr zu verstehen gelernt habt. Friedensaktionen sollten immer so unternommen werden, daß ihr den Weg des Friedens lebt. Das kann auch in

Form von Briefeschreiben geschehen: an Gesetzgeber über Friedensgesetze, für die ihr euch einsetzt, an Journalisten über Friedensthemen, an Freunde darüber, was ihr über Frieden gelernt habt. Es kann in Form von öffentlichen Versammlungen geschehen, mit Vorträgen über Friedensthemen, Verteilen von Friedensliteratur, mit Gesprächen über Frieden, einer Friedenswoche, einem Friedensfest, einem Friedensmarsch, einer Friedensparade oder einem Friedensschwimmen. Es kann darin bestehen, daß man bei Wahlen für diejenigen seine Stimme abgibt, die sich dem Weg des Friedens verpflichtet haben. Man hat viel mehr Kraft, wenn man *für* die richtige Sache arbeitet, als wenn man *gegen* die falsche Sache arbeitet. Wenn sich das Richtige festigt, dann wird das Falsche von alleine verschwinden. Friedensarbeit an der Basis ist lebenswichtig. Alle, die für den Frieden arbeiten, gehören zu einer besonderen Friedensgemeinschaft – ob sie nun zusammen oder einzeln arbeiten.

Einige der Schritte zum Frieden, über die ich zu Beginn meiner Pilgerreise gesprochen habe, sind schon gemacht oder zumindest begonnen worden. Eine umfangreiche Annäherung von Mensch zu Mensch ist im Gange, mit Studenten- und Kulturaustausch. Forschungen über friedvolle Wege der Konfliktlösung werden nun von einer Reihe unserer Universitäten durchgeführt, und auch unser Nachbar Kanada bietet Vorlesungen darüber an.

Ich glaube, es ist gut möglich, daß wir in der gegenwärtigen Zeit einen äußeren Frieden erreichen. Historisch gesprochen, wenn die Menschen die Wahl zwischen Zerstörung und Änderung haben, dann wählen sie eher die Änderung, und das ist nahezu das einzige, das sie zu einer Änderung bewegen kann. So besteht gegenwärtig die Möglichkeit, daß wir eine andere Richtung in dieser Welt einschlagen – die Möglichkeit besteht!

Ihr kleinen Leute dieser Welt, wir wollen uns nie wieder hilflos fühlen. Laßt uns immer daran denken: wenn genügend von uns gemeinsam etwas fordern, so werden sogar so große Dinge wie weltweite Abrüstung und Weltfrieden gewährt. *Laßt uns gemeinsam fordern!*

DER WEG EINER PILGERIN

Einmal fragte man mich: „Was tut eine Pilgerin?" Eine Friedenspilgerin betet und arbeitet für inneren und äußeren Frieden. Für eine Friedenspilgerin ist der Weg der Liebe der Weg des Friedens, und den Weg der Liebe zu verlassen, heißt, den Weg einer Friedenspilgerin zu verlassen. Eine Friedenspilgerin gehorcht Gottes Gesetzen und sucht aufmerksam in aller Stille Gottes Führung für ihr Leben! Eine Friedenspilgerin steht dem Leben offen gegenüber, löst seine Probleme und taucht unter die Oberfläche, um seine Wahrheiten und Wirklichkeiten zu entdecken. Eine Friedenspilgerin sucht nicht die Vielfalt materieller Dinge, sondern die Vereinfachung materiellen Wohlbefindens mit dem letzten Ziel, nur ihre Grundbedürfnisse zu decken. Eine Friedenspilgerin reinigt den körperlichen Tempel, die Gedanken, die Wünsche und die Motive. Eine Friedenspilgerin gibt so schnell wie möglich jeden Eigenwillen, das Gefühl der Getrenntheit, alle Bindungen, alle negativen Gefühle auf.

Nach der Tradition wandert eine Pilgerin im Vertrauen auf Gott, ohne irgendwelche vorhersehbare Unterstützung. Ich gehe bis man mir Unterkunft gewährt. Ich faste, bis man mir zu Essen gibt. Man muß es mir anbieten, ich bitte nicht darum. Und es wird angeboten!

Alles wird mir geschenkt, und ich reiche es weiter. Man muß geben, wenn man empfangen will. Das Wesen deines Inneren sei geben, geben, geben. Man kann nie zu viel geben, und man wird entdecken, daß man nie geben kann, ohne zu empfangen. Diese Art zu leben, ist nicht den Heiligen vorbehalten, sondern sie ist für kleine Leute wie dich und mich – wenn wir uns öffnen, um jedem zu geben.

Als Pilgerin ist es mein Auftrag, die Botschaft der spirituellen Wahrheit zu verkünden. Es ist ein Auftrag, den ich mit Freuden annehme, und ich verlange nichts als Gegengabe, weder Lob noch

Ruhm, noch den Glanz von Silber und Gold. Ich freue mich einfach, daß ich den Eingebungen eines Höheren Willens folgen darf.

Ich habe viel anzubieten: In erster Linie beschäftige ich mich damit, nach Gottes Gesetzen zu leben. Ich weise anderen den Weg der mystischen Annäherung an Gott, zum Reich des inneren Friedens. Es ist umsonst, man muß nichts bezahlen.

Es gab eine Zeit – als ich inneren Frieden erreichte – da starb ich, starb vollkommen in mir selbst. Seitdem habe ich meine frühere Identität aufgegeben. Ich sehe keinen Grund, an meiner Vergangenheit festzuhalten, sie ist tot und sollte nicht wiedererweckt werden. Fragt nicht nach mir – fragt nach meiner Botschaft. Es ist nicht wichtig, sich des Botschafters zu erinnern, wichtig ist nur die Botschaft.

Wer bin ich? Es ist nicht wichtig, daß ihr wißt, wer ich bin; es ist von geringer Bedeutung. Dieses Gewand aus Erde ist das einer besitzlosen Pilgerin auf der Reise im Namen des Friedens. Was so sehr wichtig ist, ist das, was man nicht sehen kann. Ich bin jemand, der von der Kraft des Glaubens angetrieben wird; ich bade im Licht ewiger Weisheit; die unendliche Energie des Universums erhält mich; das ist es, was mich wirklich ausmacht!

In mir ist immer ein Gefühl der Ehrfurcht und der Verwunderung über das, was Gott vermag – wenn er mich als Werkzeug benutzt. Ich glaube, daß jeder, der sich Gottes Willen ganz hingibt, ein ruhmreiches Werkzeug sein kann – und wirklich zu Wissen kommt und dann vielleicht selbstgerecht genannt wird. Selbstgerecht nennt man jemanden, der so egozentrisch ist, daß er meint, alles zu wissen – aber selbstgerecht nennen die Unreifen auch jene, die so auf Gott konzentriert sind, daß sie wirklich das eine oder andere wissen.

Mein Wunsch ist es, nach Vollkommenheit zu streben; so gut wie möglich im Einklang mit Gottes Willen zu sein; meinem höchsten Licht entsprechend zu leben. Natürlich bin ich noch nicht vollkommen, aber täglich lerne ich dazu. Wäre ich vollkommen, so wüßte ich alles und könnte alles tun; ich wäre wie Gott. Jedoch kann ich alles tun, wozu ich *berufen* bin, und ich weiß alles, was ich wissen muß, um meine Aufgabe im göttlichen Plan auszuführen, und ich erfahre das Glück eines Lebens im Einklang mit dem, was Gott mir zugedacht hat.

Kein Lob, das ich bekomme, verändert mich, da ich es sofort an Gott weitergebe. Ich wandere, weil Gott mir die Kraft dazu gibt. Ich lebe, weil Gott die Voraussetzungen dafür schafft. Ich spreche, weil Gott mir die Worte eingibt. Alles, was ich getan habe, war, meinen Willen Gottes Willen hinzugeben. Mein ganzes Leben war eine Vorbereitung auf dieses Unternehmen. Das ist mein Ruf. Das ist meine Berufung. Das ist meine Aufgabe. Ich könnte mit nichts anderem glücklich sein.

Als ich meine Pilgerreise begann, verließ ich das Gebiet um Los Angeles ohne einen Pfennig Geld, in dem Vertrauen, daß Gott mir alles Notwendige zukommen lassen werde. Obwohl ich nie um etwas gebeten habe, hat mich Gott auf dem Weg mit allem versorgt. Ohne je zu bitten, habe ich alles bekommen.

Ich habe Vertrauen, daß Gott für mich sorgt, und Gott gibt mir alles Notwendige. Ich fühle mich überhaupt nicht verunsichert, wenn ich nicht weiß, wo ich in der Nacht schlafen werde, wo oder wann ich als nächstes essen werde. Wenn man spirituelle Sicherheit besitzt, dann empfindet man kein Bedürfnis mehr nach materieller Sicherheit. Ich kenne niemanden, der sich sicherer fühlt als ich – und natürlich glauben die Menschen, ich sei die Ärmste unter den Armen. Aber ich weiß es besser, ich bin die Reichste unter den Reichen. Ich besitze Gesundheit, Glück, inneren Frieden – Güter, die du dir nicht kaufen könntest, selbst wenn du ein Milliardär wärest.

Meine Arbeit fällt mir leicht, und ich verrichte sie freudig. Ich fühle mich von Schönheit umgeben, und ich sehe Schönheit in jedem Menschen, dem ich begegne, denn ich sehe Gott in allem. Ich erkenne meine Rolle im Weltgefüge und finde Harmonie, indem ich sie glücklich und in Freuden lebe. Ich erkenne meine Einheit mit der Menschheit und meine Einheit mit Gott. Mein Glück fließt über in Liebe und Geben gegenüber jedermann und allem.

Licht suche ich direkt an der Quelle des Lichtes, nicht bei einer der Reflexionen. Auch gebe ich neuem Licht in mir Raum, indem ich gemäß meinem höchsten Licht lebe. *Das Licht, das direkt von der Quelle kommt, kann man nicht verkennen, denn sie ist begleitet von vollem Verständnis, so daß man es erklären und darüber sprechen kann.* Ich rate zu diesem Weg allen, die fähig sind, ihn zu gehen. Großer Segen wartet auf jene, die weise genug sind, ihr höchstes Licht alsbald anzuwenden.

Was man von außen erhält, kann mit Wissen verglichen werden. Es führt zu Glauben, der selten stark genug ist, um Handeln auszulösen. Was von innen her bestätigt wird, nachdem es von außen aufgenommen wurde, oder was man direkt von innen erhält (wie es bei mir der Fall ist), kann mit Weisheit verglichen werden. Es führt zu Wissen und unmittelbar zum Handeln.

In meinem Umgang mit Menschen bin ich nicht streng, noch gebe ich Verordnungen oder Richtlinien. Meine Aufgabe ist es, die göttliche Natur im Menschen zu erwecken. Es ist mein Ruf, Türen der Wahrheit zu öffnen und Menschen zum Denken anzuregen, andere aus ihrer Gleichgültigkeit und Lethargie zu reißen und sie dazu zu bringen, selbst den inneren Frieden zu suchen. So weit geht meine Aufgabe, mehr kann ich nicht tun. Alles weitere überlasse ich einer höheren Macht.

Glaube ist das Vertrauen in etwas, das man nicht durch seine Sinne erfahren hat und das der Verstand nicht begriffen hat, sondern das man auf andere Weise erfahren und angenommen hat. Über Glauben zu sprechen ist einfach; ihn zu leben ist etwas anderes. *Glauben* heißt für mich, daß die Menschen durch ihren eigenen freien Willen sich öffnen und mit Gott in Berührung kommen können, und *Gnade* heißt, daß Gott sich immer den Menschen öffnet. Für mich ist es sehr wichtig, in ständiger Berührung mit Gott, oder dem göttlichem Ziel, zu bleiben.

Menschen haben oft versucht, ihre spirituelle Verarmung durch das Anhäufen materieller Güter auszugleichen. Wenn uns spirituelle Segnungen zuteil werden, erscheinen materielle Güter unwichtig. Aber spirituelle Segnungen werden uns erst dann zukommen, wenn wir danach verlangen und den Wunsch nach materiellen Gütern aufgeben. Solange unser Verlangen nach materiellen Gütern besteht, wird das alles sein, was uns gegeben wird, und wir werden spirituell verarmt bleiben.

Jene, die ihren Eigenwillen überwunden haben und ein Werkzeug für Gottes Plan geworden sind, können Aufgaben vollbringen, die scheinbar unmöglich sind, aber sie haben nicht das Gefühl, selbst etwas geleistet zu haben. Heute weiß ich, daß ich ein Teil des unendlichen Kosmos bin, nicht getrennt von anderen Seelen oder von Gott. Mein illusionäres Selbst ist tot; das wirkliche Selbst hat die Kontrolle über das Gewand aus Erde und benutzt es für Gottes Werk.

Als ich meine Reise begann, zeigten sich in meinem Haar gerade die ersten silbernen Strähnen. Meine Freunde dachten, ich wäre verrückt. Es kam kein einziges Wort der Ermutigung von ihnen. Sie dachten, ich würde mich umbringen, mit all dem Wandern. Aber das machte mir nichts aus, ich ging einfach los und tat, was ich tun mußte. Sie wußten nicht, daß ich mich in meinem inneren Frieden der universellen Energiequelle angeschlossen fühlte, die unerschöpflich ist. Es gab viel Druck, meinen Glauben zu verraten, aber sie konnten mich nicht davon abbringen. Liebevoll erklärte ich meinen Freunden, daß es zwei ganz verschiedene Pfade im Leben gibt, und jeder über den freien Willen verfügt, seinen eigenen Pfad zu wählen.

Es gibt den ausgetretenen Pfad, der angenehm für die Sinne ist und weltliche Begierden befriedigt, aber er führt nirgendwo hin. Dann gibt es den weniger begangenen Pfad, der Reinigungen und Entsagungen verlangt, aber in unsagbaren spirituellen Segnungen endet.

In jedem steckt ein guter Kern, wie tief er auch verborgen sein mag. *Das ist dein wahres Ich.* An was denke ich, wenn ich „Ich" sage? Denke ich an das Gewand aus Erde, an den Körper? Nein, das ist nicht das wirkliche „Ich". Denke ich an die egozentrische Natur? Nein, die meine ich damit nicht. Das wahre Ich ist der Gottesfunke. Manche nennen ihn die Gott-zentrierte Natur, andere die göttliche Natur und das Reich Gottes in dir. Hindus kennen es als Nirvana; die Buddhisten bezeichnen es als die erwachte Seele; die Quäker sehen es als Inneres Licht. An anderer Stelle heißt es: der Christus in dir, das Christus-Bewußtsein, die Hoffnung auf Herrlichkeit oder der innewohnende Geist. Sogar manche Psychologen haben Namen dafür: das Überbewußtsein. Aber es ist alles das Gleiche, in verschiedene Worte gekleidet. Wichtig ist nur zu wissen, daß es in dir liegt!

Es ist gleich, welchen Namen du verwendest, aber dein Bewußtsein muß sich bis zu dem Punkt erheben, an dem du das Universum mit deiner Gott-zentrierten Natur betrachtest. Das Gefühl, das diese Erfahrung begleitet, ist das der vollkommenen Einheit mit dem Universellen Ganzen. Man verschmilzt in einer Euphorie der absoluten Einheit mit allem Leben: mit der Menschheit, allen Lebewesen auf Erden, den Bäumen und Pflanzen, der Luft, dem Wasser, und sogar der Erde selbst. Die Gott-zentrierte Natur steht immer bereit, dein Leben glorreich zu regieren. Es steht dir frei, sie entweder dein Leben regieren zu lassen oder aber ihr nicht zu erlauben, auf dich einzuwirken. Das ist immer deine Entscheidung!

Von allem, was du liest, und von allen Menschen, die dir begegnen, nimm das Gute und laß das Übrige beiseite. Um Führung und Wahrheit zu finden, ist es viel besser, an der Quelle zu suchen, durch deinen eigenen inneren Lehrer, als sich auf Bücher oder Menschen zu verlassen. Nur wenn etwas in dir sagt: *„Das ist die Wahrheit. Das ist für mich",* wird es ein Teil deiner Erfahrung. Wenn du all die Bücher gelesen und all die Vorträge gehört hast, mußt du doch selbst herausfinden, was davon für dich ist. Bücher und Menschen können dich nur anregen. Wenn sie nichts in dir wachrufen, so ist nichts erreicht, das der Mühe wert wäre. Aber wenn du Bücher lesen mußt, dann lies viele Bücher, damit du soviel widersprüchliche Meinungen wie nur möglich kennenlernst. Auf diese Weise wirst du schließlich gefordert sein, dir deine eigene Meinung zu bilden.

Denke an alles Gute in deinem Leben. Denke nie an deine Schwierigkeiten. Vergiß dich selbst, und konzentriere dich darauf, in dieser Welt zu dienen, wo du nur kannst, und dann, wenn du dein niedriges Selbst in einer Sache, die größer als dein Selbst ist, verloren hast, dann wirst du dein höheres Selbst finden: dein wirkliches Selbst.

Es handelt sich hier um kein leichtes Unternehmen, aber ich kann dir versichern, daß das Ende deiner spirituellen Reise den gezahlten Preis sehr wohl wert ist. Es gibt viele Höhen und Tiefen. Der Kampf ist wie Bergsteigen, wobei jeder Gipfel ein bißchen höher ist als der vorhergehende.

Einige haben mich gefragt, ob ich „Jünger" annehme. Natürlich nicht. Es ist nicht gut, einem anderen Menschen zu folgen. Jeder Mensch muß seine Reife selbst finden. Das braucht Zeit. Diese Wachstumsperiode ist für jeden Menschen anders.

Warum schaut ihr auf mich? Schaut auf euch selbst. Warum hört ihr auf mich? Hört auf euch selbst. Warum glaubt ihr, was ich sage? Glaubt weder mir noch irgendeinem anderen Lehrer, vertraut lieber eurer eigenen inneren Stimme. *Das* ist euer Führer, das ist euer Lehrer. Euer Lehrer ist innen, nicht außen. Erkennt euch, nicht mich!

Begleitet mich, aber folgt mir nicht blindlings. Haltet euch an die Wahrheit, nicht an mein Gewand. Mein Körper ist nur eine Gestalt aus Erde; heute ist er hier, morgen ist er vergangen. Wenn ihr euch heute an mich klammert, was werdet ihr dann morgen tun, wenn ich nicht mehr unter euch bin? Haltet euch an Gott, haltet euch an die Menschheit, nur dann werdet ihr mir nahe sein.

Der Pfad des Suchenden ist voller Fallen und Versuchungen, und der Suchende muß ihn allein mit Gott gehen. Ich rate dir, deine Füße auf dem Boden zu halten und deine Gedanken in erhabenen Höhen, damit du nur Gutes anziehst. Konzentriere dich auf das Geben, damit du offen für das Empfangen werdest; konzentriere dich darauf, deinem Licht gemäß zu leben, damit du dich neuem Licht öffnest; nimm so viel Licht wie möglich durch den inneren Weg auf. Wenn dir diese Art aufzunehmen schwierig erscheint, so schau dich nach Inspiration um, von einer schönen Blume oder einer schönen Landschaft, von schöner Musik oder von schönen Worten. Aber was du auch von außen erhältst, das muß erst von innen her bestätigt werden, bevor es dein eigen wird.

Denke daran, jemand, der eine unwürdige Handlung begeht, ist in Wahrheit psychisch krank und sollte mit soviel Mitleid wie ein physisch Kranker betrachtet werden. Vergiß nicht, niemand kann dir Schmerz zufügen außer du dir selbst. Wenn dir durch jemanden etwas Böses widerfährt, so verletzt sich dieser Mensch damit selbst. Solange du nicht verbittert wirst oder verärgert und vielleicht mit Bösem zurückschlägst, kannst du nicht wirklich verletzt werden.

Ich betrachte mich selbst als Diener, der an der *Ursache* von Problemen arbeitet: an *unserer Unreife*. Bislang arbeitet nur eine kleine Minderheit an den Ursachen. Jeder Person, die an Ursachen arbeitet, stehen Tausende gegenüber, die an Symptomen arbeiten. Mein Lob gilt auch jenen, die auf der äußeren Ebene arbeiten, um Symptome zu beseitigen, aber ich will in erster Linie auf der Inneren Ebene arbeiten, um die Ursachen zu beseitigen.
Die meisten Menschen leiden an schmerzhafter innerer Zerrissenheit, weil sie ihren Sinn und Zweck nicht gefunden haben, und so steuert die Masse der Menschheit auf das Chaos zu. Die meisten unter uns leiden viel mehr an Unterlassungen als an Vergehen: *„Während die Welt untergeht, gehen wir unseren Weg: ziellos, leidenschaftslos, Tag für Tag."*

Ich habe in meiner Arbeit den positiven Weg gewählt. Ich verschwende keinen Gedanken auf den Protest gegen irgendetwas, sondern ich ziehe es vor, für harmonisches Leben Zeugnis abzulegen. Wer sich *für* etwas einsetzt, der bietet Lösungen an. Wer sich *gegen* etwas einsetzt, der tut das gewöhnlich nicht – er hält sich mit dem auf, was falsch ist. Er greift zurück auf Verurteilung und Kritik, und manchmal auch auf Beschimpfungen. Natürlicherweise hat der negative Weg eine schädliche Wirkung auf den Menschen, der ihn geht, während der positive Weg eine gute Wirkung hat. Wenn das Böse angegriffen wird, macht es mobil, auch wenn es vorher schwach und ungeordnet war, und deshalb gibt ihm der Angriff Kraft und Stärke. Wenn der Angriff ausbleibt und dafür gute Einflüsse auf die Situation einwirken, so bringt dies nicht nur das Böse zum Verschwinden, sondern es bringt den, der Böses tut, dazu, sich zu ändern. Der positive Weg baut auf – der negative macht ärgerlich. Wenn du Menschen verärgerst, so reagieren sie gemäß ihrer niederen Natur, oft gewalttätig und irrational. Wenn du Menschen inspirierst, so reagieren sie gemäß ihrer höheren Natur, vernünftig und rational. Hinzu kommt, Ärger ist ein vorübergehender Zustand, während Inspiration manchmal eine lebenslange Wirkung ausübt.

Es gibt ein Kriterium, nach dem du beurteilen kannst, ob deine Gedanken und deine Handlungen richtig für dich sind. Das Kriterium ist: *Haben sie dir inneren Frieden gebracht?* Wenn nicht, so stimmt mit ihnen etwas nicht – also suche weiter! Wenn dein Tun dir inneren Frieden gebracht hat, so bleibe bei dem, was du für richtig hältst.

Wenn du inneren Frieden in dir findest, so wirst du mit anderen in Frieden leben können. Inneren Frieden findet nicht der, der an der Oberfläche des Lebens bleibt oder der durch irgendwelche Mittel versucht, vor dem Leben zu fliehen. Inneren Frieden findet der, der dem Leben offen gegenübertritt, seine Probleme löst und soweit wie möglich unter der Oberfläche sucht, um seine Wahrheiten und Wirklichkeiten zu entdecken. Innerer Friede kommt durch die strikte Befolgung der bereits wohlbekannten Gesetze menschlichen Verhaltens, wie das Gesetz, daß die Mittel das Ziel bestimmen: daß nur gute Mittel zum guten Ziel führen können. Innerer Friede kommt durch das Loslassen des Eigenwillens, der Bindungen, der negativen Gedanken und Gefühle. Innerer Friede kommt durch die Arbeit für das Wohl aller. Wir alle sind Zellen im Körper der Menschheit – alle, auf der ganzen Welt. Jeder muß einen Beitrag leisten und wird von innen heraus wissen, was das für ein Beitrag ist. Aber man kann den inneren Frieden nur durch Arbeit finden – nicht in einer egozentrischen Weise, sondern durch den Einsatz für die ganze Menschheitsfamilie.

ANHANG

KURZE ZUSAMMENFASSUNG VON PEACE PILGRIM'S LEBEN

1908: Geboren im Osten der Vereinigten Staaten.
1938: Die Vorbereitungen beginnen. „Leben, um zu geben, nicht um zu nehmen."
1953: 1. Januar: Sie nimmt den Namen Peace Pilgrim an. Sie tritt von Pasadena in Kalifornien aus ihre erste Pilgerreise quer durch das ganze Land an.
17. Dezember: Sie beendet ihre erste Pilgerreise am Gebäude der Vereinten Nationen in New York.
1954: 45-tägiges Fasten.
1955: Beginnt ihre zweite Pilgerreise in San Francisco, Kalifornien. Sie wandert in jedem Bundesstaat mindestens 100 Meilen und besucht die Hauptstädte aller Bundesstaaten. Sie wandert auch in Mexico und in Kanada.
1957: Sie wandert 1000 Meilen in Kanada – 100 Meilen in jeder der kanadischen Provinzen.
1964: Sie erreicht ihre 25000 Meilen zu Fuß für den Frieden in Washington, D.C. . Sie hört auf, Meilen zu zählen, setzt aber ihre Pilgerreisen quer durch das Land fort.
1966: Beginn der vierten Pilgerreise.
1969: Beginn der fünften Pilgerreise.
1973: Beginn der sechsten Pilgerreise.
1976: Sie besucht zum ersten Mal Alaska und Hawaii.
1978: Beginn der siebten Pilgerreise.
1979: Juni: Bildungs- und Inspirationsreise nach Alaska.
1980: August: Bildungs- und Inspirationsreise nach Hawaii.
1981: 7. Juli: Übergang zu einem „freieren Leben" in der Nähe von Knox, Indiana, als sie zum siebten Mal das Land durchquert.

PEACE PILGRIM'S TABELLE ÜBER IHR SPIRITUELLES WACHSTUM

1. Die Höhen und Tiefen der Gefühle innerhalb der egozentrischen Natur.

2. Der erste Punkt, nach dem es kein Zurück mehr gibt: Vollkommene Bereitschaft, ohne irgendwelche Vorbehalte, das Leben in den Dienst des höheren Willens zu stellen.

3. Der Kampf zwischen der egozentrischen und der auf Gott zentrierten Natur.

4. Erstes Gipfelerlebnis: Ein Funke vom inneren Frieden.

5. Immer längere Perioden des inneren Friedens.

6. Vollkommener innerer Friede.

7. Kontinuierliches Wachstum auf einem immer höher strebenden Pfad.

FRAGEN UND ANTWORTEN AUS IHRER KORRESPONDENZ

Peace Pilgrim betrachtete es als Teil ihrer Aufgabe, all den Tausenden von Menschen, die ihr über die Jahre hinweg schrieben, zu antworten. Sie holte ihre Post in den Postämtern im ganzen Land ab – wohin sie ihr ein Freund von Cologne, New Jersey, nachschickte. Kurz aber sorgfältig beantwortete sie Fragen, ging auf Ereignisse ein, und erzählte von ihren jüngsten Reisen und Reiseplänen. Ihre Briefe begannen fast immer so: „Grüße aus Süd Dakota! (oder Iowa, oder New Orleans ...)"

F: Wie kann ich mich Gott nahe fühlen?

A: Gott ist Liebe, und wann immer du dich in Liebe und Güte öffnest, drückst du das Göttliche aus. Gott ist Wahrheit, und wann immer du Wahrheit suchst, suchst du Gott. Gott ist Schönheit, und wann immer du auf die Schönheit einer Blume oder eines Sonnenunterganges triffst, berührst du Gott. Gott ist Intelligenz, die alles erschafft, alles erhält, alles verbindet und allem Leben gibt. Ja, Gott ist im Innersten allen Seins – so bist du in Gott und Gott ist in dir – du kannst nirgends sein, wo Gott nicht ist. Alles ist von Gottes Gesetzen durchdrungen – physikalischen und spirituellen Gesetzen. Gehorchst du ihnen nicht, so bist du unglücklich – du fühlst dich von Gott getrennt. Gehorchst du ihnen, so spürst du Harmonie – du fühlst dich Gott nahe. Wenn du in Harmonie mit den göttlichen Gesetzen lebst, so wirst du dich Gott näher fühlen und immer mehr Liebe für Gott entwickeln.

F: Was ist der Kern erfolgreicher menschlicher Beziehungen?

A: Die Liebe zu den Menschen, das Gute in ihnen zu erkennen, zu wissen, daß ein jeder wichtig ist und seine oder ihre Aufgabe im göttlichen Plan zu erfüllen hat.

F: Kann spirituelles Wachstum schnell erreicht werden oder braucht das eine Weile?

A: Spirituelles Wachstum ist ein Prozeß wie physisches oder psychisches Wachstum. Ein fünf Jahre altes Kind kann nicht erwarten, an seinem nächsten Geburtstag so groß wie seine Eltern zu sein! Der Erstklässler kann nicht erwarten, daß er am Ende des Schuljahres ins College übertreten kann; wer die Wahrheit studiert sollte nicht erwarten, den inneren Frieden über Nacht zu gewinnen. Ich habe fünfzehn Jahre dazu gebraucht. Das spirituelle Erwachsenwerden ist ein sehr interessanter und erfreulicher Prozeß. Man sollte ihn nicht beschleunigen oder verzögern wollen. Sammele einfach deine Erfahrungen, gehe die Schritte zum inneren Frieden und lasse ihn sich entfalten.

F: Wie findet man inneren Frieden?

A: Wenn du inneren Frieden oder Glück finden willst, so mußt du den spirituellen Entwicklungsprozeß durchlaufen, du mußt das egozentrische Leben hinter dir lassen und in das auf Gott zentrierte Leben eintreten – das Leben, in dem du dich als Teil des Ganzen siehst und für das Wohl der Gesamtheit arbeitest.

F: Du hast gesagt, vollkommene Liebe sei der Schlüssel zum Glück. Buddha lehrte wohl, es sei eine Sache der Kontrolle über den Geist – „Wenn man eine gute Gesundheit genießen, Glück in seiner Familie verwirklichen und Frieden für alle herstellen will, so muß man zuerst seinen Geist schulen und beherrschen. Wenn ein Mensch seinen Geist beherrschen lernt, dann wird er den Weg zur Erleuchtung finden, und alle Weisheit und Tugend wird ihm von selbst zufallen."

A: Vollkommene Liebe ist eine Bereitschaft zu geben, ohne den Nebengedanken, etwas dafür zu bekommen. Wenn du diesen spirituellen Zustand erreicht hast, dann wirst du deinen Geist vollkommen beherrschen – ebenso wie deinen Körper und deine Gefühle.

F: Du hast gesagt, du hättest einen Ruf. Haben alle Menschen einen Ruf?

A: Ja, alle Menschen haben einen Ruf. Er wird ihnen durch die Erweckung ihres inneren Gottesfunkens offenbart.

F: Sind wir hier, um der Menschheit zu dienen und unsere Lektionen zu lernen?

A: Ja, und wir müssen entsprechend unserem Ruf dienen. Wir müssen auch lernen, mit den göttlichen Gesetzen in Harmonie zu leben – aber das gehört zum Lernen unserer Lektionen. Wenn du harmonisch und nach außen gerichtet lebst, so wächst du spirituell.

F: Was ist Sinn und Ziel der Menschheit?

A: Unser Sinn und Ziel ist es, unser Leben in Einklang mit Gottes Willen zu bringen.

F: Was ist Gott?

A: Wir werfen alles zusammen, was jenseits unser aller Fähigkeit zu verstehen liegt, und allen diesen Dingen geben wir den Namen Gott. Deshalb ist Gott die schöpferische Kraft, die erhaltende Macht, der Antrieb zu ständiger Veränderung, die allumfassende Intelligenz, die das Universum durch physisches und spirituelles Gesetz regiert, Wahrheit, Liebe, Güte, Freundlichkeit, Schönheit, das allgegenwärtige, alles durchdringende Wesen des Geistes, der alles im Universum zusammenhält und allem im Universum Leben schenkt.

F: Warum sind Menschen unglücklich?

A: Menschen sind unglücklich, weil sie nicht in Harmonie mit Gottes Willen leben.

F: Sind Probleme darin begründet, daß der Mensch ein falsches Bild von sich selbst entwirft?

A: Probleme entstehen, wenn wir nicht in Harmonie mit dem göttlichen Ziel leben – sie sollen uns zur Harmonie führen.

F: Was ist deiner Meinung nach das Weltproblem Nummer Eins?

A: Das Weltproblem Nummer Eins ist die Unreife. Wir nutzen nur einen Bruchteil unserer eigentlichen Möglichkeiten. In unserer Unreife sind wir gierig: Einige reißen mehr an sich als ihnen zusteht, während andere darben müssen. In unserer Unreife haben wir Angst: Wir rüsten gegeneinander auf, was Krieg zur Folge hat. Wenn wir an Weltproblemen arbeiten, so geschieht das gewöhnlich auf der Ebene der Symptome. Ich habe mich entschieden, in erster Linie daran zu arbeiten, die Ursachen zu beseitigen.

F: Ist das Ziel der Selbsterkenntnis Gotteserkenntnis?

A: Wenn du dich wirklich selbst kennst, dann wirst du wissen, daß du ein Kind Gottes bist, und du wirst Gott erkennen.

F: Was ist Mystik?

A: Wenn jemand den Weg der Mystik geht, so findet er direkt

durch sein Inneres zur Erkenntnis. Das ist die Quelle, aus der überhaupt alle Wahrheit kommt.

F: Wie kann man aus seinem Inneren, aus seiner Seele, Antworten erhalten?

A: Wenn du „Seele" sagst, dann meinst du die göttliche Natur, während einige die egozentrische Natur meinen und andere beide. Deine göttliche Natur – ein Funke von Gott – kann erwachen, wenn du auf eine Wahrheit von außen stößt, so daß sie diese innere Wahrheit bestätigt. Oder aber die Wahrheit kommt direkt aus dem Inneren. Verbringe eine anregende Zeit und fülle dein Leben mit anregenden Dingen, um deine göttliche Natur zu erwecken.

F: Wo hast du Meditation gelernt?

A: Ich habe Meditation nicht gelernt. Ich bin einfach aufmerksam und still durch die Schönheiten der Natur gewandert – und habe die wunderbaren Einsichten, die ich dabei gewann, in die Tat umgesetzt.

F: Sollte der Suchende Meditation oder Atemübungen praktizieren?

A: Ich empfehle, eine Zeit allein oder allein mit Gott zu verbringen, in der du aufmerksam und still durch die Schönheiten der Natur wanderst. Aus der Schönheit der Natur gewinnst du Inspiration, aus der stillen Aufmerksamkeit Meditation, aus dem Gehen nicht nur Körperübung, sondern auch Atmung – und das alles in einer einzigen angenehmen Tätigkeit.

F: Kann die göttliche Natur des Menschen durch Meditation erweckt werden?

A: Wenn du wirklich meditierst, dann fühlt sich dein Körper so wohl, daß du dir seiner gar nicht bewußt bist. Deine Gefühle sind klar und ruhig. Dein Geist ist ruhig – abwartend, nicht drängend. Nun, da du aufmerksam und ruhig bist, kannst du durch deine göttliche Natur Göttliches empfangen. *Es ist äußerst wichtig, daß du Einsichten, die dir kommen, in die Tat umsetzt.*

F: Was ist Kundalini?

A: Das Erwachen der Kundalini könnte ursprünglich das Erwachen der göttlichen Natur bezeichnet haben – aber ich weiß, daß

einige das Wort benutzen für das Sichanschließen an die Quelle der universellen Energie.
F: Was bedeutet das Erwecken der Kundalini?
A: Diejenigen, die das spirituelle Wachstum erzwingen wollen, denken über das Erwecken der Kundalini nach. Wer vernünftig ist, lebt ein spirituelles Leben und wartet auf spirituelle Entfaltung.
F: Kannst du Intuition beschreiben?
A: Wirkliche Intuition ist ein spirituelles Empfangen durch die göttliche Natur – aber ich weiß, daß manchmal auch übersinnliches Empfangen als Intuition bezeichnet wird.
F: Liebst du die Menschheit oder die Menschen?
A: In den Augen Gottes haben wir alle den gleichen Wert, und an alle wende ich mich ständig in Gedanken, Worten und Taten, mit Liebe und guten Wünschen, mit Gebeten und Segnungen. Das ist die Liebe zur Menschheit. Die Menschen aber sind die Zellen im Körper der Menschheit, und indem ich meine Aufgabe im göttlichen Plan erfülle, komme ich mit einigen dieser Zellen in Kontakt. Wenn ihr Leben das meine berührt, so bin ich immer bereit – und manchmal auch fähig – ihnen zu dienen. Wenn ich mit jemandem zusammen bin, oder mit ihm in Briefkontakt stehe, so konzentriere ich meine Liebe und guten Wünsche auf diese besondere Zelle, die ich gerade berühre, und überlasse sie dann mit meinen Gebeten und Segnungen Gottes Händen. Das ist die Liebe zu den Menschen. Einige lieben die Menschheit, ohne die Menschen zu lieben; einige lieben die Menschen, ohne die Menschheit zu lieben. Ich liebe beide.
F: Was ist gut, und was ist böse?
A: Einfach ausgedrückt: Gut ist, was den Menschen hilft; böse ist, was die Menschen verletzt. Auf einer höheren Ebene: Gut ist, was mit dem göttlichen Zweck im Einklang steht; böse ist, was nicht in Harmonie mit dem göttlichen Plan steht.
F: Oft sage ich mir, daß das Gute stärker ist als das Böse, daß Liebe stärker ist als Haß, daß das Gute gewinnen muß, aber wird es in dieser Welt gewinnen?
A: Ja, das Gute wird in dieser Welt gewinnen. Die Dunkelheit, die wir in der gegenwärtigen Welt sehen, ist auf die Auflösung von

Dingen, die nicht gut sind, zurückzuführen. Nur was gut ist, ist von Dauer. Ja, die Liebe wird in dieser Welt gewinnen. Wer von Haß erfüllt ist, der ist tief unglücklich und sucht verzweifelt – wenn auch unbewußt – nach einem besseren Weg. Nur wer von Liebe erfüllt ist, lebt gelassen und friedvoll.

F: Wie kann man mit schlechten Gedanken und Taten brechen?

A: Schlechte Angewohnheiten in Gedanken und Taten verzögern den Fortschritt des spirituellen Wachstums. Du kannst daran arbeiten, negative Gedanken durch positive Gedanken zu ersetzen. Wenn es ein negativer Gedanke über eine Person ist, dann denke über etwas *Gutes* an dieser Person nach. Wenn es ein negativer Gedanke über einen Zustand in der Welt ist, dann denke an das *Beste,* was in dieser Lage geschehen könnte. Du kannst absichtlich von einer schlechten Tat ablassen und diese Energie für eine gute Tat verwenden.

F: Vergibst du Menschen, die Böses tun, noch bevor sie es bereuen?

A: Ich brauche ihnen gar nicht zu vergeben, da ich keine Feindseligkeit hege. Wenn sie Böses tun, so habe ich Mitleid mit ihnen, denn ich weiß, daß sie sich dadurch selbst verletzt haben. Ich hoffe, daß sie es bereuen werden, weil ich wünsche, daß sie geheilt werden.

F: Hast du einen Vorschlag zur Verbesserung des Gesundheitswesens?

A: Nötig und allmählich im Entstehen begriffen sind Gesundheitszentren, die den Aspekt betonen, daß Gesundheit erlangt und erhalten wird, indem man Harmonie mit den physischen und spirituellen Gesetzen gewinnt und sie pflegt. Darin liegt das Wesen des Heilens in der Zukunft. Ich glaube, man hat sich zu sehr damit abgefunden, die Leute einfach krank werden zu lassen, um dann nach Mitteln zu suchen, ihnen zu helfen. Ich glaube, die Betonung sollte auf der Gesunderhaltung der Menschen liegen, deshalb denke ich an Gesundheitsforschung. Wir haben zu lange Symptome gelindert – laßt uns nun die Ursachen beseitigen.

F: Ist es das Ziel der spirituellen Natur, sich vom Körper oder von der physischen Natur zu befreien, um die Wahrheit klar zu erkennen?

A: Die spirituelle Natur sieht die Wahrheit klar. Wenn du sie dein Leben beherrschen läßt, so wirst du die Wahrheit unverhüllt erkennen. Man kann sagen, daß die spirituelle Natur versucht, dich von der egozentrischen Natur zu befreien, damit du ein Wesen wirst, das mit den göttlichen Zielen im Einklang lebt.

F: Wenn wir davon ausgehen können, daß jedermann eine spirituelle Natur besitzt, warum verwirklichen sie dann so wenige Menschen? Werden sie für Missetaten in einem vergangenen Leben bestraft, oder sind sie einfach in diesem Leben nicht erleuchtet?

A: Weil sie mit einem freien Willen ausgestattet sind. Sie strafen sich selbst, indem sie falsche Entscheidungen treffen. Ständig wird ihnen Erleuchtung angeboten, aber sie weigern sich, sie anzunehmen. Deshalb werden sie durch Probleme gelehrt, die ihnen vorgesetzt werden, da sie sich weigern, die richtigen Entscheidungen freiwillig zu treffen.

F: Wie kann diese Welt so verwirrend sein?

A: Die Menschen gehorchen den göttlichen Gesetzen nicht, daher werden sie mit Problemen konfrontiert, um sie zur Harmonie zu bewegen. Wenn du nur wüßtest, wie kurz das irdische Leben ist im Vergleich zum ganzen Sein, so wärest du weniger über die Schwierigkeiten des irdischen Lebens besorgt, als du es jetzt über Schwierigkeiten eines einzigen deiner Tage bist.

F: Wann kommt die Erleuchtung?

A: Wenn du dein Bewußtsein so weit erhebst, daß du die Dinge mit der auf Gott zentrierten Natur anschaust, so nennt man diese Erfahrung oft Erleuchtung.

F: Spricht Gott durch dich?

A: In gewisser Weise spricht Gott durch jeden, dessen Leben von Gott beherrscht wird.

F: Hast du göttliche Offenbarung erfahren? Wenn ja, warum wurdest du als eine Person ausgewählt, der Gott sein spirituelles Wissen offenbaren konnte?

A: Ich fühlte einen sehr starken inneren Drang oder Ruf zu meiner Pilgerreise, und ich ging gegen den Rat aller meiner Freunde los. Ich erwählte mich selbst zum Empfänger spiritueller Wahrheit, als ich meinen Willen Gottes Willen unterordnete. Du kannst das auch tun. Wir haben alle die gleichen Möglichkeiten. Gott offenbart sich allen, die suchen, *Gott spricht zu allen, die hören.* Wenn du deinen Willen Gottes Willen unterordnest, dann trittst du in ein sehr geschäftiges – und ein sehr schönes – Leben ein.

F: Ist die egozentrische Natur eine Einbildung?

A: Die egozentrische Natur ist vergänglich, wie auch der Körper vergänglich ist – aber es liegt an uns, wie bald sie ihre Herrschaft über unser Leben aufgeben muß.

F: Gibt es ein Gesetz der Selbstverantwortlichkeit?

A: Du bist für alle deine Aktionen, Reaktionen oder Unterlassungen, wenn Taten verlangt werden, verantwortlich. Du schuldest nicht nur der Menschheit, sondern auch dir selbst ein rechtschaffenes Leben.

F: Wie sieht dein Utopia aus? Kann es in diesem irdischen Leben je ein Utopia geben?

A: Das äußere Utopia wird Wirklichkeit, wenn wir gelernt haben zu teilen und einander nicht mehr zu töten. Das innere Utopia wird erreicht, wenn wir alle inneren Frieden gefunden haben. Viele von uns müssen viel mehr inneren Frieden finden, bevor das äußere Utopia Wirklichkeit werden kann. Es ist absehbar, daß wir das äußere Utopia erreichen, – das innere wird viel länger dauern.

F: Gibt es einen Gott, der immer jenseits meines Begreifens sein wird?

A: Stelle dir Gott als göttlichen Ozean vor und dich selbst als einen Tropfen mit einem freien Willen. Du kannst dich entschließen, getrennt von Ozean zu bleiben – dann wirst du nicht glücklich sein. Du kannst dich aber auch dafür entscheiden, ein Teil des Ozeans zu werden. In dem Fall wirst du deinen Eigenwillen aufgeben, aber du wirst überglücklich sein, während du in Harmonie mit Gottes Willen handelst. Nun wirst du dich als Teil Gottes erkennen und mit Gott eins sein.

F: Was ist das spirituelle Leben?

A: Das, was du nicht durch die fünf Sinne wahrnehmen kannst. Das Spirituelle wird überdauern, das Physische nicht.
F: Was ist Wahrheit?
A: Wahrheit ist, was im Einklang mit den göttlichen Gesetzen steht. Wahrheit ist Gott und Gott ist Wahrheit. Ich bete für mich: „Mache mich zu einem Werkzeug, durch das nur die Wahrheit sprechen kann."
F: Wo soll ich spirituelle Wahrheit suchen?
A: Letztlich findest du spirituelle Wahrheit durch deine eigene höhere Natur. Deine höhere Natur ist ein Tropfen im Ozean Gottes – und hat Zugang zu diesem Ozean. Manchmal erwacht deine höhere Natur durch die Inspiration, die von einer schönen Umgebung oder von schöner Musik ausgeht und dir Einsichten in die Wahrheit gewährt. Manchmal liest oder hörst du die Wahrheit und deine höhere Natur bestätigt sie dir. Vielleicht erkennst du auch die Wahrheit direkt aus deinem Inneren durch ein Erwachen der höheren Natur, wie es bei mir ist. Alle inspirierten Schriften kamen aus der inneren Quelle, und auch du kannst aus dieser Quelle schöpfen. Sei ruhig und wisse.
F: Ist Wachstum der inneren Schönheit immer mit Schmerzen verbunden?
A: Dein spirituelles Wachstum wird so lange schmerzhaft sein, bis du Gottes Willen freiwillig ausführst und nicht länger dazu gestoßen werden mußt. Wenn du nicht in Harmonie mit Gottes Willen lebst, dann treten Schwierigkeiten auf. Ihr Sinn ist es, dich zur Harmonie zu führen. Würdest du Gottes Willen freiwillig erfüllen, so könntest du die Schwierigkeiten vermeiden.
F: Werde ich je in einen Zustand der Ruhe kommen, in dem ich nicht mehr die Notwendigkeit verspüre, mich zu entwickeln?
A: Wenn du inneren Frieden gefunden hast, so verspürst du nicht mehr die Notwendigkeit, dich zu entwickeln – du bist zufrieden, zu sein, was einschließt, daß du deiner göttlichen Führung folgst. Trotzdem entwickelst du dich weiter – aber harmonisch.
F: Ich bin so einsam. Was kann ich dagegen tun?
A: Du bist nie wirklich allein. Gott ist immer bei dir. Wende dich Gott zu als der besten Gesellschaft. Halte dich an Bücher und Mu-

sik, um Anregungen zu empfangen. Gehe ans Telefon und heitere jemanden, der nicht ausgehen kann, auf, oder besuche jemanden, der einsam ist. Indem wir geben empfangen wir, und unsere Einsamkeit vergeht.

F: Wie hältst du dich so gesund und glücklich?

A: Ich halte mich so gesund und glücklich durch die ständige Zuwendung zu Gott. Das heißt erstens, daß ich Gottes spirituellen Gesetzen gehorche: Ich lebe, um zu dienen, ich denke keine negativen Gedanken, u.s.w. ... Und das heißt zweitens, daß ich Gottes physischen Gesetzen gehorche: Wenn ich weiß, daß etwas schlecht für die Gesundheit ist, so vermeide ich es; wenn ich weiß, daß etwas gut für die Gesundheit ist, so tue ich es. Als Belohnung dafür erhielt ich Gesundheit und eine glückliche Geistesverfassung.

F: Wie kann eine gewöhnliche Hausfrau und Mutter finden, was du zu haben scheinst?

A: Jemand, der in einer Familie lebt, wie es für die meisten Menschen zutrifft, findet den inneren Frieden auf die gleiche Weise, wie ich ihn gefunden habe. Gehorche Gottes Gesetzen, die für uns alle gleich sind; nicht nur den physischen, sondern auch den spirituellen Gesetzen, die das menschliche Verhalten bestimmen. Du magst damit anfangen, daß du alles Gute, an das du glaubst, auch lebst, so wie ich es praktiziert habe. Finde und füge dich ein in deine besondere Rolle im göttlichen Plan, die für jede menschliche Seele eine andere ist. Du magst in empfänglicher Stille suchen, wie ich es tat. In einer Familie zu leben, ist kein Hindernis für spirituelles Wachstum, in mancher Beziehung ist es ein Vorteil. Wir entwickeln uns weiter durch das Lösen von Problemen, und eine Familie gibt uns viele Probleme auf, an denen wir wachsen können. Wer eine Familie gründet, verläßt oft erstmals das selbst-zentrierte Leben zugunsten eines auf die Familie ausgerichteten Daseins. Reine Liebe ist der Wille zu geben, ohne den Nebengedanken, etwas dafür zu bekommen, und die Familie bietet die erste Gelegenheit reiner Liebe: die Liebe einer Mutter und eines Vaters für ihr Kind.

F: Warum bist du Vegetarierin, und wie kannst du sicher sein, konsequent zu bleiben?

A: Was mich als Vegetarierin betrifft, so versuche ich mein Bestmögliches. Wenn ich etwas als richtig erkannt habe, so habe ich mich nie dadurch davon abhalten lassen, daß ich es nicht vollkommen verwirklichen konnte. Ich glaube nicht, daß es recht wäre, einen anderen zu bitten, die „Schmutzarbeit" für mich zu erledigen. Ich würde kein Lebewesen töten, und ebenso könnte ich auch keinen anderen bitten, es für mich zu tun, deshalb esse ich kein Fleisch.

F: Mein Mann muß sich einer Operation unterziehen, aber er schiebt es immer wieder auf. Was soll ich tun?

A: Wenn dein Mann operiert werden muß, so ist es sehr wichtig, daß er sich diesem Eingriff möglichst unbesorgt unterzieht. Ich kannte eine Frau mit einem ähnlichen Problem. Sie besprach es mit ihrem Mann und konnte ihn davon überzeugen, daß es Gottes Wunsch ist, daß wir möglichst vollkommen für uns sorgen. So führten sie Eß- und Lebensgewohnheiten ein, die sie als gut für sich erkannt hatten. Sie planten einen Erholungsaufenthalt an einem schönen, ruhigen Ort für die Rekonvaleszenzeit und eine herrliche Reise danach. Er wurde ungeduldig und wollte die Operation hintersichbringen, damit er die geplanten Vorhaben auch richtig genießen könne. Es stellte sich dann als gar nicht so schlimm heraus. Der Erholungsaufenthalt verlief wie ein Urlaub und die Reise wie die zweiten Flitterwochen.

F: Wie alle die anderen Nichtraucher war ich dankbar, als du die Leute batest, bei deiner Veranstaltung nicht zu rauchen. Aber ich frage mich, ob das den Rauchern gegenüber liebevoll war.

A: Die Aufgabe einer Pilgerin, die Menschen aus ihrer Gleichgültigkeit zu rütteln und sie zum Nachdenken zu veranlassen, scheint manchmal mit einer liebevollen Haltung in Konflikt zu stehen. Wenn ich jedoch ein Kind sehe, wie es gerade an den rotglühenden Ofen fassen will, so würde ich sicherlich versuchen, das Kind davon abzuhalten – und das wäre von meiner Seite her eine liebevolle Tat, obwohl das dem Kind nicht gefallen mag und es vielleicht sogar schreit. Eine Frau schrieb mir kürzlich, sie hätte, nachdem ich mich wegen ihres Rauchens nicht neben sie gesetzt hatte, stundenlang wachgelegen und darüber nachgedacht – und am nächsten Tag aufgehört zu rauchen.

F: Mein Mann raucht Zigaretten, und ich kann den Rauch nicht ausstehen. Kannst du mir sagen, was ich unternehmen soll?
A: Offensichtlich bist du gegen den Rauch von Tabak allergisch, deshalb solltest du dich nie in einem Raum aufhalten, in dem jemand raucht. Es gibt Rauch, wie den von Holz, der nicht giftig ist. Aber Tabakrauch ist giftig und bestimmt für niemanden gut. Natürlich wäre es für euch beide gut, wenn dein Mann mit dem Rauchen aufhörte, aber wenn er das nicht will, dann sollte er nie in einem Raum rauchen, in dem du dich aufhältst. Vielleicht kann er vor der Tür oder in einem besonderen Teil des Hauses, der dafür reserviert ist, oder irgendwo sonst außerhalb des Hauses rauchen? Es ist sinnlos, darüber zu streiten. Am Besten verwendest du deine Energie darauf, eine Lösung zu finden.

F: Wie macht man es, daß man den Wunsch zu rauchen oder zu trinken umwandelt statt ihn zu unterdrücken?
A: Was das Rauchen oder Trinken betrifft, so würde ich damit einfach aufhören, so wie ich vor langer Zeit aufhörte, Bohnenkaffee zu trinken, in einem schnellen Entschluß. Aber manche ziehen einen Ersatz vor. Ich habe gerade eine Frau getroffen, die nun statt Kaffee Pfefferminztee trinkt. Ich kenne eine andere Frau, die Cocktails durch Fruchtsaft ersetzt hat, und sie sagt, ihre Freunde haben es noch nicht einmal gemerkt. Ich kenne einen Mann, der kleine Päckchen Rosinen und Nüsse in die Hosentasche steckt, wo er sonst seine Zigaretten hatte. Das kann man tun.

F: Sollen wir uns nach außen oder nach oben wenden?
A: Wir sollten uns immer nach oben wenden, um Einsichten zu empfangen – während wir uns in Liebe nach außen wenden zu jenen, die unsere Hilfe benötigen. Ja, wenn jemand den spirituellen Pfad wandelt, sucht er nach Führung von oben und wendet sich gebend nach außen. Deshalb sind unsere Partner nicht nur jene Fortgeschrittenen, von denen wir lernen, sondern auch jene weniger Fortgeschrittene, die uns um Hilfe angehen.
F: Warum gibt es Gott?
A: Gott ist die Lebenskraft, ohne die das Universum nicht exi-

stieren würde. Gott zeigt sich überall im physischen wie im spirituellen Universum.

F: Wie ist das Verhältnis eines Menschen zu Gott?

A: Du kannst ein Verhältnis zu Gott entwickeln, indem du dein Leben in Harmonie bringst mit Gottes Gesetzen – die für uns alle gleich sind, und indem du deine Rolle im göttlichen Plan findest und dich in sie einfügst, eine Rolle, die für jede menschliche Seele eine andere ist.

F: Wer ist Jesus?

A: Jesus war ein großer spiritueller Lehrer, der auf Erden wandelte. Sein Leben war vom innewohnenden Christus-Geist beherrscht. Er lehrte uns, daß das auch bei uns so sein könnte.

F: Was sagst du Menschen, die dich fragen, ob du eine Christin bist?

A: Ich gehöre und gehörte nie einer besonderen Glaubensrichtung an. Ich bin eine tief religiöse Frau, die den inneren Weg zu einem religiösen Leben gegangen ist, nicht den Weg der Gelehrsamkeit oder den der frühen Erziehung. Ich werde nie sagen, daß dies der einzige Weg ist, obwohl er natürlich ausgezeichnet ist. Es steht den Menschen frei, ihren eigenen Weg der Entwicklung zu wählen.

F: Glaubst du, daß Jesus Christus der Retter der Menschheit ist, oder glaubst du, daß er sich von anderen nur dadurch unterschied, daß er spirituell weiter entwickelt war.

A: Jesus war ein sehr fortgeschrittener Mensch, er war seiner Zeit weit voraus. Christus ist die göttliche Natur, die dein Leben beherrschen kann, so wie sie seines beherrschte. Der innewohnende Christus-Geist ist der „Retter der Menschheit". Nur wenn er dein Leben beherrscht, wirst du glücklich sein.

F: Glaubst du an die Wiederkehr Jesu Christi?

A: Alle, die an die Fortdauer des Lebens glauben (und einige, die es nicht tun) glauben, daß Jesus wiederkehren könnte. Ich glaube, wir sollten dem innewohnenden Christus oder der göttlichen Natur erlauben, unser Leben zu regieren.

F: Was meinte Jesus, wenn er ein Königreich „nicht von dieser Welt" lehrte.

A: Er lehrte vom Königreich Gottes in dir, der auf Gott zentrierten Natur, der göttlichen Natur – dem innewohnenden Christus.
F: Was ist das Wichtigste im Leben?
A: Jesus sagte: „Trachtet am ersten nach dem Reich Gottes und nach seiner Gerechtigkeit, so wird euch solches alles zufallen." Das ist wahr. Die Segnungen sind jenseits dessen, was ich in Worten ausdrücken könnte. Gesundheit, Glück, innerer Friede und das ständige Bewußtsein der Gegenwart Gottes. Eine vollkommene Gewißheit, nicht eilen zu müssen. Es gibt überhaupt keine Angst mehr in deinem Leben. Du kannst keine Angst haben, denn wenn du weißt, daß Gott hier ist, bist du natürlich bei Gott.
F: Bist du ein Avatar, eine göttliche Inkarnation?
A: Ich bin eine Friedenspilgerin, für inneren und äußeren Frieden. Ich wandere durch das Land, im Gebet für den Frieden. Ich versuche, auch andere zum Gebet und zur Arbeit für den Frieden anzuregen. Ich möchte gerne ein „Diener" sein; jemand, der wieder und wieder zurückkehrt, um die Menschen zu einem mehr spirituellen Leben zu führen.
F: Ist die Vorstellung von einem Messias unreif? War Jesus der Messias? Bist du ein Messias?
A: Ja, die Vorstellung von einem Messias ist unreif. Unreife Menschen suchen nach einem Messias, statt nach dem inneren Christus zu suchen. Jesus war ein großer spiritueller Lehrer. Ich lehre, wie man nach Gottes Gesetzen lebt. In jedem Wesen ruht verborgen eine göttliche Natur, die mit verschiedenen Namen benannt wird. Nach einer ausreichenden Zahl von Leben beginnt sie den Menschen zu beherrschen. Dieser Mensch ist dann aus der Menge hervorgehoben. Es hat nur wenige solcher Menschen gegeben. Wichtig dabei ist, daß die göttliche Natur dich beherrschen kann.
F: Warum hat der Mensch Dogmen erfunden?
A: Dogmen sind nicht unbedingt erfunden worden; sie entstehen aus Unwissenheit, Angst und Unreife. Gewissenlose Personen benutzen sie manchmal, um unreife Menschen zu beherrschen. Die Menschen glauben an Dogmen, weil sie dazu erzogen werden.
F: Warum glauben Menschen an dogmatische Religion?
A: Unreife Menschen glauben an unreife Religion, weil sie

Angst haben, es nicht zu tun. Wenn sie reif genug werden, diese Unreife zu erkennen, entfernen sie sich meistens wieder davon.

F: Könntest du beschreiben, was Dogma ist?

A: Entferne aus irgendeiner Glaubensrichtung den Kern spiritueller Wahrheit, was dann übrigbleibt, das ist Dogma.

F: Wie ist das, in Verbindung mit Gott zu stehen?

A: Die Verbindung mit Gott ist das tiefe innere Wissen, daß Gott in dir und um dich ist. Gott „spricht" durch die feine, leise Stimme in dir.

F: Sind Wissenschaft und Religion unvereinbar?

A: Man könnte sagen, daß die Wissenschaft pragmatisch handelt und die Religion durch göttliche Führung. Wenn das richtig ist, dann kommen sie beide zum selben Ergebnis, aber die Wissenschaft braucht viel länger.

F: Könntest du spirituelle Entwicklung beschreiben?

A: Spirituelle Entwicklung findet in deinem Leben dann statt, wenn du in Harmonie mit dem göttlichen Zweck lebst. Gehorche den göttlichen Gesetzen, die für uns alle gleich sind, und erfülle deine einzigartige Aufgabe im göttlichen Plan.

F: Atheisten sagen, daß es keine Möglichkeit gibt, die Existenz Gottes zu beweisen. Kannst du beweisen, daß es einen Gott gibt?

A: Atheisten gibt es eigentlich gar nicht, denn auch in diesen Menschen ist die göttliche Natur, die sich, wenn sie erwacht, Gott nahe fühlt. Es gibt Menschen, die sich Atheisten nennen. Für die habe ich Gott *intellektuell* definiert als die schöpferische Kraft, als die erhaltende Macht, als die Kraft, die Veränderung bewirkt, als umfassende Intelligenz, als Wahrheit; *gefühlsmäßig* als Liebe, Güte, Freundlichkeit und Schönheit; *spirituell* als die allgegenwärtige, alles durchdringende Essenz oder den Geist, der alles im Universum zusammenhält und allem sein Leben schenkt.

F: Kann die Entstehung des Universums ein großartiger Zufall sein?

A: Das Universum ist die Schöpfung einer Intelligenz, die wir uns jetzt nicht einmal vorstellen können – und wir haben die wunderbare Gelegenheit, darin zu lernen und zu wachsen.

F: Was ist das Wesen des Universums?

A: Das Wesen des Universums ist eine Entwicklung zum Besseren oder zur Vollkommenheit.

F: Wann wurde das physische Universum geschaffen, und wann wird es untergehen?

A: Wir kennen den Anfang des Universums nicht genau, obwohl wir versuchen, das zu bestimmen. Natürlich kennen wir auch sein Ende nicht, und wir spekulieren darüber weniger. Alles, was wir darüber sagen können, ist: Es begann, als innerhalb der Schöpfung eine Notwendigkeit bestand, und es wird enden, wenn diese nicht mehr besteht. Im Moment ist es sehr notwendig, und es ist eine der uns aufgegebenen Lektionen, in der Gegenwart zu leben und nicht zu versuchen, in der Vergangenheit oder in der Zukunft zu leben. Natürlich ist eine Lektion, die wir lernen müssen, spirituell zu leben. Ja, das ist wohl unsere wichtigste Lektion. Man kann sagen, es ist unser Ziel und das Ziel der Evolution. Unser Nahziel jedoch ist es, unser Leben mit den göttlichen Gesetzen in Harmonie zu bringen und die Arbeit, für die wir hier sind, zu erledigen.

F: Glaubst du, daß es Himmel und Hölle gibt?

A: Himmel und Hölle sind Seinszustände. Himmel ist der Zustand der Harmonie mit Gottes Willen; Hölle ist der Zustand der Disharmonie mit Gottes Willen. Du kannst sowohl in diesem Leben wie auch danach in diesem oder in jenem Zustand sein. Eine ewige Verdammnis gibt es nicht.

F: Sammeln wir vor und nach dem irdischen Leben Erfahrungen?

A: Es gibt einen Standpunkt, von dem aus man die Erfahrung des irdischen Lebens so sieht, wie die Erfahrung eines unserer Erdentage, dem andere Tage vorausgegangen sind und weitere folgen werden. So wie du weißt, daß dein gestriges Handeln dein Leben morgen beeinflußt, so sagt der Standpunkt, von dem ich spreche, daß frühere Erfahrungen dieses irdische Leben beeinflussen, und daß dieses irdische Leben zukünftige Erfahrungen beeinflussen wird. Für Menschen mit dieser Sichtweise ist die Welt geordnet und gerecht und funktioniert gesetzmäßig. Wenn die herrschenden Gesetze befolgt werden, so besteht Harmonie, und wenn sie nicht befolgt werden, so entsteht Disharmonie. Ein Mensch, dessen Horizont über dieses irdische Leben nicht hinausreicht, kann das nicht sehen. Ihm muß die Welt in der Tat sehr ungerecht und ungeordnet erscheinen.

F: Warum fürchten die Menschen den Tod?

A: Fast alle Furcht ist die Furcht vor dem Unbekannten. Die Menschen fürchten den Tod, weil sie nicht wissen, was beim Tod geschieht. Ich habe aber den Anfang des Übergangs, den wir Tod nennen, erlebt – eines nachts, in einem Schneesturm, als ich fast erfror – und ich fürchte ihn nicht. Die Erfahrung des Beginns des Übergangs, die mir in jener Nacht zuteil wurde, war wunderbar. Ich freue mich auf diese Veränderung als auf das letzte große Abenteuer im Leben, und ich freue mich mit denen, die ich liebe, wenn sie den glorreichen Übergang in ein freieres Leben antreten. Du überwindest deine Furcht vor einer Sache, indem du dich mit der gefürchteten Sache vertraut machst.

F: Wenn man den Tod fürchtet, heißt das dann, daß man eine armselige Vorstellung von sich selbst besitzt?

A: Furcht vor dem Tod heißt oft, daß man sich mit dem Körper statt mit dem Geist identifiziert, und das ist eine armselige Vorstellung.

F: Glaubst du, daß die Seele den Körper vor der vorherbestimmten Zeit verlassen kann?

A: Es ist wahr, daß dieses Universum nach genauen Gesetzen funktioniert. Es ist wahr, daß einige in dieses irdische Leben kommen, um nur eine sehr kurze Zeit zu bleiben. Einige bleiben nur, bis bestimmte Dinge vollendet sind. Einige bleiben, solange der Körper hält. Man kann kommen, um eine Lektion zu lernen, um Schulden zu begleichen, um zu dienen oder wegen einer Kombination aus all dem. Dabei besitzt man jeweils seinen freien Willen. Wenn man mit seinem Körper gut umgeht, dann wird man länger bleiben, als wenn man ihn mißbraucht. Gedanken und Gefühle spielen auch eine Rolle. Du siehst also, daß die Dinge nur als Möglichkeit vorherbestimmt sind – du wirst lange bleiben, *wenn.*

F: Wenn die spirituelle Natur unsterblich ist, was geschieht dann mit ihr nach dem Tod des Körpers? Ist die spirituelle Natur immer und in jedem Körper gut?

A: Wenn die selbst-zentrierte Natur vollkommen überwunden ist, dann wird die spirituelle Natur – dein wirkliches Ich – in die geistige Welt eingehen statt im Psychischen zu verbleiben. Sie braucht jetzt kein irdisches Leben mehr zu leben und wird andere Lektionen lernen. Die spirituelle Natur ist immer gut und immer in Harmonie mit Gottes Willen. Nur die selbst-zentrierte Natur ist manchmal passiv, manchmal gut, manchmal aus der Harmonie geraten.

F: Was ist Karma?
A: Karma ist das Gesetz von Ursache und Wirkung – *„was ihr sät, das werdet ihr ernten"* – über eine Zeitspanne vieler Leben betrachtet. Wenn jemand ein Magengeschwür bekommt, weil er jemanden haßt, so erfährt er an sich selbst (wenn er Augen hat zu sehen), daß das Gesetz des Karma wirkt.

F: Einige Probleme scheinen ererbt oder chronisch zu sein. Sind sie karmisch bedingt?
A: Jedes Problem, das dir vorgesetzt wird, dient einem Zweck in deinem Leben. Durch das Lösen von Problemen lernt und wächst man. Du wirst vor kein Problem gestellt, das du mit der richtigen Einstellung nicht lösen könntest. Wenn du mit einem großen Problem konfrontiert wirst, so heißt das, daß du die große innere Stärke aufweist, ein großes Problem zu lösen. Einige herübergebrachte Probleme sind karmisch – dem Gesetz von Ursache und Wirkung unterworfen. Man könnte sagen, du bist gekommen, sie zu lösen. Es ist wichtig, sie zu lösen. Das ist zumindest einer der Gründe, warum du gekommen bist. Einige Probleme in diesem irdischen Leben sind durch falsches Essen, Denken oder Fühlen verursacht. Vielleicht liegt ihre Ursache im Essen von „Junk Food" oder im Denken von „Junk-Gedanken", wie z. B. Gedanken des Hasses. Wenn auch die Neigung zu gewissen Schwierigkeiten ererbt sein kann, so mußt du doch bedenken, daß du die Bedingungen deiner Geburt selbst bestimmst. Ich wünsche allen eine vollständige Heilung – nicht durch die Unterdrückung von Symptomen mittels Medikamenten, sondern durch die Beseitigung der Ursachen. Ich hoffe, du wirst angeregt, dich auf eine wirklich gute Gesundheitsdiät zu setzen. Ich hoffe, du wirst angeregt, alle negativen Gedan-

ken und Gefühle aufzuspüren und sie zu beseitigen. Ich hoffe, du wirst anregt, dein Leben mit Schönheit zu füllen – der Schönheit der Natur, erhebender Musik, schönen Worten und sinnvollen Aktivitäten. Halte dich fern von allem, das dich hinunterzieht, und halte fest an Dingen, die dich aufbauen!

F: Wie kann man schlechtes Karma am besten „begleichen"?

A: Der beste Weg, dich von allem schlechten Karma zu befreien, ist das Dienen in jeder möglichen Art und Weise. Wenn du genug gegeben hast, dann wirst du Gott erkennen und inneren Frieden finden – denn wir empfangen, indem wir geben.

F: Kann ich mir meine vergangenen Leben in Erinnerung rufen?

A: Du kannst dich sehr wohl an einige Erlebnisse vergangener Leben erinnern, wenn du die Lektionen, für die du hierher gekommen bist, gelernt hast. Vorher ist es am besten, diese Dinge nicht zu wissen – du hättest weniger Aussichten, die Probleme zu lösen, wenn du die Antwort schon wüßtest. Es gibt einen alten Spruch, der lautet: „Ich frage nicht, was in der Ferne liegt, ein Schritt ist mir genug." Das ist sehr weise.

F: Kann meine göttliche Natur meinen Ärger und meine Wut kontrollieren?

A: Deine göttliche Natur kann deinen Körper, deine Gedanken und deine Gefühle kontrollieren. Deine selbst-zentrierte Natur kann das nicht, obwohl sie sie bis zu einem bestimmten Maß beherrschen kann. Ärgerenergie sollte weder unterdrückt werden, was dich innerlich verletzen kann, noch sollte sie ausgelebt werden, was dich innerlich verletzt und Schwierigkeiten in deiner Umgebung verursacht. Sie sollte *umgewandelt* werden, indem sie für eine notwendige Aufgabe oder für eine wohltuende Übung eingesetzt wird. Wenn du erkennst, daß der Mensch, der etwas Häßliches tut, in gewisser Weise psychisch krank ist, so wird sich dein Ärger in Mitleid verwandeln.

F: Wie kann man sein Selbstvertrauen stärken?

A: Dein Selbstvertrauen wird gestärkt, wenn du erkennst, wer du bist. Du bist Gottes Kind und fähig, danach zu handeln.

F: Warum klagen in diesem reichen Land so viele Menschen über finanzielle Probleme?

A: Viele Menschen, die über finanzielle Probleme klagen, meinen eigentlich, daß sie mehr wollen als sie brauchen. Es fiel mir so leicht, mich in meinem Leben auf das wirklich Notwendige zu beschränken: Ich hatte einfach das Gefühl, daß ich nicht länger mehr annehmen konnte als ich benötigte, während andere in der Welt weniger haben als notwendig ist. Wenn ich mich umsehe, dann entdecke ich, daß die meisten Schulden nicht für lebensnotwendige Dinge gemacht werden, sondern für überflüssige Dinge. Warum verlangen die Menschen nach Dingen, die sie nicht brauchen? Manchmal verlangen sie nach ihnen aus Genußsucht – während sie das, wonach sie suchen, nur durch Selbstdisziplin finden können. Manche wollen ihr Ego befriedigen, indem sie andere beeindrukken – während sie doch das, wonach sie suchen, niemals finden können, solange nicht das Ego untergeordnet wird und die höhere Natur regiert. Ja, manche versuchen, den Mangel an spiritueller Sicherheit durch materielle Sicherheit wettzumachen – und das ist nicht möglich. Finanzielle Probleme werden uns vorgesetzt, um uns zu lehren, daß wir uns nicht auf materielle, sondern auf spirituelle Dinge konzentrieren sollen. Ich bin sicher, du kennst den wunderbaren Sinn von Problemen in deinem Leben und ihren Zweck, uns Lektionen aufzugeben, und weißt, daß wir sie mit Gottes Hilfe immer lösen können.

F: Welche Haltung sollten wir gegenüber materiellen Gütern einnehmen?

A: Wieviel freier wären wir, könnten wir materiellen Gütern einfach ihren richtigen Stellenwert zuweisen und sie benutzen, ohne ihnen zu verfallen. Dann würden wir uns nicht mit Dingen belasten, die wir nicht benötigen. Wenn wir doch nur erkennen könnten, daß wir alle Zellen im selben Körper der Menschheit sind – dann würde unser Denken darauf ausgerichtet sein, daß alle genug haben, nicht einige zuviel und andere zuwenig.

F: Was meinst du zu Katastrophenvorhersagen?

A: Vergegenwärtige dir die Macht der Gedanken, und denke nur an das jeweils Bestmögliche, was geschehen kann. Denke nur an das Gute, dessen Eintreten du wünschst. Vergiß nicht, daß du durch Gedanken deine inneren Bedingungen erschaffst und zu den äußeren Verhältnissen beiträgst. Wir helfen alle mit bei einer großen Entscheidung. Erinnere dich auch daran, daß die dunkelste Stunde die Zeit vor der Morgendämmerung ist.

F: Was kann ich für mein Enkelkind tun, das in diese von Gewalt erfüllte Welt kommt?

A: Warum siehst du dein Enkelkind nicht als ein Kind, das in eine von Gott erfüllte Welt geboren wird? Gottes Gesetze erfüllen sich ständig, denn alles, was aus der Harmonie geraten ist, ist im Vergehen begriffen. Die Dunkelheit, die wir sehen, ist die Auflösung dessen, was aus der Harmonie geraten ist.

„*Gott ist nicht tot, noch schläft er ... das Falsche wird scheitern, das Richtige siegen ... mit Frieden auf Erden, dem Menschen ein Wohlgefallen.*" Wie kann jemand zweifeln, daß Gott am Ende siegen wird? Nur wie bald das geschieht, das liegt an uns.

F: Welche Lösung hast du für folgende Probleme:
Die Energiekrise?

A: Es sollte eine verstärkte Erforschung aller Formen sauberer Energie geben – Sonnenenergie, Windenergie, Wasser- einschließlich Wellenenergie. An manchen Orten ist thermische Energie verfügbar. Ich besuchte eine Farm, die mit Solarzellen und zwei Windmühlen ihre eigene Energie erzeugte.

Terrorismus?

A: Terroristen sind äußerst unreife und gewöhnlich falsch erzogene Menschen, die glauben, daß das Böse durch noch mehr Böses überwunden werden kann. Sie brauchen ein Heilprogramm, durch das ihre Wiedereingliederung herbeigeführt wird.

Organisiertes Verbrechen?

A: Organisiertes Verbrechen ist ein Symptom einer unreifen Gesellschaft, in der Erfolg an Geld und Gütern gemessen wird. Die darin verwickelt sind, brauchen ein Heilprogramm zu ihrer Wiedereingliederung.

Banden und Bandenkriege?

A: Jugendbanden könnten verhindert werden, wenn es für Kinder genügend Raum gäbe, in schöner Umgebung zu spielen und für Jugendliche sinnvoll organisierte Aktivitäten.

Drückebergerei?

A: Oft drücken sich die Menschen vor etwas, weil sie Arbeiten tun müssen, zu denen sie sich nicht berufen fühlen. Die Menschen sollten den Beruf ausüben, der ihnen am besten gefällt, und nicht den, der am meisten Geld bringt.
Eifersucht?
A: Unreife Menschen sind eifersüchtig, weil sie nicht wissen, daß sie so wichtig wie jeder andere sind, mit ebenso vielen Möglichkeiten und mit einer Aufgabe im göttlichen Plan.
Haß und Rassismus?
A: Man kann Haß mit Liebe überwinden. Haß verletzt den Hassenden, nicht den Gehaßten. Rassisten sind verletzte Menschen. Diskriminierte haben die Wahl: Sie können durch eine falsche Reaktion der Verbitterung und des Ärgers verletzt werden, oder sie erheben sich über die Situation und werden spirituell gestärkt.
Frustration?
A: Die selbst-zentrierte Natur ist frustriert, wenn sie ihren Willen nicht durchsetzen kann. Die höhere Natur ist geduldig in dem Wissen, daß mit der richtigen Einstellung alle Probleme gelöst werden können.
Leiden?
A: Im Universum besteht eine Ordnung, und wenn uns ein Leiden überkommt, so hat es einen Zweck in unserem Leben – es will uns etwas lehren. Wir sollten versuchen, die Lektion herauszufinden.
F: Bist du liberal oder konservativ?
A: Ich bin konservativ, wenn es darum geht, das Gute zu erhalten – ich bin liberal, da ich das, was verändert werden muß, verändern will.
F: Was ist deine politische und soziale Philosophie?
A: Unsere Politik und unsere Sozialordnung müssen mit dem göttlichen Ziel in Einklang gebracht werden.
F: Was hältst du vom Kapitalismus?
A: Wenn du mit Kapitalismus unser gegenwärtiges Wirtschaftssystem meinst, das zu Arbeitslosigkeit und Produktion unnützer Güter geführt hat, so muß das natürlich verbessert werden. Mehr Dezentralisierung ist nötig. Wenn jene, die in der Industrie arbeiten,

diese auch besäßen, so könnten zahllose Spannungen vermieden werden. Kapitalismus bedeutet gewöhnlich Wettbewerb - aber die Arbeit für die Zukunft ist Zusammenarbeit.

F: Glaubst du, daß Demokratie die richtige Regierungsform ist?

A: Wenn Demokratie Herrschaft des Volkes bedeutet, wie es ja sein sollte, dann ist es die richtige Regierungsform. Ich glaube an vollständige Demokratie – individuelle, politische, soziale, wirtschaftliche Demokratie. Wenn wir die wirklich besäßen, was aber nicht der Fall ist, so stünde das mit dem göttlichen Ziel im Einklang.

F: Was sind Linke, was sind Rechte?

A: Jene, die soziale Veränderungen schneller vorantreiben wollen, als sie naturgemäß verlaufen können, werden oft „Linke" genannt. Jene, die die Zustände erhalten wollen, wie sie sind, oder die die Uhren zurückstellen wollen, werden oft „Rechte" genannt. Im großen und ganzen haben sie eines gemeinsam: Sie haben beide die falsche Auffassung, daß „das Ziel die Mittel rechtfertige ". Das ist die Philosophie des Krieges. Ich glaube, daß die Mittel, die man einsetzt, das Ergebnis bestimmen. Das ist die Philosophie des Friedens und die Philosophie jeder wahren Religion. Deine göttliche Natur lebt nach der Philosophie des Friedens.

F: Glaubst du, daß der Kommunismus die Welt beherrschen und alle Religion auslöschen könnte?

A: Natürlich wird die Religion weiterbestehen, da sie die tiefe innere Sehnsucht nach einem besseren Leben aller Menschen ausdrückt. Der Kommunismus drückt bestenfalls gemeinsames Leben – Teilen – aus. So wie er in einigen kleinen Gemeinschaften gelebt wird, ist er kein Feind der Religion. Er ist nie in irgendeiner großen Gesellschaft praktiziert worden, und die erste große Gesellschaft, die ihn als ihr Ideal aufstellte, wandte sich gegen die Staatsreligion, weil sie meinte, sie sei zur Unterdrückung der Menschen benutzt worden. Dann entwickelte sich diese Gesellschaft zu einer Diktatur. Was in ihrem Land, in unserem Land und in allen anderen Ländern aus der Harmonie geraten ist, ist in der Auflösung begriffen – es enthält in sich den Keim der eigenen Zerstörung. Wahrer Kommunismus könnte der Welt etwas über wirtschaftliche Demokratie lehren.

F: Glaubst du, daß die Kommunisten durch den Beginn eines Atomkrieges der Welt ein Ende setzen könnten?

A: Nein, ich glaube, kein Land will wirklich einen Atomkrieg beginnen. Aber solange wir all diese Atomwaffen um uns haben, könnte er durch einen Unfall ausgelöst werden.

F: Ist es gut, zur Selbstverteidigung Karate zu lernen?

A: Meine Waffe ist die Liebe, und ich denke gar nicht daran, einen anderen Weg der Verteidigung zu lernen. Der Unreife und Ängstliche lernt Karate und andere Verteidigungsarten.

F: Bedeutet „passiv" für dich friedfertig? Bedeutet aggressiv für dich kriegerisch?

A: Man könnte sagen, daß ein passiver Mensch keine Gewalt anwendet, weil er schwach ist, und daß ein *friedfertiger* Mensch aus Prinzip keine Gewalt anwendet. Ein aggressiver Mensch möchte vielleicht lieber in Harmonie leben, aber seine Taten führen zu Reibungen.

F: Männer begehen 88 % aller Verbrechen, und sie sind es auch, die im Krieg kämpfen. Natürlich gibt es einige Ausnahmen, aber glaubst du, daß die Frauen im allgemeinen reifer und friedlicher als Männer sind? Sind sie spirituell höher entwickelt?

A: Männer lehrt man, hart zu sein, und daß es ein Zeichen der Schwäche sei, nach dem Gesetz der Liebe zu leben. Für Frauen betrachtet man es als vollkommen richtig, nach dem Gesetz der Liebe zu leben, und in vielen Fällen erwartet man das geradezu von ihnen. Männer haben genausoviel spirituelle Möglichkeiten wie die Frauen, aber wegen ihrer aggressiveren Einstellung, erreichen sie oft nicht soviel spirituelles Wachstum. In unserem Land kämpfen die Männer im Kriege, weil das hier so Brauch ist, aber in einigen Ländern kämpfen auch die Frauen.

F: Wie sollten Eltern ihre Kinder bestrafen, wenn sie etwas falsches tun?

A: Am besten funktioniert Belohnung; Bestrafung wäre dann ein Vorenthalten der Belohnung.

F: Was ist Unmoral?

A: Wenn Menschen von Unmoral sprechen, so meinen sie manchmal das, was mit den Bräuchen nicht übereinstimmt. Aber wirkliche Unmoral ist das, was mit der göttlichen Natur nicht harmoniert.
F: Ist der Geist ein „leeres Blatt", das die Erfahrung erst beschreibt?
A: Der Geist ist ein Werkzeug, das entweder von der selbst-zentrierten oder von der göttlichen Natur benutzt werden kann. Ja, natürlich beeinflussen ihn die Erfahrungen.
F: Was bedeuten Träume für dich?
A: Die meisten Träume sind entweder Wanderungen im Reich der Seele oder Täuschungen, hervorgerufen durch körperliche, seelische oder emotionale Belastungen. Man sollte sie sofort vergessen. Manchmal gibt es eine Vision, die man nicht vergessen kann.
F: Arbeitest du für deinen Lebensunterhalt?
A: Ich arbeite für meinen Lebensunterhalt auf ungewöhnliche Weise. Ich gebe soviel ich kann in Form von Gedanken, Worten und Taten an jene, deren Leben ich berühre und an die Menschheit. Dafür nehme ich an, was man mir gibt, aber ich bitte nicht darum. Sie werden durch ihr Geben gesegnet, und ich werde durch mein Geben gesegnet.
F: Warum bist du arbeitslos?
A: Bin ich arbeitslos? Ich arbeite 16 Stunden am Tag, sieben Tage in der Woche. Was du sagen willst, ist, daß ich kein Geld verdiene. Ich brauche kein Geld zu verdienen. Mir wird alles Notwendige gegeben. Da ich im Rentenalter bin, könnte ich das anders haben. Ich könnte ganz legal auf Kosten der Steuerzahler (Gesetzliche Rentenversicherung) leben, wenn ich wollte, aber sie geben so widerwillig. Ich lebe lieber von dem, was freiwillig gegeben wird. Jene Menschen werden durch ihr Geben gesegnet. Ich liebe meine Arbeit. Ich habe Arbeit. Für Vorträge, wie ich sie halte, bekommen manche Menschen hohe Honorare; ich nehme nichts. Ich beantworte viele Briefe und gebe Ratschläge. Oft zahlt man Menschen viel Geld für Beratung. Ich nehme kein Geld dafür an. Ich fange jetzt an, Bildungs- und Inspirationsreisen zu leiten, als eine Art Besinnungszeit. Es bewirkt viel Gutes bei den Leuten. Ich weiß noch,

wie wir in Alaska waren. Die, die mit uns reisten, kamen ermutigt und moralisch aufgerichtet zurück, und es scheint, als trüge sich jeder mit dem Gedanken, für eine gute Sache zu arbeiten oder auf irgendeine Art zu dienen. Ich glaube, daß einige Teilnehmer der Alaska-Reise nun tatsächlich arbeiten, um anderen zu helfen.

F: Warum nimmst du kein Geld an?

A: Weil ich über spirituelle Wahrheit spreche, und spirituelle Wahrheit sollte nie verkauft werden – jene, die das tun, verletzen sich selbst spirituell. Ich nehme Geld an, das durch die Post kommt (ohne daß ich darum gebeten hätte), aber ich verwende es nicht für mich selbst; ich benutze es für Druck- und Postgebühren. Wer versucht, spirituelle Wahrheit zu kaufen, versucht, sie zu erhalten, bevor er dafür bereit ist. In diesem wunderbaren, wohlgeordneten Universum wird es dem gegeben, der bereit ist.

F: Was für eine Theorie steht hinter dem „nicht kaufen der spirituellen Wahrheit"?

A: Die zugrundeliegende Theorie ist die folgende: Wer sie hat, würde sie nicht verkaufen, und daher: wer sie verkauft, hat sie nicht. Das sind „unverkäufliche Perlen". Sobald du für spirituelle Wahrheit bereit bist, wird sie dir gegeben. Andererseits wird dir gegeben, so wie du gibst. Aber wenn man ein Entgelt zahlt, so ist das keine Gabe. Du mußt auch nicht dem geben, von dem du empfängst, denn wir sind alle Zellen im gleichen Körper der Menschheit.

F: Wirst du nicht einsam, entmutigt oder müde?

A: Nein, ich bin nie einsam, entmutigt oder müde. Wenn man in ständigem Gespräch mit Gott lebt, kann man nicht einsam sein. Wenn man das Wirken von Gottes wundervollem Plan erkennt und weiß, daß alle wahre Mühe gute Frucht bringt, kann man nicht entmutigt sein. Wenn man inneren Frieden gefunden hat, so ist man an die allumfassende Energiequelle angeschlossen und kann nicht müde werden.

F: Wo hast du all das gelernt, worüber du sprichst? Offensichtlich hast du etwas gefunden, nach dem wir alle suchen, und du hast kein Recht, uns deine Informationsquelle vorzuenthalten.

A: Nie habe ich jemandem die Quelle meiner Information vorenthalten. Licht suche ich direkt an der Quelle des LICHTES – nicht bei einer Widerspiegelung. Auch gebe ich neuem Licht in mir Raum, indem ich gemäß meinem höchsten Licht lebe. Licht, das direkt von der Quelle kommt, kann man nicht verkennen, denn es ist begleitet von vollkommenem Verständnis, so daß man die daraus gewonnene Einsicht erklären und darüber sprechen kann.

F: Wie alt bist du?

A: Auf dem Weg meiner Pilgerreise haben mich viele Menschen nach meinem Alter gefragt. Ich sagte ihnen, daß ich es nicht wüßte und es auch nicht ausrechnen wolle. Ich kenne mein Geburtsdatum, es ruht in den hintersten Kammern meines Gedächtnisses, aber ich will es nicht ausplaudern. Wozu sollte das gut sein? Viele haben auch versucht, meinen früheren Namen zu erraten. Die interessanteste Vermutung war, ich sei Amelia Earhart. Ich bin sehr dankbar, daß Alter für mich keine Rolle mehr spielt. Solange ich meine Geburtstage zählte und anfing, über das Altwerden nachzudenken, wurde ich älter. Alter ist ein Gemütszustand, und ich sehe mich als alterslos. Das rate ich auch anderen: Werdet so alt, wie ihr sein wollt, und hört dann auf, Alter zu schaffen.

Ich verrate auch mein Tierkreiszeichen nicht. Glaubt ihr wirklich, daß ein Planet mich umhertreiben könnte? Um Himmels Willen, die göttliche Natur ist immer frei – nur die selbst-zentrierte Natur ist nicht frei. Ich habe zwei Gründe, mein Tierkreiszeichen nicht zu sagen. Einmal würden dann einige eifrige Astrologen mein Horoskop berechnen, und das wäre Zeitverschwendung. Zum anderen würde man mich, wäre mein Geburtstag bekannt, mit Geburtstagskarten überschwemmen, so wie es jetzt mit Weihnachtskarten geschieht, und ich müßte mir zwei weitere Wochen in jedem Jahr freinehmen, um sie zu beantworten.

F: Was ist dein wirklicher Name und deine Herkunft?

A: Ich habe keinen Namen außer Peace Pilgrim. Ich habe kein Zuhause, nur eine Briefadresse: Cologne, New Jersey. Über meine Herkunft will ich nur das eine sagen: ich stamme aus einer armen Familie, ich habe wenig Bildung, keine besonderen Talente; ich führe vielmehr ein Leben unter der Leitung Gottes.

F: Hattest du je Kinder?

A: Ich war nicht für ein Familienleben berufen. Die meisten Menschen sind es, durch das, was man Sich-Verlieben nennt, und dann handeln sie als Familieneinheit. Das war nicht mein Ruf. Es gibt einige Menschen, die dazu nicht berufen sind. Einige unverheiratete Frauen sind sogenannte Männerhasserinnen, aber das bin ich nicht und war es nie. Ich bin immer gut mit Männern zurechtgekommen.

F: Wie kommt es, daß du soviel Energie besitzt?

A: Wenn du inneren Frieden gefunden hast, dann verfügst du über endlose Energie – je mehr du davon ausgibst, desto mehr bekommst du. Wenn du deinen Ruf gefunden hast, dann arbeitest du mit Leichtigkeit und Freude. Du wirst nie müde.

F: Schafft der Generationsunterschied nicht eine Kluft zwischen dir und den Studenten?

A: Ich glaube, es ist eher ein Unterschied in den *Werten* als ein Generationenunterschied. Studenten lehnen sich auf gegen falsche Werte der Gesellschaft, wie Krieg, Vorurteile, Materialismus und Heuchelei. Da ich diesen falschen Werten sicherlich nicht anhänge, habe ich keine Schwierigkeiten mich den Studenten mitzuteilen.

F: Glaubst du an Astrologie?

A: Astrologie sagt in ihren Deutungen etwas über das von der selbst-zentrierten Natur beherrschte Leben aus. Wer der Astrologie anhängt, wird so sehr in der selbst-zentrierten Natur befangen, daß er sie nicht transzendieren kann.

F: Wenn ich mit einem Problem konfrontiert bin, kann ich ihm intellektuell begegnen?

A: Wenn es ein Problem der Gesundheit ist, so frage dich: „Habe ich meinen Körper mißbraucht?" Wenn es ein finanzielles Problem ist, so frage dich: „Habe ich im Rahmen meiner Mittel gelebt?" Ist es ein psychologisches Problem, so frage dich: „War ich so liebevoll, wie Gott es von mir will?" Dein gegenwärtiges Handeln formt die Zukunft, also benutze die Gegenwart, dir eine wunderbare Zukunft zu erschaffen.

F: Ich leide sehr an meinen falschen Reaktionen auf das, was andere sagen oder tun.

A: Würdest du wirklich alles verstehen, so würden deine falschen Reaktionen sich zu Mitleid wandeln. Wenn jemand in dir eine falsche Reaktion hervorruft, so ist er aus der Harmonie geraten und bedarf der Liebe ganz besonders. Ja, am wichtigsten ist es, liebevoll zu sein. Begegne jeder Situation mit Liebe, und du wirst sie meistern können. Wenn mir jemand auch das Schlimmste zufügt, so fühle ich doch tiefstes Mitleid mit diesem Menschen und bete für ihn – ich verletze mich nicht selbst durch eine falsche Reaktion der Verbitterung oder des Ärgers.

F: Ist Selbstdisziplin wirklich der Mühe wert?

A: Vielleicht scheint der Pfad zum inneren Frieden nicht leicht, während du ihn gehst, aber wenn du ihn gegangen bist, dann schaust du zurück und denkst: Wie konnte mir das große Gut des inneren Friedens so leicht zukommen?

F: Was kann ein Mensch tun, wenn er ein zwanghafter Esser ist und Falsches ißt?

A: Wenn man das schon weiß und etwas dagegen tun will, so kann man damit beginnen, nur gute, gesunde Nahrung verfügbar zu haben. Mache das Essen zu einer sehr nebensächlichen Sache in deinem Leben, indem du dein Leben so mit anderen sinnvollen Dingen anfüllst, daß du kaum mehr Zeit hast, über das Essen nachzudenken.

F: Wie kann man Frieden für das Schauspiel bearbeiten?

A: Eine Art, den Frieden schauspielerisch darzustellen, ist meiner Meinung nach eine Wanderbühne. Lange Zeit schon denke ich, daß man die Kunst für die Sache des Friedens nutzen sollte. Nur eine begrenzte Anzahl von Menschen hört sich einen Vortrag an. Schon mehr Menschen lesen – wenn auch nicht immer ganz – ein einfaches und interessantes Flugblatt, wenn man es ihnen in die Hand drückt. Viele werden den Menschen der Friedensbewegung zuhören, wenn sie mit ihrer Friedensbotschaft im Radio oder im Fernsehen auftreten. Aber fast jeder wird sich ein Schauspiel oder ein Puppentheater anschauen, wenn es ihm unmittelbar begegnet.

F: Sind wir für unsere Gedanken und Gefühle verantwortlich? Gibt es hier einen grundsätzlichen Unterschied zu der Verantwortlichkeit für unser Verhalten?

A: Spirituell gesprochen leidest du wegen negativer Gedanken und Gefühle genauso wie wegen falschen Verhaltens. Aber am meisten leidest du, wenn du weißt und nicht danach handelst. Ja, du bist für alle drei verantwortlich.

F: Was sollte der Ruhestand für einen Menschen bedeuten?

A: Der Ruhestand sollte nicht bedeuten, die Aktivitäten anzuhalten, sondern sie dahingehend zu ändern, daß du dein Leben mehr dem Dienen widmest. Es sollte deshalb die schönste Zeit in deinem Leben sein: die Zeit, in der du freudig und sinnvoll beschäftigt bist.

F: Was soll ich unternehmen, wenn mir mein Leben leer erscheint?

A: Wenn dir dein Leben leer erscheint, so ist das eine wunderbare Gelegenheit. Das Leben der meisten Menschen ist bereits zumindest teilweise mit weniger guten Dingen gefüllt. Wenn dein Leben leer ist, so hast du die wunderbare Gelegenheit, es mit guten Dingen zu füllen.

F: Was soll ich tun, wenn ich mich ausgenutzt fühle?

A: Frage dich, ob das, was man von dir verlangt, unvernünftig ist oder nicht. Wenn es das nicht ist, so wirst du durch das Dienen wachsen. Wenn es so ist, so mußt du lernen, in Liebe „nein" zu sagen.

F: Wie überwindet man Angst?

A: Ich würde sagen, Angst überwindet man durch eine religiöse Haltung. Wenn du deinen Mitmenschen gegenüber eine liebevolle Haltung einnimmst, wirst du keine Angst vor ihnen haben. „*Vollkommene Liebe überwindet die Angst.*" Eine gehorsame Haltung gegenüber Gott macht dir ständig die Gegenwart Gottes bewußt, und dann gibt es keine Angst mehr. Wenn du weißt, daß du den Körper, der ja vergänglich ist, nur trägst – daß du die Wirklichkeit bist, die den Körper aktiviert und nicht zerstört werden kann, – wie kannst du dann Angst empfinden?

F: Wie kann ich kleine Ängste, wie Angst vor der Dunkelheit, wenn ich alleine draußen bin, besiegen?

A: Ich denke an Dunkelheit immer als etwas freundliches. Sie bereitet so eine ruhige Atmosphäre zum Schlafen. Vielleicht solltest du einmal beobachten, wie es dunkel wird: Genieße die Schönheit des Sonnenuntergangs und halte nach dem ersten Stern Ausschau. Mache dich mit der Dunkelheit vertraut – denn Angst hat man gewöhnlich vor dem Unbekannten.

F: Psychiater sagen, daß jeder Mensch Angst empfindet, aber du sagst, du hast vor nichts Angst, nicht einmal vor dem Tod. Wie machst du dich so vollkommen angstfrei? Hast du deinen Verstand besser unter Kontrolle als die meisten Menschen?

A: In unserer Jugend erfahren wir soviel Angst, wie wir auf die eine oder andere Weise gelernt haben. Dein Verstand wie dein Körper und deine Gefühle können nur von der göttlichen Natur richtig kontrolliert werden, nicht von der selbst-zentrierten Natur. Wenn du die Menschen wirklich liebst, dann hast du keine Angst vor ihnen. Wenn du mit dem göttlichen Willen in Harmonie lebst, verschwindet die Angst. Wenn du dich mit dem Unsterblichen in dir identifizierst, so fürchtest du den Tod nicht. Wenn du ihn fürchtest, so ist es, weil dein Leben immer noch von der selbst-zentrierten Natur beherrscht wird. Durch große geistige Anstrengung kannst du dich vielleicht dahin bringen, keine Angst zu *zeigen* – aber nur wenn die göttliche Natur dich beherrscht, wirst du keine Angst empfinden.

F: Was kann ich tun, um meinem Leben mehr Sinn zu geben?

A: Fünfzehn Jahre bevor ich mich zu meiner Pilgerreise aufmachte, fühlte ich vollkommene Bereitschaft – ohne irgendwelche Vorbehalte – mein Leben zu geben, und ich begann ein Leben des Gebens statt des Nehmens. Jeden Morgen dachte ich an Gott und daran, was ich an diesem Tag tun konnte, um Gottes Kindern zu dienen. Ich überlegte in jeder Situation, ob ich mich irgendwie nützlich machen könnte. Ich versuchte jeden Tag so viel Gutes wie nur möglich zu vollbringen – ohne zu vergessen, wie wichtig ein aufheiterndes Wort oder ein freundliches Lächeln sein können. Ich betete für Dinge, die mir zu schwierig schienen – und ein rechtes Gebet führt zu rechtem Tun. Mein Leben blühte geradezu auf. Versuche es.

F: Wie kann ich anfangen, wirklich zu leben?

A: Ich begann, wirklich zu leben, als ich anfing, jede Situation darauf hin anzusehen, wie ich in dieser Situation dienen konnte.

Ich lernte, daß ich nicht aufdringlich sein sollte mit meiner Hilfe, sondern nur bereit. Oft konnte ich eine helfende Hand reichen – oder vielleicht ein liebevolles Lächeln oder ein aufmunterndes Wort. Ich lernte, daß wir die wertvollen Dinge im Leben durch Geben erhalten.

F: Wie kann man sein Leben verbessern?

A: Suche in deinem Innern nach Antworten. Deine göttliche Natur – dein inneres Licht – weiß jede Antwort. Verwende deine Zeit darauf, dein Leben mit den göttlichen Gesetzen in Harmonie zu bringen. Arbeite an der Überwindung des Bösen durch das Gute, der Falschheit durch Wahrheit, des Hasses durch Liebe. Arbeite an einer guten Lebensweise für dich selbst. Ob du in einer Familie lebst oder nicht, diese Dinge sind wichtig: (1) Eine Art, sich den Lebensunterhalt zu verdienen, die eine nützliche Aufgabe in der Gesellschaft darstellt. (2) Gute Lebensgewohnheiten wie Ruhe, Gymnastik, gute Eßgewohnheiten, aber vor allem gute Denkgewohnheiten – denke keine negativen Gedanken. (3) Inspirierende Momente in deinem Leben, etwas, das dich aufrichtet: Lies schöne Bücher, höre schöne Musik, erlebe die Schönheiten der Natur. (4) Diene soviel du kannst, hilf anderen, wo es nur geht – denn in dieser Welt wird dir gegeben, wie du gibst.

F: Was nützt es, mein Leben zu verbessern, wenn so viele aus der Harmonie geraten sind?

A: Die Menschheit kann sich nur bessern, wenn die Menschen sich bessern. Wenn du dein Leben gebessert hast, so kannst du andere in deiner Umgebung dazu anregen, ihr Leben ebenfalls zu verbessern. Denke daran, daß einige wenige, die mit Gottes Willen im Einklang sind, mächtiger sind als Mengen aus der Harmonie geratener Seelen.

F: Was kann ein kleiner Mensch wie ich für den Frieden leisten?

A: Den Millionen von Menschen, die heute auf dieser Erde leben, will ich sagen, daß es viele wertvolle Aufgaben für einen einzelnen Menschen gibt, sowohl für sich allein, als auch in der Gemeinschaft. Als ich mein Leben der Aufgabe widmete, meinen Mitmenschen so gut wie irgend möglich zu dienen, sagte jemand sehr sarkastisch zu mir: „Was glaubst du, was du tun kannst?" Ich antwortete: „Ich weiß, daß ich ein kleiner Mensch bin und nur wenig bewirken kann, aber es gibt so viele kleine Dinge, die getan werden müssen." Es war nie ein Problem, kleine Dinge zu finden, die zu erledigen der Mühe wert waren. Als ich meine Pilgerreise begann, verlangte ich nach sehr großen Dingen, und jemand sagte mir dann: „Du könntest genausogut nach dem Mond verlangen." Aber ich antwortete: „Wenn genug unter uns kleinen Leuten gemeinsam bitten, dann können sogar sehr, sehr große Dinge gewährt werden!"

Ich kann dir dies sagen: Lebe in der Gegenwart. Tue das, von dem du weißt, daß es getan werden muß. Vollbringe jeden Tag soviel Gutes, wie dir möglich ist. Die Zukunft wird sich entfalten.

GEDICHTE, GEBETE UND LIEDER

Die meisten der folgenden Gedichte hat Peace Pilgrim auf ihren ersten Pilgerreisen geschrieben, und sie erschienen in einem kleinen Heftchen unter dem Titel: „Gedichte für unsere Zeit". Ihre Version der „Seligpreisungen" erschien in einem ihrer wenigen Rundbriefe mit dem Titel „Des Pilgers Wanderschaft"* und auch in „Schritte zum inneren Frieden". Peace liebte es, anderen Lieder beizubringen, und häufig beendete sie eine Versammlung, indem sie die Leute aus vollem Herzen das Lied „Quelle der Liebe" singen ließ.

DIE CHRISTLICHE KIRCHE

Er sagte: „Natürlich kann ich mich irren,
   Doch wäre ich nicht überrascht
Wär dies die größte christliche Kirche,
   Die die Menschheit je erdacht.

Unsere Orgel ist die allergrößte,
   Unser Chor – kein falscher Ton.
Unsere Buntglasfenster – unbezahlbar,
   Unsere Kanzel gleicht einem Thron."

Doch nur die Reichen waren willkommen,
   Man liebte dort Klatsch und die Lüge.
Und von der preisgekrönten Kanzel
   Verherrlichten Prediger Kriege.

„Kann man denn mehr von der Kirche verlangen?"
   Sagte er mir stolz und dumm.
„Ja, eines", gab ich ihm zur Antwort
   „Christentum!"

---

*) Wohl in Anlehnung an das auch heute noch im englischen Sprachraum sehr verbreitete religiöse Erbauungsbuch „The pilgrim's progress from this world to that which is to come" von John Bunyan, 1678. Anm. d. Übers.

DIE WELT OHNE DEN MENSCHEN

Vor mir floß der gleichmäßig plätschernde Fluß.
Hinter mir erhob sich der bewaldete, friedliche Berg.
„Der Mensch sagt, dies sei seine Welt", dachte ich.
„Und doch gab es eine Zeit, in der der Mensch nicht war.
Hat diese alte Welt auch ohne ihn bestanden?"
„Damals floß ich", murmelte der Fluß.
„Ich stand fest", flüsterte der Berg.
„Der Mensch heute", dachte ich „scheint versessen auf Selbstzerstörung.
Millionen teuflischer Dinge hat er erfunden –
eines tödlicher als das andere.
Wenn ihm die Selbstauslöschung gelingt,
Wird dann die Welt, die er die seine nennt, auch ohne ihn bestehen?"
„Ich werde weiter fließen", murmelte der Fluß.
„Ich werde dann noch stehen", flüsterte der Berg.

KRIEGSFIEBER

Diese entsetzliche Blindheit
Sie läßt den Feind dir als Teufel erscheinen
Und du wirst zum Teufel für ihn
Kriegsfieber!

Dieser gräßliche Wahnsinn
Er rechnet als hohe Kriegskunst dir an,
Was den Feind elend verraten wird
Kriegsfieber!

Diese schreckliche Trunkenheit
Sie verwirrt den Geist, verkehrt richtig und falsch,
aus Haß wird das Gute, aus Mord eine Tugend.
Kriegsfieber!

Diese furchtbare Krankheit
Bei der man nicht nach Heilung sucht,
Sondern nach Wegen, sie auszubreiten.
Kriegsfieber!

EINBERUFUNG

Vor langer Zeit, als die Menschen noch Barbaren waren,
    Bestimmten sie einen Menschen oder zwei zum Sterben,
    Als Opfer für den Gott der Stürme, Thor.

Doch nun, da sie zivilisiert und Christen wurden,
    Bestimmen sie ein oder zwei Millionen zum Sterben,
    Als Opfer für den Gott des Grauens, Krieg.

KRIEG

Auf dem narbigen Schlachtfeld, wohin zu gehen man mich zwang.
Traf ich einen Mann – meinen Feind, so sagte man mir
    Und ich rannte die Klinge in ihn hinein!

Als ich sie herauszog und sein Blut verströmte,
War ich plötzlich von quälenden Gewissensbissen erfüllt
    „Ich habe einen Mann getötet!" sagte ich.

Er war mager und jung und angsterfüllt wie ich,
Und kein Teufel, wie man ihn mir beschrieben hatte.
    „Sie schickten mich, Dich zu töten", seufzte er.

„Bei Gott! Ich wollt, Du hättest es getan!", fluchte ich.
„Ja, ich weiß nicht einmal, für was ich kämpfe."
    „Noch weiß ich es", hauchte er und starb.

DER SIEGER

Während der vom Menschen bewirkten Zerstörung
Wird die Natur nie stille stehen.
Während der Todesschreie und Kugelhagel
Kommen Winter und gehen.

Aus dem Lauf eines alten verrosteten Gewehres
Wächst bald schon zartes, junges Gras.
Und durch die Augen eines grinsenden Totenschädels
Windet sich ein Hahnenfuß.

AN EINEN KRIEGSDIENSTVERWEIGERER

Der Meister schaute auf die Welt
   Neunzehnhundertsiebzig und zwei.
Er fand die Menschen von Haß verzehrt,
   Nur wenige waren ihm treu.
Er sah, wie die Menschen Blut vergossen,
   Sie quälten einander unsäglich.
Ich hörte den Meister leise sagen,
   „Zu ihnen sprach ich vergeblich!"

Doch dann sah er einen edlen Mann
   Verachtet, verschmäht und allein,
Weil er nicht haßte und tötete,
   Ein Gefängnis war sein Heim.
Sein Ziel war nicht, reich zu sein,
   Sondern den Menschen zu dienen.
Ich hörte den Meister leise sagen,
   „In ihm bin ich neu erschienen!"

GIER
(Eine Geschichte von Menschen und Nationen)

Zwei Männer hatten einen Streit
   Über den Grenzverlauf.
Der eine sagte: „Das Land gehört mir."
   „Nein, mir!" gab der andere drauf.

So kämpften sie wie wildeTiere,
   Und vergossen sehr viel Blut,
Bis der eine von ihnen ein Krüppel war,
   Der andere aber tot!

Der Krüppel lebte in großer Not
   Und schrie in Raserei:
„Wie dumm war es, so gierig zu sein!
   Hier war genug für zwei!"

DEINE ZUKUNFT

In dieserWelt wird dir gegeben, wie du gibst,
Und dir wird vergeben, so wie du vergibst -
Während du deinenWeg gehst,
Und jedenTag fröhlich aufstehst,
Schaffst du die Zukunft, so wie du lebst.

PEACE PILGRIM'S SELIGPREISUNGEN

Selig sind, die für ihr Geben keinen Dank erwarten, denn sie sollen reichlich belohnt werden.

Selig sind, die alles, was sie als gut erkennen, in dieTat umsetzen, denn immer höhereWahrheiten sollen ihnen enthüllt werden.

Selig sind, die Gottes Willen tun, ohne nach Ergebnissen zu fragen, denn groß soll ihre Belohnung sein.

Selig sind, die ihren Nächsten lieben und ihm vertrauen, denn sie werden zum Guten im Menschen vordringen und eine liebevolle Antwort erhalten.

Selig sind, die die Wirklichkeit gesehen haben, denn sie wissen, daß nicht das irdene Gewand wirklich und unzerstörbar ist, sondern das, was das irdene Gewand belebt.

Selig sind, die den Übergang, den wir Tod nennen, als Befreiung von den Beschränkungen dieses Erdenlebens sehen, denn sie sollen sich mit ihren Lieben freuen, die den glorreichen Übergang vollziehen.

Selig sind, die gesegnet wurden, weil sie ihr Leben hingaben und den Mut und den Glauben besaßen, die Schwierigkeiten auf dem vor ihnen liegenden Pfad zu überwinden, denn sie sollen erneut gesegnet werden.

Selig sind, die auf dem spirituellen Pfad fortschreiten, ohne das selbstsüchtige Motiv, den inneren Frieden zu suchen, denn sie sollen ihn finden.

Selig sind, die nicht versuchen, die Tore zum Himmelreich mit Gewalt einzuschlagen, sondern sich ihnen stattdessen in Demut, Liebe und Reinheit nähern, denn sie sollen geradewegs hindurchgehen.

ALOHA OE!

(Diese Version des bekannten Liedes aus Hawaii lehrte Peace denen, die sie 1980 auf ihrer speziellen Inspirationsreise auf die Inseln begleiteten.)

Sieh' dies Land der funkelnden Gewässer,
Fühle, wie warm ist Südsee's Sonnenschein,
Geh durch duftende Blumenfelder,
Lausche dem Klang der süßen Hawaii-Musik ...

Aloha O! – ich liebe dich,
Geh sacht durch dieses Land aus Licht und Blumen.
Aloha O! – auch Gott liebt dich,
Und segnet jeden Schritt auf deinem Weg!

QUELLE DER LIEBE

Quelle der Liebe
Meine Kraft liegt in dir –
Dein liebender Wille
Gibt Freiheit mir –
Es kommt der Tag
da erkennen wir
Die Hoffnung der Welt
Ist Liebe!

EIN GEBET FÜR DEN FRIEDEN IN UNSERER
KRIEGSMÜDEN WELT

Oh wundersamer Geist der Ruhe, berühre, besänftige und ermutige uns und alle Menschen. Nimm die Bomben und Bajonette aus unseren angsterfüllten Händen. Bewaffne uns stattdessen mit Vertrauen. Bewaffne uns mit Weisheit und Liebe, damit auf allen unseren Wegen, in wessen Land auch immer, wir Leben bringen und nicht Tod. Dies, so wissen wir, ist der Wille des Friedensfürsten. Amen.

PEACE PILGRIM IN DER PRESSE

Peace Pilgrim freute sich über die häufigen Begegnungen mit Journalisten von Zeitungen, Rundfunk und Fernsehen. Sie schätzte die Medien als praktischen und nützlichen Weg, ihre Botschaft zu vielen Menschen zu tragen. Nach anfänglicher, berufsbedingter Skepsis reagierten die Journalisten gewöhnlich sehr positiv auf ihren Witz, ihre Aufrichtigkeit und ihre Bereitschaft, ihre Fragen gewissenhaft zu beantworten.

SIE WAR UNS ÜBERLEGEN – UND WIE UNS DAS GEFIEL!

(The Harvey County News, Newton, Kansas, 25. Juni 1953
Leitartikel von Floyd Geyman)

Diesen Raum teilt heute mit uns eine, die einer von Gott berührten Heimatlosen gleicht, die die Siegespalme durch ihre klare und fröhliche Heiterkeit und ihren vollkommenen Lebenswandel erwarb, während sie einen Hürdenlauf über all die Kniffe eines fragwürdigen Journalisten auf der Spur der Wahrheit vollführte. Sie hat uns besiegt – und hat einige bohrende Gedanken hinterlassen.
   Sie kam hier an, gekleidet in ihre blaue Tunika, und ging zur Redaktion, mit strahlendem Gesicht. Unserem ersten Eindruck nach war sie ein Abschmierer von einer Tankstelle. Aber auf den zweiten Blick sahen wir, daß die Schrift, die wie ein Wappen über ihre Brust gemalt war, nicht der Name einer Ölgesellschaft war. Sie lautete: „Peace Pilgrim."
   Ob wir an ihrer Mission und an ihrer Botschaft interessiert seien – hier sei die Geschichte. So streckte sie uns einen Stoß Papiere entgegen, die Seiten fein säuberlich getippt. Nach eiligem Überfliegen schien eines zu fehlen – vielleicht ein Versehen.
   „Ihr Name?" mit gezücktem Bleistift.
   Und hier begann der Kampf.

„Mein Name tut nichts zur Sache", erklärte sie. „Ich bin nichts. Meine Sache ist alles. Ich suche keine Publizität für mich selbst. Für Sie – Sie und die übrige Welt – heiße ich Peace Pilgrim."

Nun gilt in Zeitungskreisen die altmodische Ansicht, daß der Name die Nachricht ausmache. Wenn man bewußt seinen Namen vor einem wißbegierigen Reporter zurückhält und dabei Publizität in dem Medium sucht – nun, dann hat man gelinde ausgedrückt einen schweren Weg vor sich. Der Nachrichtenspürhund wird einem wahrscheinlich nicht mehr Bedeutung zumessen als einem, der die Datenschutzgesetze hervorzieht, wenn man in fragt, ob und wann er geboren wurde.

„Das ist eine drollige Auffassung", bemerkten wir mit möglichst frommem Gesichtsausdruck. „Stell dir vor, Christus hätte deine Haltung eingenommen – seinen Namen verschwiegen – du hättest nie von ihm gehört. Namen sind Schilder, durch die wir Menschen, Anliegen und vieles mehr identifizieren. So gib nach, wenn ich überhaupt Notiz von dir nehmen soll – glaube mir, ich bin ein zäher Bursche."

Sie lächelte – und es war kein „nun-komm-schon-Grinsen". Es war ein leuchtendes Strahlen, natürlich und klar. Mit einer Spur Vorstellungskraft hätte man einen Heiligenschein sehen können.

„Ich habe keine Angst", erklärte sie – nicht prahlerisch, sondern einfach, ernsthaft. „Ich habe den besten Schutz."

„Du meinst, du hast eine Kanone bei Dir – wie Calamity Jane?", fragten wir freundlich, „laß sehen."

„Gott ist mein Schutz", sagte sie.

Eines Nachts, in der Wüste von Arizona – die sie von Los Angeles bis zur Atlantikküste durchquerte, 5000 beschwerliche Meilen, um die Sache des Friedens zu fördern – sah sie ein Auto am Straßenrand geparkt, und ein großer stämmiger Kerl forderte sie auf, einzusteigen, um sich ein bißchen aufzuwärmen. Sie tat es. Und es war warm. Sie rollte sich auf dem Rücksitz zusammen und schlief den traumlosen Schlaf des Gerechten. Als sie aufwachte, erzählte ihr der Gorilla, daß da etwas sei, was er nicht verstehen könne. Zweimal wollte er sich mit bösen Absichten an ihr vergreifen, aber er brachte es nicht über sich.

„Warum zum Teufel?" wollte er wissen.

„Gott", antwortete sie und setzte ihre Wanderung in Richtung auf den fernen Atlantik fort.

Immer noch verblüfft wechselten wir zu einer anderen Strategie über, die im Garten Eden erfunden wurde, gerade vor ein paar Jahren.

„Gib uns Deine Hand", baten wir sie, und ohne im geringsten zu zögern, streckte sie uns ihre rechte Flosse* entgegen. Sie hatte eine kleine, feste Hand, aber wir konnten kein erregtes Pulsieren feststellen, als wir sie auf die gute alte Weise streichelten.

„Du hast Elektrizität, Mädel", schwindelten wir in einem Ton, der selten seine Wirkung verfehlt. „Sag mir, bist du Salome – die Dame, die um das Haupt Johannes des Täufers tanzte und dann mit der anbetenden Menge Jesus zum Kreuz folgte? Oder bist du Maria Magdalena?"

Aber es war kein Treffer – sie blieb standhaft.

„Ich bin Peace Pilgrim", erklärte sie.

„Ja, du bist eine böse Versucherin, die die Schwachen verführt und die Welt zugrunderichtet", klärten wir sie auf, in der Hoffnung, einen Funken Ärger in ihr zu wecken. „Du gehörst ins Kittchen, und wir haben ein gutes hier in Newton."

Sie lächelte, und es war kein Grinsen von der Sorte, das eher die Zähne zeigt als die Seele.

„Ich war im Gefängnis", sagte sie. „Wegen Landstreicherei. Aber sie lassen mich immer frei, sobald sie verstehen."

Was soll man da machen, mit so einer Person?

„Zigarette?" fragten wir einladend und hielten ihr eine schön bedruckte Packung hin. „Welchen Whisky magst du, nenne ihn und er gehört dir."

Sie sagte nicht: „Laß ab von mir, Satan." Sie sagte: „Ihr habt einen guten Kern. Ich wünschte wirklich, ich könnte euch meinen Namen sagen. Aber das wäre nicht fair gegenüber all den anderen Journalisten von Zeitung, Rundfunk und Fernsehen von hier bis Los Angeles. Ihr wollt doch nicht, daß ich das tue, oder?"

---

*) Originalton, d. Übers.

„Doch", gaben wir zurück. „Sag uns deinen Vornamen, als Vorspeise – den Rest kriege ich später. Du hast meine Integrität als Journalist herausgefordert. Das geht einfach nicht."
Und wissen Sie, sie zögerte, nur für einen kurzen Moment. Dann schüttelte sie den Kopf.
„Das wäre den anderen gegenüber nicht fair." Und das war es.
„Wir hätten ihr natürlich sagen können, daß wir uns keinen Deut um ihren Namen und die Namen all ihrer Vorfahren scherten. Daß wir nur die uns zur Verfügung stehenden Mittel benutzen, um die Tiefen ihrer Seele auszuloten – um herauszufinden, ob sie echt sei oder nur wieder ein Schwindler.
Als wir, nachdem sie gegangen war, den Stoß Propagandamaterial durchsahen, fanden wir dies geschrieben: „Wer bin ich? Nennt mich einfach Peace Pilgrim. Während ich diese Pilgerreise für den Frieden durchführe, sehe ich mich nicht als Individuum, sondern eher als Verkörperung all der Herzen der Menschen, die nach Frieden rufen."
Nun, Brüder und Schwestern, das war's. Das ist alles. Aber irgendwo, irgendwo steht geschrieben, daß irgendjemand, irgendwann, einen Engel beherbergte, ahnungslos – nicht zahnlos, wie der kleine Junge es las. Vielleicht hatten wir diese Art von Gesellschaft. Wer weiß?

AUSZÜGE AUS ZEITUNGSBERICHTEN:

„Die Gruppe hätte nicht begeisterter, angeregter und besser unterhalten sein können, wenn das Bostoner Symphonieorchester und der Mormon Tabernacle Chor statt ihrer erschienen wären. Man erwartet eigentlich von einer älteren Frau, die in marineblauen Hosen und Hemd sowie einer dazu passenden Tunika mit der Aufschrift „Peace Pilgrim" vorne und „25000 Meilen für den Frieden" hinten, erscheint, daß sie nicht mehr als eine wunderliche, wohlmeinende Exzentrikerin ist. Nichts läge der Wahrheit ferner. Viel Witz, aber kein Unsinn kommt von dieser Frau, die ihren wahren Namen, Geburtsort und -datum nicht sagen will, einfach, weil sie meint, solche Informationen „legten zu viel Gewicht auf die Person."

„... Sie bestieg die Rednerbühne mit der Frische eines jugendlichen Joggers. Den einen Fuß fest auf dem Boden, den anderen nach vorne abgewinkelt, als wolle sie gerade lostraben, sprach sie über eine Stunde, ihre Stimme, ausdrucksvoll und ohne Stocken, und dabei Tiefgründigkeiten in einfachsten jedoch äußerst bedeutungsvollen Worten in großer Vielfalt produzierend." *(Ein Journalist aus Kalifornien)*

„... Inmitten allen technologischen Fortschritts ... inmitten der Ängste vor einen Atomkrieg ... gibt es in den USA heute wenigstens eine Person, die sieht, daß der Weg der sinnlichen Freuden und der Befriedigung weltlicher Bedürfnisse nicht zum inneren Frieden führt. Es gibt einen Pfad, der Reinigung und Loslassen verlangt, aber unsagbare geistige Wohltaten bereithält .... Der Friede kann nur gesichert werden, wenn die Bereitschaft vorhanden ist, den Preis zu zahlen. Wenn sie spricht, dann ist es als spräche die Stimme Gandhis durch sie. „Der Preis des Friedens ist Gehorsam gegenüber höheren Gesetzen" ..." *(Ein Journalist in Indien)*

„Ihr Schutz und ihre Führung kommen von Christus – man sieht ihn fast an ihrer Seite stehen. Keine Frau könnte alleine sicher reisen ohne göttliche Begleitung ..." *(„The Wandering Reporter" aus Pittsburgh)*

„Bei den Menschen, denen sie begegnete, fand sie nur Interesse, Unterstützung und Ermutigung, und sie ist überzeugt, daß Nationen wie Menschen „auf einer spirituellen Ebene" existieren können, und daß nur so wirklicher Friede werden kann." *(Redakteur der religiösen Abteilung, Los Angeles Times)*

„... Jenen unter uns, die manchmal meinen, die Welt gleite ab in einen Sumpf von Gier und Korruption ... hilft ein Zusammentreffen mit dieser bemerkenswerten Frau sehr, um den verbitterten Standpunkt des Zynikers zu verändern."

„... Auf der Welt gab es schon immer Wahrsager, Seher, selbsternannte Propheten und Vorboten des Jüngsten Gerichts, aber Peace Pilgrim unterscheidet sich von diesen, weil zumindest ihre rhetorische Anziehungskraft aus einem gesunden Menschenverstand kommt."

„Ein Engländer sagte einmal zu Gandhi: „Mein Herr, Sie sind so einfach, daß sie uns verblüffen, so aufrichtig, daß Sie uns in Verlegenheit bringen." Ich möchte ergebenst bemerken, daß diese Aussage ebenso auf eine kleine, bejahrte, jedoch sehr lebendige Frau, bekannt als Peace Pilgrim, zutrifft."

„... Eine Erscheinung des Friedens wurde in den Vereinigten Staaten geboren, und wir sind damit gesegnet. Eine Nation mit einer Kriegskultur und einer Kriegswirtschaft, die es wagte, die erste Atombombe zu werfen und die, wie man weiß, mit einer Wasserstoffbombe drohte, hat eine einsame, silberhaarige Frau hervorgebracht, die durch ihr Leben der Wanderung Schritt für Schritt sagt, daß es einen besseren Weg zu leben und die Konflikte zu lösen gibt. ... Indem sie ihren spirituellen Verdruß umwandelte, klärte sich ihr Auftrag. Sie betete für die Pilgerreise und entdeckte, daß ihre Pilgerreise selbst ein Gebet war."

„Man sagt, daß es einem in Indien und anderen orientalischen Ländern jederzeit passieren kann, einen „Heiligen Mann" zu treffen – aber einen Menschen in Amerika zu treffen, der ohne einen Pfennig Geld reist, in diesem Land, wo man das Geld wie in keinem anderen Land anbetet, ist einfach umwerfend. Genauso ein Mensch reist gerade durch die Staaten und lehrt vom Weltfrieden – die Frau, die sich Peace Pilgrim nennt ... Sie fürchtet sich vor nichts, hat eine sonnige Veranlagung und ist so glücklich, wie wir noch keinen Menschen getroffen haben. Kein Geldscheffler hat je so einen Frieden des Geistes erreicht wie sie."

„Peace Pilgrim ... war eine Frau mit einer Aufgabe, die über das Vorstellungsvermögen der meisten Leute hinausreicht. Sie war eine Pilgerin im wahrsten Sinne des Wortes. Sie berührte mich auf eine Art und Weise, die ich einfach nicht verstand. Sie stand ganz ungezwungen vor einer Journalistenklasse eines College in Kansas City, unberührt davon, daß sie vom PM Magazin* gefilmt wurde. Als sie mit ihrer freimütigen Art ihre Botschaft vorzutragen be-

---

*) TV Abendsendung in den USA

gann, fragte ich mich zuerst, ob sie verrückt sei, oder einfach versuchte, für ein Buch Publizität zu gewinnen, von dem ich überzeugt war, daß sie es über ihre Reisen schreiben würde. Aber während sie sprach, passierte etwas mit mir. Sie war sehr aufrichtig mit ihrer Botschaft. Sie schaute jeden Studenten an und erweckte dabei das Gefühl, daß sie nur zu ihm oder ihr spreche. Ihre Augen begegneten jeder Person im Raum und übertrugen die Liebe und den Frieden, von denen sie sprach .... Es war eine seltsame Ironie um ihre Anwesenheit in dem College. Peace Pilgrim's Lehre schien in dieser College Umgebung unangebracht. Ein College ist schließlich das Sprungbrett für Amerika's Geschäftsmänner und Kapitalisten der Zukunft. Die meisten, wenn nicht alle Studenten waren auf dieser Schule in der Hoffnung auf eine gute Stelle nach ihrem Abschluß, in der Hoffnung, viel Geld zu machen. Aber hier war eine Frau, die all ihren weltlichen Besitz aufgab, um ihr Leben so, wie sie es für angemessen hielt, zu leben. Warum in aller Welt sollte jemand so etwas tun? Ich habe dafür nur die Antwort, daß sie wirklich ihren Teil dazu beitragen wollte, einer geplagten Welt den Frieden zu bringen. Sie war überzeugt, der Frieden müsse mit dem einzelnen anfangen. An dieser Philosophie hielt sie bis zu ihrem Tod fest.

Im gefüllten Klassenzimmer saßen die Studenten wie magnetisiert auf ihren Sitzen, fast ungläubig, daß so eine Person nicht nur bitterkalte Nächte, sondern auch Reisen durch die unsichersten Gegenden der Vereinigten Staaten überlebt hatte. Bis heute ist es schwer zu verstehen, wie diese 'großmütterliche' Dame sich von einer materialistischen Welt trennen und reisen konnte, um über Liebe und Frieden zu sprechen." *(Ein Journalist aus Kansas)*

EIN INTERVIEW MIT PEACE PILGRIM, 6. JULI 1981

(Geführt von Ted Hayes, Leiter des Rundfunksenders WKVI in Knox, Indiana, einen Tag bevor sie starb)
Ted Hayes: Peace, lassen Sie uns ein wenig über ihre Wanderung für die Sache des Friedens sprechen. Wie kam es dazu?

Peace Pilgrim: Nun, sie begann am 1. Januar 1953 in Los Angeles, Kalifornien. In diesem Jahr begab ich mich auf meine Wanderung, die mich in einer Zickzacklinie 8000 Kilometer durch das Land führte. Und dann ging ich einfach weiter. Das ist nun die siebte Route meiner Pilgerreise, womit ich das Land zum siebten Mal durchquere. Ich habe die fünfzig Staaten, die zehn kanadischen Provinzen und Teile von Mexico bewandert. So bemühe ich mich, alles zu tun, was ein kleiner Mensch für den Frieden leisten kann.

Das Wandern ist für mich ein Gebet und eine Gelegenheit, mit vielen Menschen zu sprechen und sie vielleicht anzuregen, auf ihre Weise ebenfalls etwas für den Frieden zu tun.

TH: Peace, was ist der Grund für ihren Besuch in Knox?

PP: Eine alte Freundin, Gertrude Ward, lud mich ein, nach Knox zu kommen. Ich traf sie anderswo, so daß dies mein erster Besuch in Knox ist. Und natürlich läuft das oft so. Das gehört zu meiner regulären Pilgerreise für den Frieden. Ich habe kein Geld. Ich nehme kein Geld an. Ich gehöre keiner Organisation an, und somit werde ich auch von keiner Organisation unterstützt. Ich besitze nur das, was ich anhabe und bei mir trage. Ich gehe einfach bis mir Unterkunft gewährt wird, faste, bis mir zu Essen gegeben wird. Ich bitte nicht einmal darum, es wird mir von allein gegeben. Ich kann Ihnen sagen, die Menschen sind gut. In jedem ist ein Funke des Guten, wie tief er auch verschüttet sein mag.

Früher kamen die Einladungen ganz spontan. Meistens waren es vollkommen fremde Menschen, die mir ein Bett anboten, und ich ließ selten mehr als drei oder vier Mahlzeiten an einem Stück aus. Nun aber werde ich oft im voraus eingeladen, und das war natürlich bei diesem Besuch in Knox der Fall.

TH: Peace, lassen Sie mich dies fragen: Haben sie immer Peace Pilgrim geheißen, oder hatten Sie als kleines Mädchen einen anderen Namen?

PP: Oh, das ist nicht mein alter Name, aber wenn Sie einen Brief an meinen alten Namen adressieren würden, so würde ich ihn nicht einmal erhalten. Ich bin jetzt nur noch Peace Pilgrim. Man sagte mir, das sei ein Künstlername, ständig verwendet, nicht wahr. Es ist jetzt seit ungefähr zehn oder zwölf Jahren mein legaler Name, denn ich habe ihn natürlich 1953, als ich meine Pilgerreise begann, angenommen.

Vieles hat sich seitdem verändert, aber ich kann sagen, eines blieb unverändert, und das ist meine Friedensbotschaft. Sie lautet immer noch: *„Das ist der Weg des Friedens – überwinde Böses mit Gutem, Falschheit mit Wahrheit und Haß mit Liebe."* Das ist immer noch die Botschaft, die ich überbringe, nach all den Jahren. Sehen Sie, wir haben immer noch nicht gelernt, sie zu leben. Das Schlüsselwort in unserer Zeit lautet wirklich: *Handeln.* Was wir nötig haben, ist nicht mehr Einsicht, vielmehr brauchen wir die Kraft, die Einsichten, die wir erlangen, in die Tat umzusetzen. Wenn wir das tun, dann werden in unserem Leben, in unserer Welt, wunderbare Dinge geschehen.

TH: Peace Pilgrim, Sie wissen, es gib eine Reihe von Menschen, die nicht einmal daran denken, so etwas wie Sie zu tun, die jemanden wie sie wahrscheinlich als Spinnerin oder als Verrückte betrachten. Haben Sie bei einigen Menschen Probleme, diese Barrieren zu überwinden?

PP: Nun, ich bin sicher, daß einige Menschen, die nur von mir gehört haben, denken müssen, ich sei völlig übergeschnappt. Schließlich verhalte ich mich etwas außergewöhnlich. Pioniere wurden immer als ein bißchen seltsam angesehen. Aber sehen Sie, ich liebe die Menschen, und ich sehe das Gute in ihnen. Und man erreicht meist das, was man sieht. Die Welt ist wie ein Spiegel: Wenn man ihn anlacht, so lacht er zurück. Ich lächle gern, und so bekomme ich in der Regel auch Lächeln zurück. Mir wurde auf meiner Pilgerreise alles gegeben, was ich brauchte, ohne daß ich überhaupt danach gefragt hätte.

TH: Sie durchwandern dieses unser Land und haben nicht einmal einen Pfennig Geld in den Taschen. Sie wandern allein aus Vertrauen, Vertrauen, daß jemand für Sie sorgen wird, und Sie scheinen darin noch nie enttäuscht worden zu sein. Sie müssen ein Gefühl dafür haben, wen Sie angehen, wem Sie zulächeln und wer gut zu ihnen sein wird, nicht wahr?

PP: Ich lächele jedem zu. Ich gehe niemanden an. Ich trage meine kurze Tunika mit *Peace Pilgrim* vorne und *25000 Meilen zu Fuß für den Frieden* hinten, damit die Leute anhalten und mich ansprechen, und viele tun das. Das verschafft mir jeden Kontakt auf die freundlichste Art und Weise. Und die, die kommen, sind besondere Menschen. Sie sind entweder ehrlich am Frieden interessiert, oder sie besitzen eine gesunde, lebendige Neugierde. Sehen Sie, es gibt heute eine Menge Interesse am Frieden. Als ich mich aufmachte, nahmen die Menschen den Krieg als notwendigen Teil des Lebens hin. Nun suchen wir natürlich nach Alternativen zum Krieg. Es ist eigentlich ein Gewinn – es ist besser als es war. Als ich mich aufmachte, war das Interesse für die Suche im Innern sehr gering. Nun ist das Interesse für die innere Suche fast überall da, was für mich der größte Gewinn ist. Da ich natürlich meistens über den Frieden in uns als Schritt zum Frieden in unserer Welt spreche, interessiert man sich zunehmend für mein Thema.

TH: Peace, die Bibel lehrt uns, daß es immer Kriege geben wird. Was antwortest Du Leuten, die das sagen? Denkst Du, diese eine kleine Anstrengung kann eine Änderung herbeiführen?

PP: Tatsächlich heißt es, daß es „Kriege und Kriegsgerüchte" geben wird. Aber diese Prophezeiung hat sich im Laufe der Jahrhunderte *mehr als genug* erfüllt. Ich wüßte nicht, warum wir noch mehr Bestätigungen für diese Prophezeiung brauchen. Es heißt auch, „sie werden ihre Schwerter zu Pflugscharen und ihre Speere zu Sicheln machen. Denn es wird kein Volk wider das andere das Schwert erheben, und sie werden hinfort nicht mehr lernen, Krieg zu führen."* Vielleicht ist die Zeit für die Erfüllung *dieser* Prophezeiung gekommen. Ich glaube, daß es so ist.

Ich glaube das ist es, was sich jeder unter uns wünscht. Doch es gibt so viel Pessimismus. Ich sprach mit einer Frau, die sagte: „Ich bete mit Ihnen für den Frieden, aber natürlich glaube ich nicht, daß er möglich ist." Ich erwiderte: „Glauben Sie nicht, daß Friede im Einklang mit Gottes Willen steht?" „Aber ja", antwortete sie, „ich weiß, daß das so ist." Ich entgegnete: „Wie können Sie dann sagen, daß etwas, das mit Gottes Willen im Einklang steht, nicht möglich

---

*) Jes. 2,4 und Micha 4,3

ist?" Er ist nicht nur möglich, er ist unvermeidbar. An uns liegt es nur, *wie bald* das geschieht.

Nun weiß ich aber, daß jede ehrliche Anstrengung gute Frucht bringt, und so bemühe ich mich weiter, so gut ich kann. Die Ergebnisse überlasse ich Gottes Hand. Vielleicht zeigen sie sich nicht mehr zu meinen Lebzeiten, aber letztlich werden sie sich offenbaren.

TH: Peace, normalerweise ist es unschicklich, eine Frau, die man gerade erst kennengelernt hat, nach ihrem Alter zu fragen. Aber ich will es heute riskieren, und so frage ich Sie, wie alt sind Sie?

PP: Ich kann Ihnen dazu nur sagen, daß ich das nicht weiß, und zwar mit Absicht. Durch Gedanken gestalten wir ständig uns und unsere Umwelt, einschließlich unseres Alters. Ich hatte mir schon genug Jahre angehäuft, als ich am 1. Januar 1953 losging, und ich sagte mir: „Jetzt ist es genug." Seit dieser Zeit stelle ich mir vor, ich sei alterslos und in blendender Gesundheit, und das bin ich. Ich bin nicht jünger geworden, aber ich sehe auch keinen Sinn darin, jünger zu werden. Ich komme ganz gut zurecht so, wie ich bin, und wenn man die Lektionen der vorhergehenden Lebensabschnitte gelernt hat, so will man auch nicht in so einen vorherigen Lebensabschnitt zurückkehren.

TH: Peace Pilgrim war heute mein Gast. In ihren Texten schreibt sie: „Peace Pilgrim steht auf meinem Rücken, 25000 Meilen zu Fuß für den Frieden." Und sie ist diese Meilen gelaufen, aber sie läuft noch weiter, denn ihr Gelübde lautet: „Ich will ein Wanderer bleiben, bis die Menschheit den Weg des Friedens gelernt hat, ich will gehen bis mir Unterkunft gewährt und fasten bis mir zu essen gegeben wird." Sie scheint eine sehr glückliche Frau zu sein.

PP: Ganz sicher bin ich eine glückliche Frau. Wie könnte man Gott kennen und nicht voll Freude sein? Ich möchte euch allen Frieden wünschen.

BRIEFE AN PEACE PILGRIM

Es folgen Auszüge aus Briefen an Peace Pilgrim, größtenteils gegen Ende ihrer letzten Pilgerreise geschrieben. Obwohl sie z. B. Zeitungsausschnitte an die Friedensbibliothek des Swarthmore College schickte, die Material zu Peace Pilgrim sammelt, blieb Peace ihrem Gelübde der Einfachheit treu und warf die meisten an sie geschickten Briefe fort, nachdem sie sie beantwortet hatte.

Ein Freund: „Was hast Du nur mit mir angestellt! Ich fragte doch bloß eine nette Dame, ob ich sie ein Stück mitnehmen könne, und das Ergebnis ist eine ganz neue Welt voller Wunder, die vor mir liegt. Jeden Tag ändert sich nun mein Leben radikal. Ich bin einfach nicht mehr der Mann, der ich vor einem Monat, vor einer Woche – der ich gestern war. Ich finde immer wieder einen neuen Sinn in unserem Gespräch."

Ein Freund: „Als ich Deine Briefe öffnete, war meine Seele in Aufruhr. Mein niederes Selbst kämpfte mit meinem höheren Selbst – und es war dabei zu gewinnen, muß ich leider sagen. Deine wunderbare Botschaft spülte alles hinweg, wie eine Dusche, säubernd und reinigend! In Deinen Worten liegt so viel Sinn – WAHRHEIT, ganz groß geschrieben!"

Ein College Professor: „Vielleicht interessiert es Sie zu wissen, daß das Abschlußexamen in Philosophie morgen aus Zitaten aus und Fragen über Ihre Aphorismen besteht."

Ein Brieffreund: „Ich habe William Jennings Bryan, den größten Redner dieser Generation, vortragen hören. Ebenso hörte ich Dr. Russel Conwell seinen berühmten Vortrag *Land der Diamanten* halten, und ich möchte jetzt sagen, daß der Vortrag, den Sie gehalten haben, die Bemühungen Bryan's oder das Genie Conwell's übertroffen hat."

Ein Freund: „Vielen Dank für die Texte, die Du mir zugeschickt hast. Ich finde sie sehr tiefgründig. Sie rühren eine Saite in mir an, die weiterschwingt ... Dein Brief erreichte mich wie eine Antwort auf ein Gebet – er kam an einem Tag, an dem ich ein großes Verlangen nach innerem Frieden verspürte, und das Wirrwarr schien sich aufzulösen. Das war sehr erquickend."

Ein Pfarrer in Texas: „... Ich gab Ihr Heftchen, *Schritte zum Inneren Friedens,* den Pfarrern an der Ostküste. Sie wollen alle, daß Sie in Ihren Kirchen sprechen. Ich sagte Ihnen, daß Sie das beste waren, was unserer Kirche je zustieß – und ich meine das aufrichtig. Ich weiß, Sie sind ein Segen für diese ganze Welt."

Ein Freund in Baton Rouge: „... Ich hoffe aufrichtig, daß Deine vernünftige und lebensspendende Botschaft des Friedens aufnahmebereite Zuhörerschaften findet, wo immer Du bist ... Viele werden immer betroffener von dem unverschämten und abscheulichen Militarismus, der jetzt an jeder Ecke gepredigt wird. Sicher kann kein Mensch mit einem Gewissen solch massive Vorbereitungen für die Massenzerstörung der menschlichen Familie unterstützen oder rechtfertigen. Es wäre wirklich wunderbar, den endgültigen Sieg des Friedens und der Gerechtigkeit über die Kräfte des Todes und der Zerstörung zu sehen ..."

Eine katholische Schwester aus Kalifornien: „Aus einem guten Grund kreuzen Sie immer wieder den Pfad der katholischen Friedensbewegung ... Sie sind ein *heutiger Zeuge des Friedens Jesu.*"

Ein College Student in Illinois: „Es ist jetzt einige Monate her, daß ich Sie traf ... und Ihre Botschaft geht mir seitdem nicht mehr aus dem Kopf. So lange habe ich 'erfolgreichen Leuten' zugehört, die mir sagten, was es mit dem Leben auf sich habe, und bin blindlings ihrem Rat gefolgt. Doch fand ich, was ich suchte, bei einer kleinen, weißhaarigen Dame ohne Besitz."

Ein Priester: „Danke für Ihre Anregung und Ermutigung. Sie waren für unsere Kongregation eine Gesandte Gottes. Unsere Kirche erfährt neues Leben, neue Harmonie und Wirksamkeit der Botschaft."

Ein College Student: „Seit ich Ihre Botschaft gehört habe, habe ich vieles in mir ausgelotet, habe Werte und Prioritäten in meinem Leben neu geordnet. Ich entdeckte in mir eine Person mit einem überwältigenden Wunsch, nach außen zu gehen und mit anderen zu teilen, was vorher unter Eigeninteressen und Angst verschüttet war.

Ich war so eifrig bestrebt zu überleben und vielleicht vorwärtszukommen, daß ich viel vom Leben versäumte. Ich hatte auf jemanden gewartet, der mir einen Fluchtweg aus der mich umgebenden Mauer von Gleichgültigkeit und Enttäuschung zeigen würde. Die Botschaft der Hoffnung und der Liebe, die Sie mit unserer Klasse in jener Nacht teilten, half mir, mich zu öffnen und zu sehen, daß noch so viel Gutes in unserer Welt ist. Es gibt noch so viele da draußen wie mich, die auf jemanden warten, irgendjemand, der sich die Mühe macht, zu ihnen zu kommen und sie anzurühren ... Wenn ich auch nie den Mut haben mag, wie Sie zu reisen, kann ich doch die Menschen in Springfield erreichen ... Ich möchte Ihnen danken, daß Sie mir *geholfen haben, an die Menschen zu glauben* – die ganze Schulbildung hat mir das nicht beigebracht ... Ihr Antlitz strahlt Ihre Hingabe an den Frieden und Ihre Liebe aus, Sie brauchen niemanden zu überreden oder darüber zu debattieren ... Sie sind wirklich von Gott gesegnet ... Möge Ihr Licht noch viele Jahre lang scheinen."

Ein Freund: „... Dich zu treffen hat mir viel bedeutet. Zum ersten Mal habe ich mich gefragt, was meine besondere Rolle im göttlichen Plan sei – es war mir vorher nie in den Sinn gekommen, daß es für mich eine besondere Aufgabe geben könnte ..."

Ein Rundfunkhörer: „In 51 Jahren des Zuhörens, des Lesens und der Diskussion habe ich weder gehört noch gesehen, daß jemand die Wahrheit – in Bezug auf innere und äußere Probleme – so wunderbar und logisch verkündete wie Sie heute im Rundfunk. Sie haben ein tiefes Verständnis für die Probleme, die die Menschen und die Regierungen heute plagen; und die Lösungen, von denen Sie sprechen, scheinen so vernünftig und aussichtsreich."

BRIEFE ÜBER PEACE PILGRIM

Menschen, die Peace begegneten, schrieben nicht nur an sie, sondern auch an ihre Freunde und Verwandten, an Pfarrer und Herausgeber von Zeitungen. Viele drängte es, ihre Erfahrungen mit Peace Pilgrim mit anderen zu teilen und ihnen eindringlich den Vortrag von Peace, falls diese durch ihre Stadt käme, ans Herz zu legen.

Ein Rundfunkhörer: „Ich kann mich nicht erinnern, von einer Person, die über inneren Frieden und Freude sprach, jemals so angetan gewesen zu sein, wie ich es gestern abend war, als ich das Interview mit diesem prachtvollen menschlichen Wesen *Peace Pilgrim* hörte ... ihr undogmatischer und selbstloser Glaube hat mich nach einmaligem Zuhören mehr berührt als all die Predigten, Messen, Regelwerke, Philosophien, etc., die ich je in meinem Leben gehört habe."

Das Paar, das Peace Pilgrim am ersten Abend ihrer Pilgerreise, dem 1. Januar 1953, Gastfreundschaft gewährte: „Wir waren wirklich ganz begeistert, jemanden zu treffen, der bereit war, so wie Christus zu leben. Ihre Botschaft ist die der Liebe, und Liebe ist die heilende Kraft, so ist ihre Botschaft sicherlich genau das, was die Welt braucht."

Ein Pfarrer: „Es ist wunderbar Peace's Glauben an Gott und die Menschheit zu sehen. Sie hat ein solches Gleichgewicht zwischen der persönlichen und der sozialen Botschaft wie niemand sonst, den ich kenne."

Ein College Professor: „Das erstemal traf ich Peace Pilgrim vor fünf Jahren, als sie vor meiner Klasse sprach. Es war für uns alle so ein bewegendes Erlebnis – in Gegenwart einer Person zu sein, die ihren Glauben und ihr Vertrauen auch wirklich lebt. Als Peace Pilgrim dieses Jahr wieder nach Los Angeles kam, besuchte sie meine Klassen noch einmal. Ihre Botschaft war womöglich noch erleuchtender und anregender. Nie hörte ich jemanden auf schönere und anspruchsvollere Weise erläutern, was es heißt, ein menschliches

Wesen zu sein und was für Möglichkeiten in jedem von uns stecken. Ihr Leben ist ein lebendiges Zeugnis für die Wahrheit ihrer Botschaft."

Ein Freund: „Peace Pilgrim ist entweder eine exzentrische alte Närrin oder eine wahre Prophetin! Wir müssen die Entscheidung treffen, wenn wir ihr begegnen. Aber das Außergewöhnliche daran ist, daß weder die erste Bezeichnung sie beleidigt, noch die zweite ihr schmeichelt. Wenn Peace eine Närrin ist, so versteckt sie ihre Torheit gut; wenn sie eine Prophetin ist, so verhüllt ein Schleier der Demut gleichermaßen ihre Größe. Sie ist ein unergründliches Rätsel. Man muß sie ständig hier und da zwicken, um zu sehen, ob sie echt ist."

Ein Pfarrer: „Ein Narr? Eine wunderliche Person? Komisch, mit ihr zu sprechen? Überhaupt nicht. Sie hat mehr gesundem Menschenverstand als irgendjemand, den ich je getroffen habe."

Zuhörer bei einem Vortrag: „Wenn Peace Pilgrim spricht, dann sitzt jeder wie gebannt. Ihre Worte sind einfach aber erhaben, ihre Art noch erhabener. Aber sie hat in keiner Weise die Fühlung mit dem Alltäglichen verloren, und das macht sie allen Anwesenden so lieb. Weder rät sie uns, alles aufzugeben und Pilger zu werden wie sie, noch ist sie ein Fanatiker, der den Weltuntergang prophezeit."

Ein Leserbrief: „Peace Pilgrim, die unsere Stadt für zwei Tage besucht hat, ist gekommen und wieder gegangen. Verfolgt es uns nicht irgendwie, wenn wir über ihre Gegenwart nachdenken? Erinnern wir uns nicht an einen, der vor zweitausend Jahren die Straßen von Galiläa entlang zog; der sich selbst verleugnete ... Familie und alles, was wir gewöhnlich mit Erfolg identifizieren, der keinen Platz hatte, daß er sein Haupt hinlege, der aber alles unternahm, um die Botschaft von der Errettung und Hoffnung zu verkünden – der, den wir jetzt den Friedensfürst nennen?

Wir können dankbar sein, daß man von unserer Stadt kaum sagen kann, was man von gewissen Städten sagte, wo Jesus Halt machte. Es gibt keinen Grund zu der Annahme, daß sie den Staub unserer Stadt von ihren Füßen abschütteln müßte, weil man sie nicht anhörte ... Sie wurde warmherzig empfangen.

Sicher, die Gegenwart von Peace Pilgrim macht uns auf beunruhigende Weise empfänglich für die durch ihren Geist offenbarte Wahrheit. Sicher wissen wir alle, daß wir auf des Messers Schneide zwischen einem Krieg der vollständigen Auslöschung und einem goldenen Zeitalter des Friedens stehen ... Wir mögen nicht alle den Weg des Pilgers gehen mit dem Gelübde der Armut, zu Fuß und im Vertrauen auf Gott. Aber durch die Gegenwart von Peace Pilgrim mag sich sehr wohl jeder von uns aufgerufen fühlen, über seinen Einsatz für die Sache des Friedens nachzudenken."

Ein Freund: „Es gab eine Zeit in meinem Leben, da rang ich mit mir, ob Idealismus in Prinzipien und im Handeln möglich sei. Ich suchte nach Menschen, deren Lehren und Schriften beispielhaft schienen. Jede Gelegenheit, so einen Menschen zu treffen, ging ich mit großen Erwartungen an. Ohne Ausnahme kann ich sagen, daß jedes Erlebnis dieser Art mich zu dem Schluß führte, daß Idealismus ein Geisteszustand ist. Eine fast magnetische Anziehung führte mich zur praktischen Umsetzung meines Idealismus im täglichen Leben, jedoch das Fehlen eines lebenden Beispiels nahm mir den Mut. Es schien, als seien alle Idealisten nur literarische Charaktere. Dann führte mich das Schicksal zu einer Begegnung mit einer Meisterseele, einer Frau, deren Name vor langer Zeit Peace Pilgrim wurde."

Ein Pfarrer in Iowa: „Wir haben soeben ein Wochenende mit Peace Pilgrim verbracht, und wir empfehlen den Menschen, sie nicht nur anzuhören, sondern auch ihre Philosophie mit ihr zu diskutieren. Sie scheint sich in viele unterschiedliche Situationen einfügen zu können.

Sie sprach in unseren zwei Morgengottesdiensten und hielt abends einen Vortrag – vor ungewöhnlich großen Zuhörerschaften, was teilweise auf die vorherige Publizität in Presse, Rundfunk und Fernsehen zurückzuführen ist. Sie verbrachte einige Zeit mit zwei kleineren Gruppen und sprach zweimal auf einem zwei Tage dauernden landesweiten interkonfessionellen Priesterseminar. Sie war gleichermaßen unbefangen auf einer 80-minütigen Versammlung von Studenten, Professoren und Bürgern der Stadt im Morningside College wie sie Aufmerksamkeit und Achtung bei einer Tischgesellschaft mit College Professoren und Verwaltungspersonal für eineinhalb Stunden gewann."

Ein Pfarrer in Kalifornien: „Nie zuvor hat jemand einen solchen Eindruck auf mich und mein Leben gemacht ... Ihr Vortrag (über das Erlangen inneren Friedens) war die beste metaphysische Botschaft, die ich je gehört habe. Sie ist ein Pfeiler der Stärke, wenn Stärke gebraucht wird, ein strahlendes Licht, wenn Licht Not tut. Sie spiegelt wirklich die Eigenschaften wider, die wir Christus-ähnlich nennen. Mit vielen anderen, die sie gehört haben, fühlte ich mich gestärkt und tief gesegnet."

Ein Pfarrer in Kentucky: „Es ist wahrlich ein bewegendes spirituelles Erlebnis für den Zuhörer, wenn Peace über die spirituellen Erfahrungen erzählt, die sie zu ihrer Arbeit führten. Nie wird man in den Vorzug kommen, eine glücklichere oder liebevollere Person als Peace zu treffen, denn sie lebt in der Gegenwart Gottes und jedes ihrer Worte und jede ihrer Bewegungen drückt ihre ständige Bewußtheit der Gegenwart und der Kraft des Einen aus."

Ein Pfarrer in Houston: „Die direkte Einfachheit dieser modernen Heiligen ist nicht nur erfrischend, sie ist auch ein offener Kanal konstruktiven Handelns für unsere Zeit ..."

Ein Freund in Colorado: „Ich traf sie, etwa im Jahr 1968, als Antwort auf einen Wunsch ... Sie war im Fernsehen, ganz ihr eigenes wunderbares Selbst. Ich dachte: „Ich wünschte, ich könnte Sie treffen, ich muß mit Ihnen reden." Als ich am nächsten Morgen auf die Schnellstraße fuhr, stand Peace an der Einfahrt und brauchte eine Mitfahrgelegenheit. Mein Wagen stoppte sofort und ich sagte: „Steigen Sie ein, ich habe auf Sie gewartet." Ich fuhr drei Stunden lang nach Nashville, wo sie sprechen sollte ... Es war eine der wunderbarsten Begegnungen meines Lebens. Ich sprach mit ihr darüber, ein Buch zu schreiben."

Ein Rundfunkdirektor in Maryland: „Ich hatte heute das Vergnügen, ein Interview mit der ungewöhnlichsten Frau, die ich je getroffen habe, zu machen – Peace Pilgrim.

Sie ist eine gebildete Frau mit großem Talent und Überzeugungskraft und eine sehr anregende Rednerin. Ohne irgendwelche dummen Ideologien zu verbreiten oder einen gegen den Strich zu bürsten, trägt sie eine Botschaft vor, die interessant ist und jedermann angeht."

Eine Gastgeberin, die Vorträge arrangierte: „Peace Pilgrim war wieder da. Vor ungefähr 24 Jahren trafen wir diese bemerkenswerte Frau, die ein Leben in Frieden und Harmonie führt, das seinesgleichen nicht findet. In all den Jahren besuchte sie uns, wenn sie hier vorbeikam. Sie war eine fortwährende und zunehmende Inspiration in unserem Leben ... Das Wunderbare daran ist natürlich, einen wirklichen Menschen über all die Jahre hin zu sehen und zu kennen, der voll endloser Energie ist und sagt, daß diese für uns alle da ist."

Nach ihrem Tod im Juli 1981 kam weiterhin eine Unmenge von Briefen in dem kleinen Postamt in Cologne, New Jersey, an – oft von Menschen, die gar nicht wußten, wen sie da anschrieben, die sich aber jemandem, der Peace Pilgrim nahestand, mitteilen wollten. Viele schrieben in eindringlichen und beredten Worten, wie sie durch ihren Besuch, ihr Leben und ihre Botschaft verändert wurden.

Ein Pfarrer in Dallas: „Es gab einfach niemanden wie sie. Sie lieferte dieser unserer Welt einen Beitrag, der absolut einzigartig ist. Ihre geradlinige Zielrichtung, ihre Hingabe und ihre Liebe, Humor, Wärme und hoher Bewußtseinszustand änderten das Leben vieler unter uns ..."

Ein Freund in San Diego: „Ihre Gegenwart inspirierte mich immer, und ich ging zu so vielen ihrer Versammlungen in meiner Umgebung, wie ich konnte, nie müde, ihre Botschaft wieder und wieder zu hören ... Durch ihren Einfluß entschied ich mich, nach Kalifornien zu gehen, um einfacher zu leben und so wenig zu verdienen, daß ich keine Steuern zahlen muß, die den Krieg unterstützen. Ich versuche, nichts zu besitzen, was ich nicht wirklich brauche. Wir können nicht abschätzen, welchen Einfluß sie auf die wachsende, wenig publizierte Bewegung für eine transformierte Welt gehabt hat; ich denke, er war beträchtlich ... Sie regte uns an, das, woran wir glauben, zu leben und so gut, wie wir können, danach zu handeln, und dann das Ergebnis Gottes Hand zu überlassen ..."

Ein Angestellter des amerikanischen Roten Kreuzes: „Das erste Mal traf ich Peace in den frühen Sechziger Jahren, als ich an der Universität in Wisconsin war. Peace kam in die Stadt. Eine kleine, etwas ungeordnete Gruppe marschierte von der Universität zum Rathaus, mit Peace an der Spitze ... diese Märsche wurden später riesig ... aber einer der ersten in der heutigen Zeit wurde von Peace angeführt."

Ein College Professor: „Peace Pilgrim besuchte unsere Universität auf eine Einladung hin. Sie sprach in Vorlesungen über Psychologie, Soziologie, Philosophie und Religion sowie auf einer allgemeinen Versammlung der Studenten und der Fakultät. Sie wurde begeistert aufgenommen."

Eine katholische Nonne in Süddakota: „Peace hat mein Leben so sehr verändert! Ich kann gar nicht beschreiben, was für eine Wirkung sie auf mich ausübte. Sie besaß auch eine ungeheure Wirkung auf die Studentenschaft hier am College. Ihre sanfte Freundlichkeit wird für immer in meinem Herzen leben."

In einem Nachrichtenblatt in Texas: „... Sie brachte buchstäblich den 'Himmel' auf die Erde. Sie brachte die göttlichen Eigenschaften in ihr Leben auf Erden ... Sie veränderte das Leben von Menschen überall in ganz Amerika ..."

Ein Freund in Maryland: „Peace war wirklich ein Licht und ein lebendes Beispiel wahrhaft christlichen Lebens für Tausende von Menschen ... Wie privilegiert fühlte ich mich all die Jahre, ein nahes Verhältnis zu einer so strahlenden, liebevollen und gebefreudigen Lehrerin und Freundin zu haben."

Ein Freund: „Wochenlang folgte ich ihr auf Hawaii ... wir schliefen auf der Erde. Die Moskitos waren so schlimm. Einmal, als ich mich gerade zum dritten Mal einsprühte, um einschlafen zu können, war sie längst fest eingeschlafen, nicht einer belästigte sie, und sie benutzte auch nie etwas, um sich zu schützen. Ich spürte, daß sie wahrlich das Einssein mit allen Elementen und Lebewesen erreicht hatte ..."

Ein Pfarrer in Indiana: „Ihr Andenken und ihre Arbeit sind frisch bei vielen, aber das Gedächtnis ist kurz, und der Lauf der Zeit läßt uns vergessen, was wir nie meinen vergessen zu können. Es ist ganz natürlich, daß Autoren ihren Geist in Büchern festhalten wollen, und daß man Dokumentarfilme plant. Sie hatte einen vollen und freien Geist, und den kann man nicht leicht einfangen ... Ihr Leben war ihre Botschaft, und es ist fast unmöglich, diese in einem geschriebenen Text festzuhalten ..."

Ein Pfarrer in Indiana: „... ein wieviel besserer Ort ist diese Welt, da sie hierher gekommen ist ... auf ihre Art und mit ihren besonderen Gaben erinnerte sie uns daran, daß auch wir gesegnet sind, wenn wir für den Frieden arbeiten, sowohl in uns selbst als auch in der Weltgemeinschaft ..."

Ein anderer Pfarrer in Indiana: „Peace Pilgrim hinterließ eine tiefe Wirkung auf Menschen aus dem ganzen Land, deren Leben durch ihren strahlenden und hingebungsvollen Geist berührt wurde. Gott sei gedankt, daß sie unter uns wandelte ..."

Ein Freund: „Ich meine, jeder von uns sollte einmal in seinem Leben den wundervollen Vorzug genießen, einen Heiligen zu treffen. Da ich einige Zeit mit Peace Pilgrim verbrachte, glaube ich, diese Ehre gehabt zu haben, denn für mich ist Peace Pilgrim eine wahre Heilige."

Ein Freund: „Sie war eine der bemerkenswertesten Frauen unseres Jahrhunderts ..."

Herausgeber einer Stadtzeitung in Dallas: „Liebe war ihr Weg, ihr Schutz, ihre Waffe und ihr alles. Einige dachten, sie sei verrückt, aber sie liebte sie nichtsdestoweniger. „Bestimmt würde ich gerne ein Buch über Sie schreiben", sagte ich zu Peace Pilgrim, als ich sie das letzte Mal traf ...

Wir wissen, Peace Pilgrim ist jetzt befreit. Wir wissen, daß ihre Arbeit weitergehen wird. Ich bin froh, sie kennengelernt und sie schließlich verstanden und ihre Art zu leben akzeptiert zu haben."

Eine Frau, die Peace Pilgrim in ihrem Haus in Ann Arbor erwartete: „Wann immer ich ... Friedenslieder höre, und während wir unsere Arbeit für eine friedlichere Welt fortsetzen, geschieht dies im Bewußtsein dieser besonderen Person, deren Leben das unsere kurz berührte, aber deren Wirkung tiefgehend war, wohin sie auch ging."

Ein Freund in Portland, Oregon: „Ihr Tod ist nicht nur für uns, die wir sie kannten, ein Verlust, sondern auch für die ganze Welt ... Wir alle liebten Peace Pilgrim ... sie veränderte unser Leben zum Besseren hin ... wir wissen, daß sie ihren großen Auftrag für die Menschheit weiterführt."

Der Leiter eines Verlages: „Ich habe das Gefühl, als gäbe es Peace Pilgrim in der Welt mehr als je zuvor. Jeder von uns hat nun einen Teil von ihr ... *ist* ein Teil von ihr, und sie ist ein Teil von uns ... ein Band der Liebe verbindet mich mit euch, mit all den anderen, die sie kannten und von ihr berührt wurden. Wir haben Arbeit vor uns!"

Ein junger Mann in West Virginia: „Ich traf Peace Pilgrim in der Oberstufe im College 1973. Sie diskutierte mit uns als Gastrednerin in einem Psychologiekurs über seelisches Wachstum. Ich war sehr angetan von ihr und besuchte andere Kurse und Veranstaltungen an der Universität, wo sie sprach. Im Laufe der Jahre dachte ich immer wieder an sie und an ihre Botschaft. Diese Erinnerungen hoben meinen Geist immer wieder empor.

Nach meinem Abschluß arbeitete ich drei Jahre lang mit vernachlässigten, mißhandelten und straffällig gewordenen Jugendlichen in einer offenen Anstalt. Wir fanden Alternativen zum Einsperren für Hunderte von Kindern und verpflichteten uns, mit schwierigen Kindern umzugehen, ohne auf Mittel wie Drohungen, körperliche Bestrafung oder Einsperren zurückzugreifen.

Im Moment arbeite ich für meine Magisterprüfung in Sozialarbeit an einer Zusammenfassung von „Friedensstudien" ... mit sechs Monaten Praktikantenzeit im Informationszentrum für Einberufungen, wo die Beratung für die Musterung und für die Rückstellung vom Wehrdienst sowie für Kriegsdienstverweigerer und Kriegsgegner stattfindet ... ich half bei der Bildung eines „Friedensstudien Vereins" in der örtlichen Oberschule und eines „Zentrums für Friedensstudien" an der Universität.

Ich habe meinen Besitz reduziert bis auf das, was ich in einem Schrank in der Universität aufbewahren kann, wo ich mich umkleide und dusche. Einen Schlafsack habe ich auf der Veranda eines Freundes. Ich schlafe in den nahegelegenen Wäldern, und wenn es regnet, finde ich Schutz im Park.

Wenn meine Praktikantenzeit in diesem Herbst beendet ist, so will ich verschiedene Teilzeitarbeiten verrichten, in der Hoffnung, ungefähr 200 Dollar in der Woche zu verdienen. Die will ich dann einer bedürftigen Organisation, die für Frieden, soziale Gerechtigkeit oder Verbesserung der Umwelt arbeitet, spenden. Für je zehn Dollar, die ich gebe, werde ich um eine Gabe von einem Dollar für mich bitten. Wenn ich also im Jahr 10000 Dollar gebe, so werde ich von verschiedenen Menschen 1000 Dollar erhalten, wovon ich leben kann.

Peace Pilgrim hätte im nächsten Frühling wieder nach West Virginia kommen sollen. Ich weiß, daß viele Menschen und Gruppen sich auf ihr Kommen gefreut hatten. Ich hatte gehofft, meine Pläne und Ideen mit ihr zu besprechen. Aber ich bin dankbar, daß ich sie einmal getroffen habe. Das Studieren von Menschen wie Mahatma Gandhi, Martin Luther King, Leo Tolstoi, Albert Einstein, Dorothy Day und anderen hat mich angeregt und mein Vertrauen in Gewaltlosigkeit vertieft ... Peace Pilgrim hat mir mehr als diese Leute bedeutet, und sie ist mit verantwortlich für meine Entscheidung, mit Jugendlichen zu arbeiten, für das Curriculum des Friedensstudiums und vor allem für meine gegenwärtigen Pläne. Seit ich sie vor acht Jahren traf, waren ihre Worte für mich eine Quelle des Beistandes und der Inspiration. Ihre Gespräche sind mir noch in lebendiger Erinnerung.

Peace half mir, auf die Stimme in mir aufmerksam zu werden, die ich andernfalls wahrscheinlich als dumm oder unausführbar empfunden und ignoriert hätte.

Ich hoffe, daß es mir gelungen ist, in diesem Brief meine Dankbarkeit für die Bekanntschaft mit Peace und ihrer Botschaft sowie meine tiefe Überzeugung, daß sie mein Leben berührt hat, angemessen auszudrücken."

Ein Ehepaar in Kalifornien: „Peace Pilgrim hat unser Vertrauen in die Wirklichkeit der spirituellen Welt gestärkt und uns ein konkretes Beispiel gegeben für etwas, was wir nicht im Traum für möglich gehalten hatten: Einen Menschen, der von innerem Frieden und endloser Energie erfüllt ist, die mit der Zeit noch wächst. Sie hat uns die Hoffnung gegeben, daß wir dieselbe universelle Energie finden, denn sie ist der festen Überzeugung, daß sie für uns alle da ist. „Wenn ich sie finden kann, so könnt ihr es auch pflegte sie zu sagen. Die größte Inspiration liegt darin, daß ihr Leben und ihre Worte eins waren. Sie selbst war ihre Botschaft."

Für weitere Informationen
und Videos über die Friedenspilgerin:

http://www.peacepilgrim.com/

Es gibt auch einen Auszug aus diesem Buch
in Form eines kleinen Heftchens von 33 Seiten
Format DIN A6

Schritte zum inneren Frieden

Harmonische Prinzipien
für ein menschliches Leben.

Von PEACE PILGRIM

Ebenfalls erhältlich beim Yoga Vidya Verlag

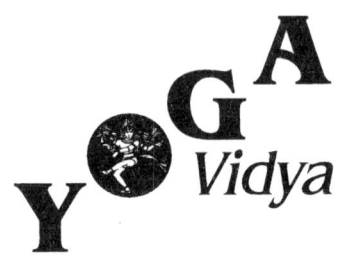

Entspannen, aufladen, Yoga erfahren:

In den über 100 Yoga Vidya Zentren in ganz Deutschland kannst du Yoga systematisch lernen, praktizieren und vertiefen: *www.yoga-vidya.de/center*

Seminare, Ausbildungen und Erholung in idyllischer Natur:
Yoga und Meditation * Yoga-Ferien * Familie und Kinder * Wellness und Erholung * Kundalini * Yogalehrer-Ausbildungen * Weiterbildungen * Ayurveda-Ausbildungen * Massage-Ausbildungen * Therapie * Heilpraktiker * Kunst und Musik * Spiritualität * Yoga- und Ayurveda-Kongress * Events und mehr...

Yoga Vidya Bad Meinberg
Yoga Vidya - Yogaweg 7 - 32805 Horn-Bad Meinberg
Tel. 05234/87-0 • Fax -1875 • info@yoga-vidya.de • www.yoga-vidya.de

Yoga Vidya Westerwald
Yoga Vidya - Gut Hoffnungstal - 57641 Oberlahr
Tel. 02685/8002-0 • Fax -20 • westerwald@yoga-vidya.de • www.yoga-vidya.de

Yoga Vidya Nordsee
Yoga Vidya - Wiarder Altendeich 10 - 26434 Horumersiel
Tel. 04426/904161-0 • Fax -40 • nordsee@yoga-vidya.de • www.yoga-vidya.de

Yoga Vidya Allgäu
Yoga Vidya - Lärchenweg 3 - 87466 Maria Rain
Tel. 008361/92530-0 • Fax -29 • allgaeu@yoga-vidya.de • www.yoga-vidya.de

# Ebenfalls im Yoga Vidya Verlag erschienen:

Sivanandas Botschaft vom göttlichen Leben
hrsg. von Swami Sahajananda
In diesem Buch wurden die Lehren des großen Yogameisters Swami Sivananda zusammengestellt und sie zeigen auf wunderbare Weise, wie ein göttliches erfülltes Leben möglich ist. Die praktischen Ratschläge Swami Sivanandas zu Themen wie Liebe und Glaube schenken dem Ratsuchenden Trost in jeder Lebenslage und sind wichtige Wegweiser auf dem spirituellen Weg.
592 Seiten, Hardcover, 19,80 €, ISBN 978-3-931854-86-7

Inspirierende Geschichten
von Swami Sivananda
Das Geschichtenerzählen ist eine der ältesten menschlichen Traditionen. Was Nahrungsmittel für den physischen Körper sind, sind Geschichten für den menschlichen Geist und die Seele. Geschichten regen die Fantasie an, helfen Menschen dabei, eigene innere Bilder wahrzunehmen, öffnen das Herz und bieten neue Denkanstöße.
240 Seiten, Paperback, 10,80 €, ISBN 978-3-931854-53-9

Parabeln
von Swami Sivananda
Swami Sivananda sprach sehr oft in Gleichnissen und Bildern, die aus den Lebensumständen seiner Schüler und Ratsuchenden stammten. Statt intellektueller Abhandlung ist es oft einfacher, die Aufgaben, Hindernisse und Gefahren auf dem spirituellen Weg mithilfe von Geschichten und Gleichnissen zu beschreiben. Die Erfahrungen aus Gesprächen zwischen Swami Sivananda und seinen Schülern wurden in diesem Buch gesammelt. So ist jede dieser Parabeln ein wertvoller Ratschlag des großen Meisters an seine Schüler.
184 Seiten, Paperback. 9,80 €. ISBN 978-3-931854-27-0

Göttliches Elixier
von Swami Sivananda
Das Buch besteht aus kurzen, prägnanten, bedeutungsschwangeren Sätzen, fast wie Sutras (Aphorismen). Jeder der Sätze eignet sich als Einleitung einer Meditation oder auch als Meditationsthema. „Göttliches Elixier" ist auch wunderbar, um morgens seinen Tag zu beginnen. Jeder Satz ist wie ein Schluck „göttliches Elixier", welches den Tag transformiert. Wir wünschen viel Herzensöffnung und tiefe Erkenntnisse mit diesem „Zaubertrank" aus der Feder des großen Meisters.
44 Seiten, Paperback, 6,80 €, ISBN 978-3-931854-52-2

Yoga Geschichten

Geschichten und Märchen faszinieren die Menschen seit alters her und waren immer schon ein wichtiges didaktisches Hilfsmittel. Deshalb gibt es auch in allen Kulturen und Traditionen eine Vielzahl von mythologischen Geschichten, unterhaltsam, rätselhaft, voll vielschichtiger Weisheit und tiefer spiritueller Bedeutung. Diese Geschichten stammen aus klassischen indischen Schriften wie dem Mahabharata, dem Ramayana, den Puranas und den Upanishaden und werden vom Autor Sukadev Bretz nacherzählt, wie er sie von seinem Meister, Swami Vishnu-devananda, gehört hat.
Buch: 96 Seiten, Paperback, 6,80 €, ISBN 978-3-931854-50-8
Hörbuch-Doppel-CD: 14,80 €, ISBN 978-3-931854-64-5

Yoga Vidya Kirtan Textheft

Mantras und Lieder zu singen ist eine wunderschöne, freudevolle Methode zur Erweiterung des Bewusstseins, zur Erlangung des Gefühls der Einheit mit dem Kosmischen. Dieses Buch ist eine wertvolle Hilfe beim Mantra-Singen. Es enthält die Texte der meisten Mantras und Lieder, die in den Yoga Vidya Zentren und Ashrams während des Satsangs, der Seminare und der Yogaferien gesungen werden.
128 Seiten, Paperback, 4,90 €, ISBN 978-3-931854-22-5

Yoga Vidya Kirtan Notenheft

Dieses Buch ist eine wertvolle Hilfe bei der musikalischen Begleitung von Mantras und ist besonders gut für die Gitarrenbegleitung und das Harmonium geeignet.
114 Seiten, Notenheft A 5, mit Akkorden (Ringbindung)
12,80 €., ISBN 978-3-931854-78-2

Das Yoga vegan Kochbuch

Vegane Vollwertküche für Körper und Geist mit leckeren Rezepten aus aller Welt. Das Buch enthält viele Anregungen für die häusliche Küche, um wohlschmeckende gesunde und vitalisierende Gerichte zu kreieren. Mit Erläuterung zu den Prinzipien der idealen Ernährung für Yoga, Meditation und Bewusstseinserweiterung.
80 Seiten, Paperback, 8,00 €, ISBN 978-3-943376-01-2

Bestellungen bitte an:
Yoga Vidya GmbH (Versand)
Yogaweg 7 · 32805 Horn-Bad Meinberg
Tel. 05234/87-2209 · Fax 05234/87-2225
E-Mail: shop@yoga-vidya.de · www.yoga-vidya.de/shop